国家社科基金项目（10BJY105）

非公有制经济人士研究丛书

主编　范柏乃

民间资本支持中小企业发展路径与对策研究

燕小青　著

中国财政经济出版社

图书在版编目（CIP）数据

民间资本支持中小企业发展路径与对策研究/燕小青著．—北京：中国财政经济出版社，2015.9

（非公有制经济人士研究丛书）

ISBN 978－7－5095－6495－0

Ⅰ.①民…　Ⅱ.①燕…　Ⅲ.①民间投资－作用－中小企业－企业发展－研究－中国　Ⅳ.①F279.243

中国版本图书馆CIP数据核字（2015）第283503号

责任编辑：周桂元　　　　责任校对：杨瑞琦
封面设计：楠竹文化　　　　版式设计：董生平

中国财政经济出版社 出版

URL：http：//www.cfeph.cn

E－mail：cfeph@cfeph.cn

社址：北京市海淀区阜成路甲28号　邮政编码：100142

营销中心电话：88190406　北京财经书店电话：64033436　84041336

北京京华虎彩印刷有限公司印刷 各地新华书店经销

787×1092毫米　16开　19.25印张　288000字

2015年9月第1版　2015年9月北京第1次印刷

定价：46.00元

ISBN 978－7－5095－6495－0/F·5230

（图书出现印装问题，本社负责调换）

本社质量投诉电话：010－88190744

打击盗版举报热线：010－88190492，QQ：634579818

《非公有制经济人士研究丛书》

编 委 会

总 序

党的十八届三中全会明确提出，要“支持非公有制经济健康发展”。《中共中央关于全面深化改革若干重大问题的决定》明确指出，“公有制经济和非公有制经济都是社会主义市场经济的重要组成部分，都是我国经济社会发展的重要基础。必须毫不动摇鼓励、支持、引导非公有制经济发展，激发非公有制经济活力和创造力。”改革开放以来，非公有制经济为中国经济社会发展作出了巨大贡献，在促进经济增长、激发创新、扩大就业、增加税收等方面发挥了重要作用。2013 年“两会”期间，全国工商联负责人披露，非公有制企业在城镇基础设施投资所占的比重超过 60%，税收的贡献率超过了 50%，GDP 所占比重超过了 60%，就业贡献率超过 80%，在新增就业中，其贡献率达到了 90%。

在中国经济加快转型发展和进入“新常态”的背景下，非公有制经济的发展形态正由传统工业化向新型工业化的转变，发展动力从资源消耗为主向创新驱动为主的转变，发展体系由外向型经济向统筹内外、内外结合的转变，发展业态由传统集聚为主向现代产业集群为主的转变，管理体制从家族管理为主向现代管理为主的转变，发展目标从商品输出为主向资本输出为主的转变。

非公有制经济的转型升级，离不开非公有制经济人士的智力支持。我国的非公有制经济人士，是适应社会主义初级阶段解放和发展生产力的需要，在改革开放、发展社会主义市场经济过程中出现的一个新的社会群体。经过 30 多年的发展，非公有制经济人士的构成主体已发生巨大变化：由过去的主要以农民和城镇待业人员为主，发展到包括从党政机关、国有企事业单位、大专院校、科研单位分流出来的行政干部和中高级知识分子在内的庞大队伍，并且这支队伍仍处于不断发展壮大之中。

非公有制经济人士具有较强的社会责任感，为经济建设和社会发展作出了很大贡献，已成为我国社会主义现代化建设的一支积极力量，统一战线的重要成员。然而，一些非公有制经济人士也存在缺点、弱点和某些不法行为，其自身素质还有待于进一步提高。

《非公有制经济人士研究丛书》正是基于以上背景，依托在改革开放中创立并崛起的新兴地方综合性大学——宁波大学，吸收浙江大学等省内高校和科研机构，长三角乃至全国范围内的非公有制经济和非公有制经济人士的专家学者，以及实际工作部门人员，精心组织并撰写本套丛书。丛书主要围绕非公有制经济人士的成长环境、成长规律、成长动力、成长烦恼、成长瓶颈、成长机制，以及社会贡献、社会责任、市场拓展、技术创新、企业传承和文化建设等一系列重要问题进行深入研究。

《非公有制经济人士研究丛书》的出版，可以为促进中国非公有制经济健康发展提供理论政策依据，为党和政府提供决策参考，为非公有制经济企业转型提供咨询，为研究非公有制经济发展和非公有制经济人士成长提供丰富的个案材料，更好地服务政府和地方经济。

前　言

众多的研究结果表明，中小企业在一国经济发展和工业化进程中其地位具有不可替代性，尤其是对中国这样的制造业大国。但中小企业由于自身缺陷发展普遍困难甚至步履维艰，最突出的是融资困难。由于中小企业经营状况的高风险性与银行放贷的审慎性原则存在天然矛盾，无论发达国家还是发展中国家的中小企业从金融机构获得贷款的数量均受到限制与约束，作为银行信贷配给的受害者，由此导致中小企业融资难问题成为市场经济普遍现象，中小企业融资也因此成为世界性难题。从国际经验来看，依赖于政府引导正规金融缓解中小企业融资难的问题，是否可以真正解决中小企业融资发展问题缺乏经验支持（张汉亚，2004）。中国中小企业融资难除了一般共性原因外，中国金融体制强制性制度变迁，市场经济体制的微观运行基础不完善所带来的制度摩擦，使得中小企业融资更为复杂与突出。因此，源于中国二元金融背景，当备受融资困扰的中小企业困局从某种程度上已成为中国经济转型的困局时，破解中小企业融资困境更具有战略意义。

民间资本支持中小企业发展是中国金融深化改革的内在要求。中国既有的金融体制改革，实质上是正规金融机构的商业化过程，其结果是对中小企业支持明显减弱，融资难严重困扰着中小企业的可持续发展，经济发展面临资金投入不足和资金配置效率低下的双重瓶颈。现行金融体系及资源配置并不适应中小企业多层次、多元化的金融需求，发展中小企业必须要有一个开放、有序、竞争的多元化金融体系来支撑，因此民间金融制度作为中小企业发展中最为重要的资本要素配置制度，成为金融体系改革的焦点。因此应该在内生于中小金融制度安排经济合理性理论框架下，谋求金融制度创新。

本研究基于“用好增量、盘活存量，更好地服务实体经济发展”金融发展思路，针对不完善信贷市场所内生的均衡信贷配给和中小企业贷款需求脱节这一固有矛盾，结合中国“企业缺钱、资本缺路”现实背景，在民间资本逐步积累和边缘信贷市场需求缺口加大并存的情况下，从中小企业融资难的内在根源出发，以制度变迁为解释变量，在二元金融结构制度框架下从理论与实证的角度，采用静态和动态的方法探讨民间资本在中小企业融资中的作用、独特的运行机制及资本配置效率，通过对民间资本作用中小企业融资的内生性，论证民间资本为中小企业融资需求服务的内在机理、逻辑及服务路径，寻求民间资本在中小企业融资难困境发挥作用的现实途径及民间资本制度安排，最终引导民间资本沿着制度化路径与资金需求方实现有效对接。

研究结果发现：

（1）在中国民间借贷的活跃说明有其存在的合理性，民间资本对经济增长作用的弹性、资源配置的效率、对风险化解的能力并不差于国有资本，民间资本作用于中小企业有效性强于一般金融机构，民间资本运用是缓解中国中小企业融资难的有效途径。

（2）金融制度运行效率的高低在很大程度上受金融制度供给状况的影响，中国金融体系服务效率低就在于现行的金融制度安排是强制性供给的结果，导致金融供需的结构性失衡，中小企业不能超越间接融资边界，又难以跨越正规金融机构的门坎，寻求民间借贷融资模式成为现实条件与制度环境下不得已的选择。

(3) 重视民间资本的作用的发挥，优化社会融资结构，突破中小企业融资瓶颈，意味着对中国经济未来的培育。动员民间资本为中小企业服务，发展民间借贷市场，折射了中国金融未来的三大转变：一是要从间接融资绝对主导的金融体系，向直接融资和间接融资相平衡发展模式的转变。二是从大一统自上而下的金融发展模式，向地方金融市场有自我发展空间模式的转变。三是从以国有金融机构占绝对主导，向以国有和民营金融机构共同发展模式的转变。

研究基本结论：

民间资本在发展中国家、经济转轨国家甚至在发达国家广泛存在，表明了其存在不受体制因素的制约，也与经济发展阶段没有直接联系。民间资本运行不是一种可有可无的融资安排，也非简单的是对中国金融的拾遗补缺，而是与正规金融并存的必要的融资方式。既然中小企业不断发展内生出对民间融资需求，因此，作为一种制度供给，体制外也就自然会不断产生并存在下去。所以从既有的金融改革过程来看，这些体制外金融制度安排的兴起本身对中国金融制度结构变迁具有特殊意义。研究的具体结论如下：

(1) 信息不对称是中小企业外源融资出现供给约束的最主要原因，我国金融体系信贷配给实质上是一种规模配给。

(2) 中小企业融资缺口，不仅仅是融资结构失衡市场资源配置效率低下的表现，也是金融抑制的结果，信贷配给与信贷集中同时存在。

(3) 民间资本发展是一种诱致性制度变迁，应谋求金融制度创新。

(4) 民间借贷的交易成本优势在其内在的约束机制及有效的运行机制共同作用下可以有效突破中小企业融资的规模瓶颈。

(5) 民间借贷在中小企业存续期内的重要地位决定了民间资本已成为中小企业融资事前缺口及必然选择。

(6) 民间借贷市场制度安排是突破中小企业融资所有制偏见和规模歧视的必然选择及发展趋势。

由于民间资本制度存在的基础是金融抑制、金融约束以及中小企业发展信贷需求，而中小企业融资结构的内生性导致融资结构失衡，民间借贷对经济增长的作用机制主要体现在拓宽了中小企业的融资渠道上，因此解决中小企业融资难、融资贵就是既要提高中小企业的信贷的可获得性，同时又要降低中小企业融资成本，以解决“两多两难”（民间资金多、投资难，中小企业多、融资难）。所以民间资本支持中小企业发展的路径选择无外乎从制度上突破由于金融脆弱实施的金融约束，从金融制度结构变迁的角度构建民间资本内生性金融制度安排。从中小企业融资结构，在满足社会多元化融资和需求基础上，通过发展多层次信贷市场，实现融资结构的演化和优化。

基于以上结论，作者提出：构建与中小企业发展相适应的地方金融体系，引导民间资本沿着制度化的政策路径与资金需求方实现有效对接；提供多元化融资渠道以满足中小企业分阶段融资需求，充分依靠市场分散决策优势，满足金融工具创新效率和针对性的对策建议。

中国金融体系的改革方向是进一步市场化，让更多金融资源通过市场进行配置，从国家政策层面看，政府希望采取积极措施进一步拓宽民间投资领域与范围。我们认为还需要坚持“让利与民”的原则，真正吸引民间投资进入，在现有的市场规模下，应该让民间投资更多进入利润丰厚的行业，而不仅仅是进入一些过剩或不获利的行业及领域。但解决中小企业融资困境的出路并不仅仅在于建立一些为中小企业群体服务的金融机构，而在于如何很好规划整个政策的设计和引导，构建民间资本投资制度安排更为重要，培育以经济内生性增长为主的可持续增长状态是唯一选择。

关键词：民间资本　中小企业　融资难　制度创新　路径

目　录

第1章 总 论

1.1 研究的背景与意义

1.1.1 研究的背景

中小企业在经济发展中的重要性不言而喻，但融资难始终是中小企业发展中最大的问题。《中国中小企业发展报告（2011—2012）》数据显示，截至2012年年底，中国中小企业的数量有9600多万家，占全国企业总数量的99.4%以上，并且以每年10%的速度递增。产品出口额占全国产品出口总额的60%，利税占全国利税总量的42%，销售收入占全国销售总收入的59%，工业产值占全国总产值的63%以上。[①] 国家工商行政管理总局发布的《全国小微企业发展报告》显示，截至2013年年底，全国共有小微企业1169.87万户，占企业总数76.57%。若将4436.29万户个体工商户视作微型企业纳入统计，则小微企业在工商登记注册的市场主体中

① 林汉川等. 中国中小企业发展研究报告［M］. 企业管理出版社，2011、2012.

所占比重达到94.15%。[①] 从中可以看出，中小企业不论在绝对数量还是相对数量上都极为庞大。但资料同样也显示，中国超过62%的中小企业目前没有获得任何贷款，而那38%借款企业借款次数以一年1—2次为主。这一现象表明中国的中小企业有一大部分几乎是在没有金融支持下独立成长。[②] 银监会数据显示，2011年末全国小微企业贷款余额达15万亿元，占全部贷款余额的27.3%。[③] 中华全国工商联统计的数据显示，中国小微企业95%[④]没有和银行发生过任何借贷关系（这与上述巴曙松研究大致相同）。融资难成为中国中小企业发展中最大的问题。

（1）中小企业融资难从某种程度上已成为中国经济转型的困局，破解中小企业融资困境势在必行

中小企业融资困难并不是现在才存在，也不是中国独有的现象，中小企业融资难是世界性难题。在美国1998年末，能从银行和信用社取得贷款的中小企业也只占全部中小企业的41.33%。因为按照现代金融理论，中小企业融资中存在的最大问题是“信息不对称”，由此带来信贷市场的“逆向选择”和“道德风险”，商业银行为降低“道德风险”，就必须加大审查监督力度，而中小企业贷款“小、急、频”的特点使商业银行审查监督成本和潜在收益不对称，当中小企业的高风险性与金融机构放贷的审慎性原则显著冲突时，金融机构为了利润最大化及商业可持续性，自然降低了商业金融机构对中小企业贷款方面的积极性，而选择信贷配给，许多中小企业因此难以得到商业银行贷款。不过在发达国家，无论是银行主导还是由资本市场主导，无论是美国、英国，还是德国、日本、意大利，由于非正式的权益资本市场、风险投资体系及二板市场的发达，在很大程度上弥补了中小企业的融资缺口。但中国中小企业融资缺乏有效的融资平台，虽然这几年对中小企业直接融资有所发展，但所占比例仍然很低。如2008年中国社会融资总规模为69802亿元，其中人民币贷款为49041亿元，占70.26%，企业债券为5523亿元，占7.91%，非金融企业境内股票融资为3324亿元，占4.76%；而到了2012年，全国社会融资总规模达

---

① 全国小微企业发展报告（2014）.

② 巴曙松.用市场化机制化解小微企业融资贵［N］.人民日报，2003-8-19.

③ http://www.cbrc.gov.cn/chinese/home/docViewPage/110009.html.

④ 中国工商联数据库.

到157606亿元，其中三种融资方式融资总量分别为82035亿元、22498亿元、2508亿元，占比为52.05%、14.27%、1.59%①，但每年新增贷款80%流向国有大型企业和国家大型建设项目，中小企业能得到的资金支持微乎其微。

我们再看2012年一季度到2014年三季度的金融机构贷款投向数据。三年来主要金融机构、小型农村金融机构对小微企业的贷款数量稳步增长，2012年一季度至今小微企业贷款余额增加了40%，高于同时期的企业及其他部门贷款增速；小微企业贷款所占比重上升，从2012年一季度的22.81%上升至2014年三季度的24.06%。该趋势说明小微企业贷款问题越来越受到监管部门和金融机构的重视。然而，从贷款数量和贷款比重来看，小微企业所得贷款依然非常有限，占企业总数95%的小微企业仅得到了不到25%的贷款②（如表1－1、图1－1所示）。

表1－1　　　　近三年金融机构贷款投向

时间	小微企业贷款余额（万亿元）	企业及其他部门贷款余额（万亿元）	小微企业贷款占比（%）
2012年一季度	10.38	45.51	22.81
二季度	10.87	47.38	22.94
三季度	11.29	48.64	23.21
四季度	11.58	49.78	23.26
2013年一季度	11.78	51.98	22.66
二季度	12.25	53.18	23.03
三季度	12.82	54.26	23.63
四季度	13.21	55.18	23.94
2014年一季度	13.7	57.68	23.75
二季度	14.17	59.44	23.84
三季度	14.55	60.47	24.06

资料来源：中国人民银行金融机构贷款投向统计报告（2012、2013、2014年度）.

① 中国人民银行2012年第四季度货币政策执行报告.

② 中国人民银行金融机构贷款投向统计报告（2012、2013、2014年前三季度）.

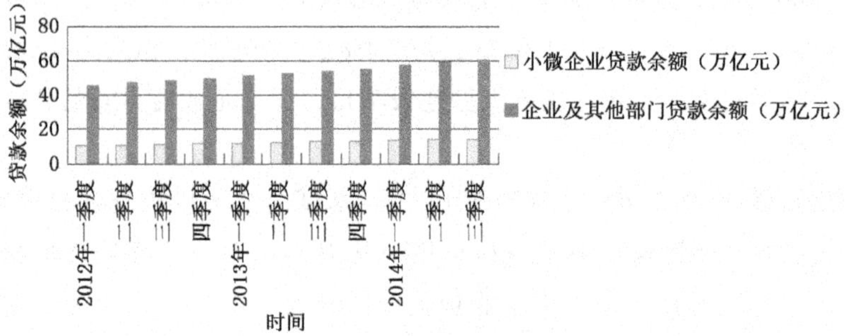

图 1-1　金融机构贷款投向

资料来源：中国人民银行金融机构贷款投向统计报告.

国有商业银行对信用的过度垄断、资本市场的不成熟、有效融资平台的缺乏，导致中小企业金融服务需求一直得不到满足，影响着中小企业成长。因此，中国中小企业融资难、融资贵的问题除了一般共性原因外，其还有其特殊的一面，即中国经济金融体制变迁过程中，市场经济体制的微观运行基础不完善所带来的制度摩擦，使得中小企业融资难问题的矛盾加剧，也使得中国中小企业融资难问题陷入常话常新，甚至陷入恶性循环的“死结”。但在目前流动性紧张和通货膨胀压力持续高企的形势下，中小企业资金紧张状况普遍加剧，中小企业融资难题再次成为焦点。世界各国的实践表明，制约企业发展的首要瓶颈是企业的融资问题，而中国在紧缩政策之下中小企业的经营压力甚至已超金融危机时期，中小企业面临着人民币升值、电荒、用工成本上升、原材料价格大涨等“六大难题”，2008年金融危机国内货币政策大幅收紧，中小企业面临更加陡峭的利率上升，导致了中国经济几近停滞。

目前中国经济发展面临着转型压力，中国最有动机进行产业升级的中小企业，由于融资难、竞争不断恶化而没有升级的能力，而有能力升级的外资、国有企业则坐收垄断利润。根据国际金融公司 2012 年的资料，全球市场存在资产总额达到 3700 亿美元的小微企业业务机会，而亚洲则占据超过这个总额的一半，其中东亚以数目达到近 1.25 亿家的小微企业规模拥有资产价值大约 1670 亿美元的业务机遇。①

① 商业银行小微业务拓展与信用风险管理. http：//news.10jqka.com.cn/comment/536292051.shtml.

（2）金融市场结构失衡不足以支持经济发展时，盘活民间资本存量发挥市场在金融资源配置过程中的基础性作用尤为重要

历史经验表明，一国经济能否成功转型，往往都取决于其社会资源配置效率的高低。作为经济社会最重要的资源配置场所，金融市场和资本市场的改革，可以成为中国经济转型重要的突破口。当前中国金融改革已经从理念阶段全面进入到了行动层面。在人口、土地等要素红利日渐萎缩的环境下，金融变革有望引领中国经济迅速走过“结构调整的转型期、体制改革的阵痛期、刺激政策的消化期”。但金融创新应该有利于提高实体经济的效率，降低金融市场波动的风险，当前中国传统的金融模式已经不能够完全支持经济转型，金融体系的功能已经不适应经济转型的要求。一方面中国有着非常充沛的金融资源、庞大的居民储蓄、数万亿元的外汇储备；另一方面，存在着庞大的金融服务需求，但得不到满足，尤其是困境中的中小企业。过多的信贷投放对增长的带动作用越来越低，进而导致以制造业为主的广大中小企业融资条件的进一步恶化。当资金不能有效地配置到具有成长性、可持续性生产领域创造财富，金融体系的作用则无从谈起，相反金融体系对经济增长的制约则日益明显。因此当金融市场结构失衡，不足以支持经济转型，货币政策及金融体系解决不了经济结构失衡问题，要激活货币信贷存量支持实体经济的发展，就应该进行市场配置金融资源。在金融体系对经济增长制约日益明显的情况下，就应该考虑从盘活民间资本存量入手让市场在金融资源配置过程中发挥基础性作用。

（3）“企业缺钱、资本缺路”与“两多两难”[①] 冲突下民间借贷在金融体系中充分发挥作用的现实途径

中国经济30多年来以平均9%以上的高速增长，而其中非公有制经济贡献了约6—7个百分点，其中最突出、最活跃、增长速度最快的就是民营资本。[②] 市场是配置资源最基本、最有效率的机制，金融的二元结构导致了金融功能失灵，金融服务的缺位也提供了民间资本发展的空间，而为了满足这些中小企业发展的资金需求，民间借贷提供资金供给的重要性

① 指民间资金多、投资难，中小企业多、融资难。

② 刘光，郭景．当前民营经济发展的问题与建议［J］．金融理论与实践，2005（2）．

得以体现。许多国家的研究表明，民间资本、民间借贷之所以能够长期存在的原因就在于它能解决许多正规金融难以解决的问题，如中小企业融资问题。大量事实也表明在中国尤其是在沿海地区经济主体（绝大多数是中小企业）产生金融需求时，更多依赖民间资本。

一直以来，民间借贷都是中国资本市场不可忽视的力量。中国民间资本数量庞大，民间借贷发展迅猛。银监会测算 2011 年民间融资规模在 3 万亿元至 5 万亿元，民间借贷余额同比增长 38%①，2012 年约有 5 万亿元至 6 万亿元，2013 年达到 8.6 万亿元，同比增长幅度达到 56%。② 民间投资对经济稳定发展起到举足轻重的作用。数据显示，2002—2011 年的 10 年间，中国社会融资规模由 2 万亿元扩大到 12.83 万亿元，年均增长达 22.9%③，仅浙江民资存量约 1 万亿元对经济增长的贡献份额大，在全社会固定资产投资中，民间借贷的平均贡献率为 54.7%，对 GDP 的平均拉动力为 22.8%，拉动 GDP2.94 个百分点，限额以上民间借贷占全社会投资的比重近 67%。④ 但由于受现有金融体制的影响，传统的金融体系却无法充分吸纳和转化逐利性的民间资本，大量资本沉淀或积累，一方面缺乏有效投资渠道，另一方面面临着一些看得见却进不去的“玻璃门”，或进去了又不得不在非市场因素干扰下被迫退出的“弹簧门”存在，陷入“资金洼地，资本凹地”，一时“老板跑路”、“高利贷事件”、“温州乱象”使民间资本作用受到质疑。当民间资本逐步积累与边缘信贷市场需求缺口变得越来越大时，应该引导民间资本沿着制度化的路径与资金需求方实现有效对接，只有增强民间资本投资实业的信心，让资金需求者与大量的剩余资金供给者找到彼此，才能避免民间借贷危机的爆发，才可以有效提升民间资本向产业资本的转化能力。只有排除制约民间投资增长体制性和政策性障碍，民间资本才可以真正接棒政府投资。所以发挥好民间资本的作用，不仅对实体经济转型升级，而且对中国金融改革，尤其是民间资本资源的开发利用，具有非常重要的理论和实践意义。

---

① 中国人民银行. 3.38 万亿民间融资规模可容忍［N］. 21 世纪经济报道，2011 - 11 - 19.

② 中国社会科学院中国民间融资规模课题组.

③ 中国人民银行. 社会融资规模 10 年增 5 倍. http：//money.163.com/12/0913/10/8B9B493E00253B0H.html.

④ 国家统计局网站. 2009 年浙江省固定资产投资突破 1 万亿元. http：//www.stats.gov.cn/tjsj/.

因此，基于中国目前“企业缺钱、资本缺路”的现实背景，本研究试图通过分析民间资本在中小企业融资中的作用，论证民间资本对中小企业融资需求突破路径，目的在于在民资银行、小额贷款公司等机构大量参与民间借贷，组织化程度有所提高的今天，探讨民间资本制度安排，尤其是当前保增长压力不减，而一方面“钱荒”、一方面社会投资相对不足的背景下，通过有效激发民间资本市场投资活跃度，促进中小企业摆脱融资难困境，助推中小企业快速增长，推动经济平稳较快发展及中小企业可持续发展提供理论与实践指导。

1.1.2 研究的意义

由于中国为中小企业服务的正规金融机构和业务严重不足，大量中小企业的金融需求处于长期边缘化，市场的实际需求和资本流动的规律，必然导致资金流向发生偏移。尤其是自2013年6月以来中国资金市场的流动性危机折射出中国货币政策的某种困境，“融资热、实体冷”，凸显了中国庞大的金融体系正与经济增长背离，一方面是货币信贷总量扩张势头不减，货币维持相对宽松的态势，另一方面是固定资产投资和GDP增速的连续放缓。当 M_2 从2008年18万亿元增长到目前超过100万亿元[①]并还在快速增长的同时，但资金对经济增长的推动作用却没有显现，2013年6月汇丰中国制造业PMI指数降至48.3%，为9个月新低，并连续第二个月低于50%。汇丰分项指数显示产出指数自2012年10月以来首度出现收缩，显示出需求疲软，新出口订单创下2009年来最大降幅，用工数量也出现了2012年8月以来最大的降幅[②]，也就是2009年金融危机高峰以来的最大降幅。2013年9月中国制造业PMI数据显示，虽然制造业生产总体上企稳向好，但发展不平衡，大中型企业企稳向好的态势进一步巩固，但小企业经营仍比较困难，小企业的PMI继续下降，在产能过剩、市场供过于求的状态下，中小企业的经营压力依然较大。中国的制造业承受着订单下降与存货增加的压力，而以制造业为主的广大中小企业融资条件则进一步恶化。

① 截至2013年3月末，中国 M_2 余额首次突破100万亿元大关，中国人民银行网站：http：//www.pbc.gov.cn/.

② 中国2013年6月汇丰制造业PMI终值降至48.2.创九个月新低，和讯数据：http：//datainfo.stock.hexun.com/.

Shumpeter（1911）、Goldsmith（1969）等人认为，金融的发展对经济增长具有促进作用，金融力量的重视在发展中国家更具有意义。大量研究发现，民间借贷在很多发展中国家的工业化进程中发挥着重要作用。Atieno（2001）认为民间融资是游离于正规金融体系之外的，不受国家信用控制和中央银行管制的内生的存款、贷款以及其他金融交易。以布菲（Buffie，1984）、泰勒（Taylor，1983）、科萨克（A. Kohsaka）和范·威金伯根（Van Wijinbergen，1982、1983）等为代表的新结构主义学派认为，发展中国家的金融市场具有鲜明的二元经济特征，现代意义的金融体系与落后的场外金融市场两者同时并存，民间借贷市场是竞争性和灵活性的，是一个充分自由化和有效率的市场。由此，新结构主义引申出的政策及政策建议是：发展中国家已经存在一个自由化和有效率的中介——民间信贷市场，应该保护它，而不要金融自由化。多数国外学者指出，发展中国家要解决民间金融问题只能进行金融深化，减少政府对金融的过多干预，从而释放民间融资的活力。因此本研究的意义就在于：

（1）从既有的金融改革过程来看，体制外金融制度安排的兴起本身对中国金融制度结构变迁具有特殊意义

从金融制度结构变迁的角度看，只有内生于非国有经济内部的金融安排才是有意义的（张杰，1995）。民间金融是因供给不足而内生出的寻求金融支持的一项制度安排，是市场机制诱发的一项制度安排，是由于制度不均衡引致的获利机会时所进行的自发性诱致性制度变迁，其发展壮大的主要诱因是高收益导向的供给和巨大的融资需求，从而为各种类型的经济主体提供资金，促进了货币或资本向投资转化，从而产生对正规金融的“挤出”和“侵蚀”效应（王曙光，2006）。而民间金融根源于正规金融制度供给与制度需求之间的缺口，民间金融的产生和发展是一种自发的社会秩序，在制度主体一致同意、自愿、平等互利的基础上自发组织形成的，在制度需求上属于诱致性制度变迁的范畴，其存在与发展金融需求的市场表现，是一种诱致性制度创新。[①]

① 翟小丽．农村民间金融存在的合理性探讨——基于新制度经济学的视角［J］．现代商业，2008（11）．

(2) 有助于投资动力的切换

在遏止经济下滑之后，中国经济下一阶段应是投资动力的切换，重点从以政府投资拉动为主，向以社会投资拉动为主转换。数据显示目前国内民间资本约有46万亿元，除去个人储蓄外，有将近26万亿元的企业和社会资本。一般政府在社会投资只占3%—5%，其他90%都是社会投资。[①]1998年时中国政府以1500亿元投资启动而带出了上万亿元民间资本共同参与，最终克服亚洲金融危机。4万亿元经济刺激计划调动约12万亿元民间资本的投资（2009年中国民间投资达到11万亿—12万亿元的规模）[②]，如何动员社会投资则成为下一步发展的关键。从目前的实际情况来看，政府投资“单兵突进”的局限性已经显现，没有民间投资跟进的政府投资，在效率上会打折扣。

(3) 有助于缓解中小企业融资难困境

与大量的中小企业缺乏融资渠道与资金支持形成鲜明对比的是，中国有大量的民间资本由于缺乏合理的投资渠道和目标处于闲置与利用率不高的状态。经济增长最重要的是微观经济活力，在增长压力不减而社会投资相对不足的今天，更应挖掘民间资本潜力，降低中小企业的融资成本和风险。当正规金融由于利润最大化诉求与中小企业发展之间的天然矛盾使得中小企业得不到银行更多支持时，民间资本借贷对中小企业的成长和发展作用就至关重要了。

(4) 有助于构建民间资本投资制度安排

加大金融对内开放步伐，允许民间资本进入金融领域，拓宽民间投资领域和渠道是当前经济体制改革的重点。2008年5月央行首次表态建议给民间借贷合法地位，并发布了《关于小额贷款公司试点的指导意见》，此后众多生存于地下的民间资本走到台前。2009年9月《国务院关于进一步促进中小企业发展的若干意见》中鼓励民间资本参与发起设立村镇

① 多部委鼓励撬动民间投资灰色经济松绑走向阳光. http://news.ifeng.com/mainland/200908/0812_17_1298557.shtml，2009-08-12.

② 国家统计局. 给民间资本较好的投资空间. http://stock.jrj.com.cn/cgem/2008/12/0810462987989.shtml.

银行等支持中小企业发展具有突破性意义。加之现在的温州金融改革，设立民营银行、民间借贷合法化，实践与政策倾向无不例外地昭示着民间资本发展趋势。

（5）有助于确立民间资本拓展中小企业融资渠道推动地方经济发展的作用机制

揭示民间资本活跃程度与地方经济发展以及中小企业发展的内在联系，为引导民间资本投资，解决中小企业发展的资金问题构建理论基础和框架。并针对后危机时代的中国中小企业生存现状，结合利用民间资本的方法，对如何迅速摆脱危机带来的不利影响提出可操作的建议。

1.2 研究的目标与方法

1.2.1 研究的目标

本研究通过对企业资本结构理论、信贷配给理论及金融发展与经济增长理论的相关文献的梳理及实践范式总结的基础上，提出本研究的理论框架。

由于民间投资是伴随着金融抑制与正规金融有效供给不足而产生的，因此本研究以金融抑制及金融体系的角度作为切入点，从源于中国二元经济结构的复杂性探讨长期存在二元金融下民间资本发展的现实背景，运用新制度经济学与经济增长理论的解释力作为理论根据与理论框架，从民间资本发展的内在演进逻辑入手，从理论与实证的角度，采用静态和动态的方法分析民间资本在中小企业融资中的作用、运行机制及资本配置效率；论证民间资本对中小企业融资需求金融突破路径与对策，目的在于在民营银行、小额贷款公司等机构大量参与民间借贷，组织化程度有所提高的今天，寻求民间资本在中小企业融资难困境发挥作用的现实途径及民间资本制度安排，尤其是当前一方面钱荒，另一方面社会投资相对不足的背景下通过有效激发民间资本市场投资活跃，促进中小企业摆脱融资难困境，助推中小企业快速增长，推动经济平稳较快发展及中小企业可持续发展提供理论与实践指导。

1.2.2 研究的方法

本研究主要采用规范分析与实证分析相结合的方法，在对具体问题剖析时采用个案分析结合综合归纳的方法。同时借助逻辑和历史的分析方法，对当前民间资本作用中小企业的内在机理及渠道进行探讨，提出通过民间资本支持中小企业发展进行制度创新的渠道选择和政策建议。

规范分析注重相关概念的范畴界定和内涵揭示，并以此为基础展开理论分析，构建本研究的理论框架；实证研究在规范研究的基础上展开，有基于历史及逻辑的定性分析，也有基于模型实证和问卷调查的定量分析。研究中运用理论、实证与典型调研相结合的方法，结合中小企业资金需求缺口，探讨民间资本与中小企业发展的相关性，对民间资本与中小企业发展的数量关系进行统计分析，阐述民间资本中介功能对中小企业发展的有效性，解释中小企业发展壮大进程中民间资本微观运行基础及制度演化的相关研究结论，在此基础上结合民间资本的发展实践，提出拓宽民间资本投资领域及解决中小企业融资困难的路径。

（1）文献资料收集

一是借助项目组成员所在单位拥有的数据库、图书馆、资料室以及网络资源，收集研究所需要的理论文献和数据资料。二是充分利用和挖掘既有项目积累形成的数据资料。三是向国家有关部门及相关政府网站收集有关制度、政策和实际数据与案例资料。

（2）实际调研

一是由课题组成员选择典型地区及企业，采取点面结合、问卷与访谈等调查相结合的方法，了解近几年民间资本在满足浙江中小企业信贷规模、结构、方式等方面内容。二是选择具有典型意义的案例，实地调查全面了解其历史数据。三是分别召开相关部门有关人员参加的座谈会和交流会。

（3）实证分析方法

基于模型实证分析、调查问卷实证分析、博弈分析等论证民间资本作用中小企业发展的关联性，增强研究说服力及结论可信度，为结论的提出提供准确依据。

（4）静态和动态的方法

除采用横向静态方法对民间资本支持中小企业发展的脉络、规模、机理进行分析外，还采用纵向动态方法客观分析民间资本支持中小企业的传导快慢指标、效率等，验证民间资本对中小企业融资运行机制及资本配置效率，从而分析其作用空间、模式及渠道。

（5）政策建议检验

研究结论和政策建议初步形成后，召集有关专家、学者和管理部门人员参加的结论反馈会和成果征求会，听取意见，并在深入分析的基础上，进行改进性的研究。

1.3 研究的内容与资料

1.3.1 研究的内容

本研究从源于二元经济结构的复杂性下长期存在二元金融下民间资本发展作用于中小企业的角度探讨解决中小企业融资难的现实途径。

（1）民间资本支持中小企业发展的理论研究

本研究主要是理论借鉴与文献综述。围绕企业资本结构理论、金融抑制与深化理论、信贷配给理论制度变迁理论等对国内外相关理论和研究文献进行回顾、分析和综述，除了为本研究提供理论借鉴，以确立研究视角、逻辑起点和分析范式，更重要的是构建本研究的理论分析框架，即以信息不对称条件下的资本结构理论为基础，在二元金融结构制度下民间资本作用中小企业的理论分析框架。

(2) 民间资本支持中小企业发展的内在机理研究

针对民间资本内生性及运行机制，通过定性分析民间资本作为诱致性制度变迁是正规金融无法实现的潜在收益而进行的制度创新，在制度与效率的基础上深入探讨民间借贷中介功能效应与内在的生成机制，论证民间资本市场的运行基础和合约治理机制对中小企业融资的匹配性。

(3) 民间资本支持中小企业发展实证研究

采用经济发展理论与数理经济学的分析框架，通过模型和调查问卷实证分析民间资本金融深化程度与中小企业融资之间的相关性。在数量分析的基础上结合案例研究和比较借鉴研究，结合民间借贷发展过程中运行机制，寻求适合中小企业的民间资本融资路径与金融支持模式。

(4) 民间资本与中小企业发展的路径与对策研究

运用制度和机制设计原理，从民间资本促进中小企业发展模式、机制、路径、领域、渠道、规模等方面，有重点、分层次地从实践和政策两个层面，提出具有操作性的对策建议，包括拓展民间资本投资领域与渠道、解决中小企业融资难的金融支持路径建设以及支撑保障体系建设等政策建议。在对民间资本作用中小企业定性及实证分析的基础上，基于民间投资市场活力及对经济增长的作用机制，给出促进民间资本作用于中小企业发展的定位、目标、路径选择及实现途径，以及政府在解决中小企业融资难中的职能定位和政策措施的重点。

1.3.2 资料来源

本研究的资料来源为以下几部分：一是以国家法定或权威数据为主，主要来自历年的《中国统计年鉴》、《浙江统计年鉴》《中国金融年鉴》、《中国区域金融运行报告》、《中国中小企业发展研究报告》、《全国小微企业发展报告》、《中国人民银行金融机构贷款投向统计报告》、《中国市场化指数——各地区市场化进程报告》、《国民经济和社会发展统计公告》、相关上市公司年报以及相关部委官网如中国人民银行官网、中国银行业监督管理委员会官网等公布的数据。二是来自学者的论文、著作及研究报告，并加以引注。所引用的数据资料均在本书中注明了出处。三是作者还就特定地区的典型问题进行了专门的分析研究，为民间资本支持中小企业制度创新提供研究基础，其中部分研究素材及资料通过问卷调查与实地访谈和座谈获得，属于第一手资料。

第 2 章

民间资本支持中小企业发展的理论基础

2.1 企业资本结构理论回顾与评述

2.1.1　资本结构理论

资本结构理论是企业融资理论体系中的重要部分，是研究权益资本和负债资本相互关系的理论。一般来讲，企业经营所需要的资金来源无外乎权益融资、债务融资。这些融资方法之间的关系就成为资本结构理论探讨的内容。最早提出资本结构理论的是美国经济学家戴维·杜兰德，他在1952 年的研究成果奠定了早期资本结构理论的基础。他认为早期企业资本结构是按照净收益法、净营业收益法和传统折中法建立的，从而有了净收益理论、净营业收益理论和传统折中理论。

莫迪格莱尼与米勒 1958 年在《资本成本、公司财务和投资理论》一书中[①]提出和创建的 MM 理论，标志着现代资本结构理论的产生。MM 理

① 莫迪格莱尼，米勒．资本成本、公司财务和投资理论［J］．美国经济评论，1958（2）．

论对企业价值与资本结构关系进行了深入探讨，揭示了公司融资决策中经营者目标、行为与投资者的目标及行为间的相互作用，奠定了现代西方资本结构理论基础。依据MM理论，在一个信息对称的完全竞争经济中，公司价值与其资本结构无关，企业的融资决策不影响企业的价值。后来许多经济学家以此探讨资本结构的决定因素，并取得许多创造性成果，但主要研究方向依旧是寻求企业的最优融资结构从而使企业价值最大化。之后的资本结构理论研究中吸收了信息经济学理论、行为金融学理论、产权理论、公司治理理论等，从不同的角度分析企业资本结构对公司价值的影响。中小企业虽然规模小但也有融资成本、融资风险等考量。

资本结构理论对企业融资决策和资本结构选择具有一定指导意义，但基于既定的假设前提和内在逻辑，不适合对中国中小企业融资问题分析。

2.1.2 信息不对称条件下的资本结构理论

20世纪70年代以后，随着信息经济学的迅速发展，代理成本、信息不对称等理论的引入，资本结构理论的研究也进入了一个新的阶段。

(1) 中小企业融资优序理论

融资顺序理论提出中小企业并不是按照传统的以最优资本结构为目标方式进行融资，认为由于银行融资具有低成本优势，银行信贷融资应该是中小企业融资的主要来源。由于企业对外融资中，无论直接融资与间接融资，都面临着企业和投资者之间信息不对称，投资者总是处于信息不利的地位。梅耶斯、麦卢夫、罗斯（Myers[1]，1977；Majluf、Ross1984）等学者放弃了MM定理中充分信息这一假定，从信息不对称角度，根据信号传递假设，承认信息不对称和财务困境成本的存在，提出了企业融资先后次序的理论，即优序融资理论或啄食顺序理论（pecking order），该融资理论强调了信息约束条件对融资成本成本的影响，进而指导企业根据融资成本选择融资方式和顺序来满足自身的资金需求。[2] 西方发达国家的企业融资结构实际情况与优序融资理论基本一致，由于非对称信息存在，使得投资者从企业资本结构选择判断企业市场价值。

---

① Myers, S. C. The capital structure puzzle [J]. Journal of Finance, 1984.

② 郭颖. 现代资本结构理论的发展综述与评析 [J]. 经济与管理, 2004 (5).

Mayers 在 1984 年提出了融资顺序理论，他认为企业是在综合各种因素如控制权分散、财务成本后，根据成本最小化原则，依次选择不同的融资方式。由于各种融资方式信息约束条件及向投资者传递的信号不同，由此产生的融资成本及对企业市场价值的影响也存在差异，融资顺序不仅仅是考虑融资成本和风险，也向市场传递企业信息。企业融资决策是根据成本最小化原则，即首先要选择无交易成本的内源融资，如企业经营利润的积累，其次选择交易成本较低的债务融资。对于信息约束条件最严，并可能导致企业控制权分散与价值被低估的股权融资则被排在末尾。因此企业选择哪种融资方式是根据该种融资方式的成本来决定的。为降低融资成本，实现企业价值最大化，企业应当按照融资成本由小到大的顺序依次选择融资方式，即企业会选择成本较低的方案。因此该理论提出，没有成本的内源融资是企业融资优先考虑的，其次才是外源融资。而且当企业选择外源融资时，首先应该选择融资成本较小的债务融资，其次考虑信息约束条件最强、成本最高股权融资，即权益融资，先内源后外源，先债权后股权。

由于发展中国家与发达国家的市场化程度有所不同，尤其是资本市场的发展，企业应根据资本市场成熟程度、经济环境、经营状况选择合理的融资方式，调整资本结构。国外的很多实证结果表明，中小企业融资实践符合融资优序理论，解释了中小企业融资的短期性静态特征，融资顺序理论成为研究中小企业融资的重要理论之一，由于担心控制权的稀释和丧失，中小企业更倾向于对企业干预程度最小融资方式。但是该理论没有考虑企业的规模及信用水平等因素的影响，而现实是企业各种融资方式的成本都与企业自身的规模有很大程度的相关性。

（2）中小企业金融成长周期理论

企业金融成长周期理论是指从企业生命周期不同阶段，研究融资结构的变化。贝尔格和尤德尔（1998 年）提出，伴随企业成长周期发生信息约束条件、企业规模、资金需求变化成为了影响企业融资结构变化的因素。他们认为，企业的发展作为一个生命周期分为四个阶段：初创阶段、成长阶段、成熟阶段和衰退阶段。该理论表明，处在不同发展阶段的中小企业，一系列信息约束条件不同，企业的融资结构和融资方式也不同。越是处于早期发展阶段的企业，外部融资的约束越紧，渠道也越窄；反之则反是。[①] 在企业成立初期，由于信息不透明和缺乏抵押品，企业只能以内源融资为主，随着企业的成长，企业开始越来越多的依赖金融中介的债务融资，在进入稳定增长的阶段后，企业逐步具备了进入公开市场发行有价证券的条件，因此会引入股权融资。中小企业在不同生命周期阶段选择根据不同周期阶段的特点，选择最佳的融资方式。金融成长周期理论则揭示了中小企业在成长过程中不同阶段融资的动态特征。在中小企业成长的不同阶段，随着信息、资产规模等约束条件的变化，企业的融资结构和融资渠道会发生相应的变化。我国绝大多数中小企业都处于初创阶段和成长阶段，因此，为企业生命周期理论中的初创阶段和成长阶段理论提供了研究范本。为了更好地缓解中小企业融资难的问题，需要构建一个多渠道的融资体系。

（3）长期互动假说和共同监督假说

Banerjee 于 1994 年提出了长期互动假说[②]，他认为中小金融机构一般具有地域性和社区性，可以与地方中小企业长期合作，互相了解，可以减少信息不对称，获得各种非公开关联信息。而大型的金融机构则不拥有这种信息优势，单位贷款处理成本随贷款规模上升而下降，出于规避信贷风险考虑，更愿意贷款给规模大的企业，不愿意为中小企业提供贷款。因此，中小型金融机构具有明显的比较优势，中小金融机构的建立有助于解决融资难问题。Phillp Stranllan 与 James Weston 在 1998 年也阐述了几乎相同的观点。共同监督假说适合于合作型中小金融机构，可以通过长期与中小企业保持密切关系，为了大家共同的利益，合作组织中的中小企业之间会实施自我监督，这种监督比金融机构的外部监督更为有效。

资本结构理论发展对企业融资方式及融资规模的选择具有一定的指导意义，并从理论上证明了最佳资本结构的存在，为企业融资决策的选择及企业资本结构的优化提供依据。其中融资顺序理论和金融成长周期理论对中小企业融资及资本结构的选择更具有现实指导意义。

① 洪建华. 我国科技型中小企业股权融资研究［D］. 复旦大学硕士学位论文，2010.

② Banerjee，A. V.，Besley，T.，Guinnane，T. W. Thy neighbor's keeper：The design of acredit cooperative with theory and a test［J］. Quarterly Journal of Economics，1994（109）：491－515.

2.2

金融结构与金融发展理论回顾与评述

2.2.1　金融结构理论及主要观点

二战之后，在追求经济发展的过程中，许多国家不同程度受到储蓄不足、资金短缺的制约，而金融发展滞后、金融体系运行低效成为了抑制经济发展的深层次原因。20 世纪 60 年代末至 70 年代初，一些西方经济学家开始从事金融与经济发展关系方面的研究工作。1955 年和 1956 年格利和肖发表名为《经济发展中的金融方面》及《金融中介机构与储蓄—投资》的论文，揭开了金融发展理论研究的序幕。休·帕特里克在《欠发达国家的金融发展和经济增长》中提出金融制度的两种模式，即需求追随模式和供给引导模式。他认为，二者在不同的经济发展阶段扮演着不同的角色。需求型金融的本质在于主张或强调政府放松甚至放弃对金融经济的管制，让市场机制发挥对经济社会储蓄—金融资源的动员与配置的基础性作用。他认为，在经济发展早期阶段，供给领先型金融占据主导地位，而随着经济发展，需求追随型金融则逐渐占据主导地位。

著名经济学家雷蒙德·戈德史密斯在 1969 年出版的《金融结构与金融发展》一书中，论述了金融结构和金融发展两者和经济增长之间的关系，得出金融相关率与经济发展水平正相关的结论，建立了新的金融发展理论体系，并强调金融结构与金融发展对经济增长的引致效应，为此后的金融研究提供了重要的方法论参考和分析基础。自戈德史密斯开创性地提出金融发展理论以来，金融体系的效率问题才得以系统地研究。

戈德史密斯认为，虽然各国金融发展呈现出两条不同的轨迹，一条是私有金融形式占主体，一条是国有金融占主体，但是它们的发展趋势是相同的。在现实中表现为，沿第二条轨迹发展的国家，政府对金融的参与程度在削弱，私有化趋势明显。这对处于体制转轨中的中国，具有重要的启迪意义。当前发展非国有金融将成为中国金融制度变迁的必然选择。①

2.2.2 金融抑制与金融深化理论及主要观点

1973年前的货币金融理论为以后现代金融发展理论的形成和发展，提供了理论基础与研究视角，但它是以金融发展对经济的影响作为重点，并不以或不专门以发展中国家作为分析对象。1973年麦金农的《经济发展中的货币与资本》和肖的《经济发展中的金融深化》标志着以发展中国家或地区为研究对象金融发展理论的真正产生，从“金融抑制”和“金融深化”两个角度论证了金融发展与经济发展之间的辩证关系。认为发展中国家存在着严重的“金融抑制”，制约了储蓄积累和经济发展。解决问题只能靠“金融深化”，即政府放弃对金融业的过多干预，允许非国有化、非银行金融机构进入，培育一个有竞争性的金融体系，让市场发挥资源配置作用。

麦金农开创性地提出，发展中国家的贫困，不仅在于资本的稀缺，更重要的是，金融市场的扭曲造成了资本利用效率低下，抑制了经济增长，金融与经济之间陷入到一种互相制约的恶性循环状态中。麦金农和肖的金融抑制假说和市场分割假说揭示了民间借贷在发展中国家产生的体制性根源，金融抑制的存在致使中小企业无法从正规渠道获得融资，因此产生了民间借贷，论证了发展中国家通过提高金融效率来促进经济发展的可能性，论述了金融效率的提高对一个国家经济增长的巨大影响。

2.3 信贷配给与金融约束理论回顾与评述

传统的金融深化理论对发展中国家的金融改革与实践产生了深远的

① 胡德官. 我国民间金融问题研究述评［J］. 中国农村观察，2005（5）.

影响并确立了坚实的理论地位。金融深化理论提出的以金融深化促进经济增长的观点在 20 世纪 70 年代发展中国家的经济实践，尤其是计划经济国家的市场化转轨过程中得到了检验。在麦金农—肖理论体系的影响下，许多发展中国家开始进行以放松利率管制作为主要内容的金融深化改革。但由于金融深化理论在信息完全对称的情况下，提供了一种对竞争性信贷市场运行的理性描述，随着金融自由化推进速度不同，导致了截然不同的政治绩效，金融深化政策效果并不理想。信贷配给理论的提出和发展，深刻动摇了金融深化理论的内在合理性，指导了发展中国家金融改革实践。

2.3.1　信贷配给理论及主要观点

信贷配给指的是自由竞争市场的信贷配给现象，是信贷市场一种典型现象，可以广泛地理解为由于贷款利率低于瓦尔拉斯均衡水准，市场上出现对信贷资金超额需求的情况。之前信贷配给一直都被看做一种暂时非均衡现象，经济学家们在完全信息框架下讨论信贷配给现象。而信贷配给理论是在不对称信息条件下研究自由竞争信贷市场运行机制。斯蒂格利茨和韦斯对微观经济学中的信贷配给理论进行了全面阐述，根据事前和事后不对称信息，提出并论证了逆向选择效应假说和激励效应假说。在信贷市场作为贷者的银行不仅关心贷款利率，而且关注贷款的风险程度。但由于信息不对称这两种效应在借贷市场上的普遍存在，配给现象一般不会出现运转良好的商品与服务市场，需求大于供给会导致价格上升，市场就会达到均衡状态。而在信贷市场，决定借贷行为的因素除了利率以外，还有如贷款用途、贷款抵押等非价格附加条件，而这些附加条件就使金融市场上均衡的条件不同于其他市场，银行为了实现收益最大化只能选择信贷配给。两位学者证明在存在信息不对称的情况下，利率本身可以通过筛选潜在的借款人和影响借款人的行为来影响贷款项目的风险程度，从而解释了信贷配给的主要原因，并成为分析中小企业融资问题的主要模型（简称 S—W 模型）。

由于中小企业存在着比大企业更为严重的信息不对称，金融机构为了降低贷款的风险，不得不采取信贷配给政策。因而，金融机构更倾向于对中小企业实行信贷配给，从而减少了资金供给，缺乏抵押的中小企业由此被正规金融机构拒之门外。

2.3.2 金融约束理论及主要观点

所谓金融约束，是指政府通过一系列的金融政策，在生产部门和金融部门创造租金机会，以诱使私人金融机构采取一些具有社会效益的行动。金融约束目标是政府通过政策为民间部门创造租金机会，尤其是金融部门通过租金效应和激励作用来规避潜在的道德风险和逆向选择，用以提高金融市场的效率。从这一角度也可以说民间信贷产生的根本原因之一就是它内生于中小企业摆脱信贷配给困境的经济行为过程中。如林毅夫等构建了一个包括异质中小企业借款者和异质的贷款者（具有不同资讯结构的非正规金融和正规金融部门）的金融市场模型，根据林毅夫的模型，由于金融交易的特征、信息不对称等造成的事先的逆向选择和事后的道德风险问题可能是民间金融广泛存在的根本原因，否则无法解释发达国家和那些已经实行了金融自由化的国家和地区为什么会有大量的民间金融活动。

以上每个理论都从不同的角度为本研究所涉及的中小企业、民间资本、民间借贷的内容提供了理论起点与观察视角，因此在借鉴已有的理论基础上结合中国民间资本实践的分析框架进行深入的探讨更具有实践价值。

2.4 制度变迁与制度创新理论与评述

2.4.1 制度变迁理论及主要观点

新古典经济学侧重研究市场稀缺资源配置问题，将制度作为既定的外生变量，导致了其理论框架的缺陷，即制度缺位，无法对市场失灵和外部性的存在以及发展经济学中的一些基本问题进行有效的解释。而新制度经济学则在此基础上将制度作为研究对象，认为制度影响甚至决定着经济发展的绩效。诺斯认为在经济增长中制度起决定性作用，并且有效率的经济组织是经济增长的关键。认为制度变迁的动因在于潜在利润的存在，制度之所以被创新，是因为有许多外在性变化形成了“潜在利润”，这些外在性包括规模经济、外部性、风险、交易费用。

从对潜在利润发现和获得的角度，诺斯和汤玛斯（1973）提出了双层制度安排说，即基础性制度安排和次级制度安排。基础性制度安排一般由政府充当制度供给的主体，通过引入法律、规章、制度等手段加以实施。次级制度安排一般表现为私人间的契约安排，具有非正式的特征，其供给和变迁的成本相对较小。之所以存在次级制度安排，是因为基础性制度安排不能满足人们的总体需求，制度供给和客观需求产生了结构性矛盾，出现了缺口。中国民间资本虽然不断被打压但依然存在并发展着充分说明了这一问题。

2.4.2 制度创新理论及主要观点

林毅夫（1989）用“需求—供给”这一经典的理论构架把制度变迁方式划分为强制性制度变迁与诱致性制度变迁。制度变迁的动因是制度改变的预期收益大于成本所带来的潜在利润，诱致性制度变迁的发生必须要有某些来自制度不均衡的获利机会。变迁是否发生，主要取决于个别创新者的预期收益和预期成本的比较。民间金融是因供给不足而内生出的寻求金融支持的一项制度安排，是由于制度不均衡引致的获利机会时所进行的自发性诱致性制度变迁，民间金融根源于正规金融制度供给与制度需求之间的缺口，其存在与发展中小企业金融需求的市场表现，是一种诱致性制度创新。

中国金融制度变迁选择的是政府主导的强制性制度变迁模式，最大的特征表现为强制性与渐进性，由此导致了金融制度的非均衡性。从新制度经济学的视角对民间资本、民间借贷进行分析，分析其合理性从金融抑制走向金融深化，无疑是一个制度安排变迁和制度创新的过程，对这种制度安排变迁的分析可以以制度及其变迁与经济增长理论为主要理论根据，探讨制度及其变迁通过什么内在的机制影响中小企业，以民间资本作用缓解中小企业融资难，进而影响经济增长。

2.5 国内外研究相关文献评述

2.5.1 中小企业融资与融资困境

中小企业在一国经济中占据举足轻重的地位，但其融资困难却是一个世界性的问题。融资难已成为制约中小企业进一步发展的“瓶颈”，这也成为学界、业界以及政府相关部门反复探讨的重要命题。

(1) 企业融资结构的三个体系

一是以杜兰特为主的早期企业融资理论学派。二是以MM理论为中心的现代企业融资理论学派。三是从信息不对称的角度研究企业融资问题，包括融资优序理论、代理成本理论、信号理论、控制权理论等。其中金融成长周期理论认为伴随着企业成长周期其基本的变化规律是，越是处于早期成长阶段企业，外部融资约束就越紧，渠道也就越窄；反之亦然，在企业成长早期阶段，风险资本是主要融资形式，其他私人资本市场对于企业外部融资也发挥着重要作用，这对我国中小企业融资具有启示，为中小企业进行融资决策的选择以及对企业现有资本结构优化提供依据，对中小企业融资的选择具有指导意义。

(2) 金融发达程度与经济发展之间关系问题的研究

戈德史密斯（1969）、麦金农（1973）、肖（1973）的研究表明一个国家的经济增长与其金融市场的完善程度存在密切的正相关。莱文（1997）认为一个功能完善的金融体系具有降低风险、更加有效地配置资源、提高储蓄水平、降低交易成本等作用。麦金农、肖认为金融发展与金融深化对资本积累与经济增长至关重要，发育良好的金融市场以及有效的金融机构进一步推动经济增长。20世纪80年代兴起的以布非（Buffie，1984）、泰勒（Taylor，1983）、科萨克（A. Kohsaka）和范·威金伯根（Van Wijinbergen，1982、1983）等为代表的新结构主义学派认为，发展中国家金融市场具有鲜明的二元经济特征，即现代意义的金融体系与落后的场外金融市场并存，民间借贷市场是“竞争性和灵活性的”，即民间信贷市场是一个充分自由化和有效率的市场。由此新结构主义引申出这样的结论，即发展中国家已经存在一个自由化和有效率中介——民间信贷市场，应该保护而不要金融自由化。

国外民间资本（私人投资）的历史悠久，政府积累了丰富的治理经验。如美国建立了发达的金融市场，为国内投资者提供广泛的投资渠道；日本建立了以间接融资为主、直接融资为辅的融资体系，为民间投资提供了强大的支撑。这些国家的普遍做法包括创造有利的宏观环境和投资环境、最大限度地开放行业准入领域、开辟多种多样的融资渠道、根据经济发展趋势和国家战略的需要来引导民间投资的方向等。Blacks Canadian lawers（2008）① 提供的资料表明，私人资本在加拿大的国内市场中不断扩大，私人资本公司快速发展，并且私人投资在美国和欧洲国家都刷新了记录。另外，在加拿大国内，私人资本投资建立的公司其收益远远高于非私人资本投资建立的公司。Shai Bernstein，Josh Lerner，Morten Sorensen，Per Stromberg 指出，在经济全球化的背景下，私人资本将成为经济发展的重要推动力量，将为全球经济的发展发挥重要作用，因此，我们应该鼓励私人资本的发展。② 实践证明，任何一国的经济发展和生产效率的提高都离不开中小企业。奥斯汀·罗宾逊提出用规模经济的理论来解释中小企业存在的必要性。由于企业规模收益递增是有限度的，超出此限度将会出现规模收益递减，虽然中小企业规模小，但只要能达到最佳规模就能够生存和发展。③

国外的相关研究，尤其是发达国家的金融体系及制度建设给中国的经济发展提供了重要参考，他们较为成熟的实证研究方法和手段同样值得借鉴。但是，国外的相关研究是建立在其成熟的市场经济基础上，未必完全适合于中国国情。中国的具体国情以及民间资本、中小企业发展环境的特殊性对借鉴发达国家的模式与经验构成了明显的约束，应在此基础上结合

① Blacks Canadian lawers. Canadian Private Equity. Bloomberg，2008：3 – 8.

② Shai Bernstein，Josh Lerner，Morten Sorensen，Per Stromberg. Globalization of Alternative Investments. The world economic forum，2009：12.

③ Robinson，E. A. G. The Structure of Competitive Industriy［M］. London：Nisbet &. Co. Ltd. 1931.

本国实际经济发展状况进行探讨与研究。

近年来国内专家学者对中小企业融资问题也进行了深入研究，取得了很多有价值的成果。学者们大多是从两个角度对中小企业融资难的问题进行研究，一是从中小企业内部即治理结构的不完善导致融资能力低来探讨中小企业融资难的根本原因。二是从中小企业所面临的外部融资环境角度来探讨解决中小企业融资难的根本途径。

卢艳玲指出融资难是制约中小企业健康发展的困难之一。[①] 陈晓红、郭声馄的《中小企业融资》（2000）一书是国内最早研究中小企业融资问题的专著之一。该书通过比较国内外中小企业融资体系，论证中小企业借鉴采用的融资方式。王霄、张捷（2003）从信息不对称理论出发认为对资产规模偏小的中小企业来讲现代的约束条件更加严格，信贷缺口普遍要大于大型企业。依据企业生命周期理论认为中小企业融资难的主要原因是由于规模歧视，并不是所有制歧视，应该加大金融市场开放。郭斌、刘曼路（2002）以浙江温州地区的中小企业数据对融资优序理论进行实证检验，验证了中小企业的规模与资金来源符合融资优序理论的观点，对中小企业融资行为给予了合理解释。林毅夫（2001）和李永军（2001）[②]、张捷（2002）认为，中国中小企业筹资难的根本原因在于历史形成的高度集中的金融体系与劳动密集型生产为主的中小企业现状的不适应，指出不同的金融机构给不同规模的企业提供金融服务的成本和效率是不一样的，并提出逐步建立以非政策性中小金融机构为主的竞争性金融体系，大力发展与完善中小金融机构是解决中国中小企业融资难问题的根本出路。陈国进、陈辉认为，即使在中国目前利率受限的条件下，仍有可能建立起银行与中小企业之间的长期关系，并提出在中国中小企业中试行主办银行制的构想。[③] 刘鸿儒认为（2004）解决中小企业特别是高新技术企业融资难的关键在于创业板市场，因此，中国应该尽早设立创业板，使之成为培育有良好发展前景的中小企业孵化器。[④] 同时还应鼓励设立按市场化规范运行、主要投资中小企业的风险投资基金和创业基金，多渠道、多形式扩大

---

① 卢艳玲．商业银行对中小企业贷款的信用风险控制［J］．中国集体经济，2010（6）．

② 林毅夫，李永军．中小金融机构发展与中小企业融资［J］．经济研究，2001（1）．

③ 陈国进，陈辉．长期关系机制与中小企业融资的道德风险防范［J］．武汉金融，2004（7）．

④ 刘鸿儒．创业板才是解决中小企业融资难的关键［J］．中国民营科技与经济，2004（7）．

中小企业直接融资范围。

从中小企业融资与中小金融机构发展的角度。何自立指出中小企业贷款具有“信息不对称”和“小、急、频”等特点，加大了商业银行的审查监督成本，降低了银行在中小企业贷款方面的积极性。① 林毅夫、李永军指出，大型金融机构天生不适合为中小企业服务，中小金融机构在处理与中小企业的信贷关系时具有信息优势，因此大力发展和完善中小金融机构成为解决中国中小企业融资困难的根本出路。② 张捷认为解决中小企业融资难的关键在于建立一个以民营中小银行为主体的中小金融机构体系，然而在中国目前尚未建立民营商业银行的情况下，鼓励民营企业组建社区信用组织是一个风险和成本均较低的选择。③

从中小企业融资难与资本市场发展的角度。从中小企业与政府的关系的角度。刘屏非认为由于中小企业具有公共产品“收益外在性”的特点，因此政府必然要对其进行融资干预和政策扶持。强调解决中小企业融资难应将着重点放在政府的支持上。④ 李鹏认为中小企业是“异质”的，必然有部分中小企业无法从市场直接融资，因此中小企业的金融供给均衡并不意味着结构均衡。政府应该为此类企业融资做出制度安排和金融支持。⑤ 汤敏则认为国家应把发展中小企业作为长期战略任务，尽快建立中小企业担保体系、征信体系和投资体系。⑥

2.5.2 民间投资与经济增长

国内外现有的研究投资和经济增长理论的大多数文献，是在传统的凯恩斯经济学和古典经济学的框架下完成的。从国外的研究文献来看，投资理论主要从厂商的微观行为出发来研究最优资本存量问题，其中具有代表性的投资理论主要有乘数—加速原理（凯恩斯，1936；克拉克，1917；萨缪尔森，1939）、弹性加速模型（钱纳里，1932；克伊科，1954）、新古典投资理论（乔根森，1963）、资本存量调整模型（艾斯乃尔、卢卡

① 何自立. 银行中小企业贷款的效益与风险分析 [J]. 金融论坛，2006 (1).
② 林毅夫、李永军. 中小金融机构发展与中小企业融资 [J]. 经济研究，2001 (1).
③ 张捷. 中小企业的关系型借贷与银行组织结构 [J]. 经济研究，2002 (6).
④ 刘屏非. 政府与中小企业融资 [J]. 中央财经大学学报，2002，(8).
⑤ 李鹏. 中小企业融资中的政府责任：扩展融资市场边界 [J]. 襄樊学院学报，2004 (1).
⑥ 汤敏. 中小企业的融资出路 [J]. 中国质量，2005 (5).

斯，1967）和不可逆性投资理论（Arrow，1970；Siegel，1985）等。由于国外的民间投资主要指私人投资，所以对于民间投资与经济增长这一问题研究成果并不是很多，而大多数文献是从实证的角度来分析的。德隆等（Delong、Summers，1992）对美国固定资产投资与经济增长之间的关系进行了探讨；阿肖尔（Aschauer，1994）用总量生产函数法研究了西方7国政府投资、私人投资和经济增长的关系，认为政府投资对经济增长的贡献远大于私人投资对经济增长的贡献[①]；Khan 和 Reinhart（1990）分析了24个发展中国家的投资与经济增长的关系，发现私人投资比政府投资对经济增长的促进作用更大[②]；Nader 和 Migue（1997）利用1940—1991年墨西哥的投资数据研究了政府投资、私人投资与经济增长的关系，发现私人投资和政府投资对经济增长具有促进作用，政府投资对私人投资有挤出效应。[③] 但是以上的研究均存在两个方面的不足：第一，大多采用了总量生产函数或动态生产函数的方法来分析政府投资、民间投资对经济增长的影响，但在经济体系中，私人投资一般视为一个内生变量。第二，没有讨论投资对经济增长的滞后效应，若不考虑滞后各期对经济增长的影响，则无法准确表现出民间投资在整个经济增长过程中作用及贡献大小变化。

国内对民间投资与经济增长的研究至今仍没有形成一个完整的、统一的分析框架。一部分学者通过观察我国现实状况来分析民间投资与经济增长的关系以及当前民间投资所面临的问题，并提出相应的政策建议，但是这些文献仅停留在描述上，缺乏相应的理论基础。还有学者系统阐述促进经济、稳定就业、增加税收等民间投资在经济发展中的作用，但没有进行实证检验。有些学者虽然在实证检验中考察了民间投资与经济增长关系，但并没有深入分析解决发生的根本原因。从实证分析的角度，国内现有文献大多是从民间投资促进经济增长方面来进行实证的。张洁、刘科伟、陈策运用计量经济学方法，对中国1981—2004年民间投资和GDP之间的关

---

① Aschauer David A. The Investment Output Ratio in Growth Regression [J]. Applied Economic Letter, 1994 (5).

② Khan M. S., C. M. Reinhart Private Investment and Economic Growth in Developing Countries [J]. World Development, 1990 (1).

③ Nader N., Miguel D. R. Public and Private Investment and Economic Growth in Mexico [J]. Contemporary Economic Policy, 1997 (1).

系进行了实证分析，指出民间投资是中国经济增长的重要动力。[①] 王晓茹对安徽省 1993—2007 年民间投资和 GDP 的统计数据进行了计量实证，发现民间投资是安徽省经济增长的重要引擎。[②] 杨行翀对浙江民间投资的效率进行了研究，发现浙江民间投资对经济增长的贡献率大于国有投资。[③] 戴瑞娇、李细满用灰色关联度的方法对浙江 2004—2007 年 17 个行业民间投资与经济增长进行了实证分析，并提出了相应的政策建议。[④]

2.5.3　政府投资与民间投资

在中国经济发展的进程中，政府投资一直扮演着重要角色，为拉动经济增长发挥了很大作用。但中国政府投资的积极意义与消极影响并存，这一点已为实践所证明，有些方面影响了民间投资的拓展。从表 2－1 我们可以清晰地看出政府投资与民间投资的不同。

表 2－1　　政府投资与民间投资特点

	政府投资	民间投资
投资主体	政府，产权属于国家，形成国有资产，构成国有经济	个人、产权属于集体或个人构成民营经济
投资目的	公共物品的供给和投融资环境的改善	获取收益
投资对象	基础设施、社会公益事业等领域，关系国家安全、市场不能有效配置资源的经济和社会领域	非垄断行业等商业领域，竞争性的生产领域，实行市场化运作的基础设施、市政工程和其他公共服务领域
投资重点	国民经济命脉的重要行业和关键领域	一般竞争性领域
资金来源	政府财政或通过政府信用取得的资金。资金数量的大小受政府收入水平制约，因而数量有限	自有资本或非国有经济主体通过信用方式在资本市场上所取得的资金，属于社会闲散资金，数额庞大
投资特点	逆经济周期	顺经济周期

① 张洁，刘科伟，陈策. 我国民间投资与经济增长关系分析 [J]. 西安邮电学院学报，2007 (11).

② 王晓茹. 安徽民间投资与经济增长的实证分析研究 [J]. 商业经济，2010 (8).

③ 杨行翀. 新环境下中国民间投资发展研究 [D]. 南昌大学硕士学位论文，2008.

④ 戴瑞娇，李细满. 浙江民间投资与经济增长：基于灰色关联度的分析 [J]. 商业研究，2010 (7).

续表

	政府投资	民间投资
投资作用	对经济全局宏观调控，补充市场不经济造成的投资空缺，以及发展基础产业、基础设施、改善投资环境等方面	拉动经济增长、吸纳大量劳动力并缓解就业压力、加快城市建设、促进经济结构调整和区域经济发展等方面
投资效率	受政府宏观经济政策制约，效率较低	以市场为导向，受市场规则制约效率较高

资料来源：根据相关资料整理.

国内外许多学者分别从理论和实证的角度探讨了政府投资对民间投资（私人投资）的影响。第一种观点认为，政府投资挤出了民间投资。Bairam 和 Ward（1993）①考察了25个OECD成员国政府支出与投资的关系，发现24个国家存在负相关，其中19个国家有很大的负相关性。第二种观点认为，政府支出会“挤入”民间投资。Aschauer（1989）②利用美国的数据考察了公共投资对私人投资的影响，认为基础设施领域的固定资产投资挤入了私人投资。Rioja（1998）研究了7个拉美国家的投资情况，结果表明公共投资对私人投资有积极影响，产生了“挤入效应”。Vijverberg（1997）③等指出公共投资的早期扩张，会促进私人投资增加，从而对经济增长产生积累效应。还有一种观点则认为，公共投资对私人投资并无多大的影响，或者影响并不明显。由于国外的研究都是建立在其完善的市场经济基础之上，从中国具体的背景情况出发进行研究才更有解释力。

国内学者关于政府投资对民间投资的影响研究主要集中在以下几方面：（1）存在挤出效应。吴俊培（2001）④认为政府支出存在挤出效应且挤出效应取决于两个因素：一是私人部门市场失灵的情况，二是政府支出资金的来源情况。孟祥仲（2004）⑤认为，存在两种形式的挤出效应：需

① Khan M. S., C. M. Reinhart Private Investment and Economic Growth in Developing Countries [J]. World Development, 1990 (1).

② Aschauer David A. The Investment Output Ratio in Growth Regression [J]. Applied Economic Letter, 1994 (5).

③ Vijverberg, et. al, "Public Capital and Private Productivity", The Review of Economic and Statistics, 1997, 79 (2): 67 - 278.

④ 吴俊培. 积极财政政策及效应评析 [J]. 当代财经, 2001 (12).

⑤ 孟祥仲. 我国扩张性财政政策中的挤出效应问题 [J]. 山东经济, 2004 (1).

求型和供给型。田杰棠（2002）[①] 利用 1998—2000 年的数据，从利率变动和资金挤占两方面进行了实证分析，发现存在挤出效应但不严重。（2）存在挤入效应。项怀诚（2001）[②] 从利率、借贷资金及居民消费三方面论证了积极财政政策没有产生挤出效应。刘溶沧、马拴友（2001）[③] 根据古典经济理论中私人投资与公共投资的函数关系构建模型，得出公共投资不会挤出私人投资的结论，并且由于公共投资具有正的外部性，反而能提高私人投资的收益率，产生挤入效应。吴洪鹏、刘璐（2007）[④] 则运用 VAR 模型对挤出效应进行了检验，表明公共投资并没有从三种机制上产生挤出效应，反而促进了民间投资的发展。（3）挤入还是挤出因条件而变化。董秀良等用动态计量经济学方法检验了财政支出对私人投资的效应，认为财政支出短期内对私人投资有挤出效应，但长期却为挤入效应。

因为研究方法以及在变量和模型选择上的差异，这些研究结论并不完全一致。我们认为：（1）只是分析了一般意义上（利率传导）的挤出效应机制或部分机制，未全面分析所有影响民间投资的传导渠道。（2）部分研究在使用时间序列数据进行分析时，没有进行数据的平稳性检验而直接用 OLS 法进行回归。（3）部分研究在构造模型时，未设置控制变量，忽视了其他因素对民间投资的影响。除实证研究外，有学者还从纯理论的角度来分析政府投资的有效性，证明了中国实施的积极财政政策并没有对民间投资产生挤出效应。

2.5.4　民间资本的发展实践

史晋川等（1997）[⑤] 的研究证明，民间正式金融机构（如城乡信用社）比国有金融制度更适合于体制外产出增长的金融需要。张震宇（2003）[⑥] 描述了近年来温州地区民间信用活动新的发展趋势。周道坤

---

① 田杰棠. 近年来财政扩张挤出效应的实证分析［J］. 财贸研究，2002（3）.

② 项怀诚. 实施积极的财政政策不会引发通货膨胀［J］. 金融信息参考，2001（4）.

③ 刘溶沧，马拴友. 赤字、国债与经济增长关系的实证分析——兼评积极财政政策是否有挤出效应［J］. 经济研究，2001（1）.

④ 吴洪鹏，刘璐. 挤出还是挤入：公共投资对民间投资的影响［J］. 世界经济，2007（2）.

⑤ 史晋川、叶敏. 制度扭曲环境中的制度安排：温州案例，经济理论与经济管理［J］. 2001（1）.

⑥ 张震宇等. 温州民间信用调查［J］. 金融研究，1993（2）.

(2000)[①] 认为，中国民间资本将对中国经济产生重大影响，但是目前民间资本不敢涉及那些高新技术行业，反而喜欢将资金存进银行来获得银行利息，这就是经济发展的阻碍所在。朱红恒（2005）[②] 指出，民间资本理应成为经济发展的重要推动力量，但是由于中小企业自身存在的问题以及制度体制等一些外部因素，民间资本很难被中小企业吸收。丁平（2001）[③] 认为“新 36 条”积极鼓励民间资本进入金融等行业，这对于中国民间资本的发展具有重要的意义。

但由于实行严格的金融管制政策，中国也存在吸收公众存款、非法集资等问题，这需要从制度上构建中小企业融资基础。胡金焱、李永平（2006）[④] 认为应通过法律形式赋予一些有效的民间金融以合法地位，并为其提供依据和政策指导，从而为交易双方建立一种稳定的制度预期。郑璋鑫（2006）、苑德军（2008）和王芳（2011）认为可以将改善民间融资规制政策与缓解中小企业融资难结合起来，从而完善金融规制秩序。此外，政府通过鼓励和引导各种民间金融形式由低级向高级演变，将超过一定规模的民间金融活动纳入正规金融的制度体系，借以减少由高信息成本及高代理成本导致的金融风险。

对于非法集资规制方面，伴随孙大午、吴英等非法集资案件带来的巨大社会影响，加上温州民间借贷市场发生的“温州乱象”，以及温州金融综合改革实验区的建立，如何界定和规范并约束非法集资活动，整顿民间融资秩序也成为中国学者关注的重要问题。彭冰（2009）[⑤] 认为中国目前以“非法吸收公众存款罪”制裁非法集资活动，既不符合对该罪的法律解释，错误扩大了其适用范围，未能为民间金融的合法化预留空间，也不利于构建对非法集资活动的有效规制体系。对于存在合理需求的非法集资活动应以“疏导”代替“堵塞”，以直接融资手段进行处理。姜旭朝（1996）、胡金焱，卢立香（2005）、陈蓉（2008）、王后春（2008）则对中国民间融资风险以及规制和完善非法集资活动规制提出了诸多有益看法

① 周道坤. 如何启动民间资本［J］. 决策借鉴，2002（8）.

② 朱红恒. 进一步促进我国民间投资增长的意义与对策［J］. 广西社会科学，2005（3）.

③ 丁平. 我国民间资本投资金融领域的现实意义与挑战［J］. 武汉金融，2001（8）.

④ 胡金焱、李永平. 正规金融与非正规金融：比较成本优势与制度互补［J］. 东岳论丛，2006（2）.

⑤ 彭冰. 非法集资活动的刑法规制［J］. 清华法学，2009（3）.

与观点。

以往对民间资本研究多处于存在空间、优势、劣势进行定性列举、规模估算等分析阶段，从宏观上阐述民间资本的活跃程度对经济发展的作用，对民间资本作用于中小企业的发展的内在联系、作用机制及支持路径研究不足。因此本研究从民间资本与中小企业融资与发展关系探讨解决中小企业融资难在机制与渠道更具有研究价值及社会现实意义。

第3章 中国中小企业发展与融资约束

作为制造业大国的中国，由于中小企业发展符合中国的生产要素自然禀赋即人力资源比较优势，占绝大多数的是劳动密集型的中小企业，在市场中具有较强的竞争能力，相对大企业来说创造了更多的社会财富。但由于中小企业本身面临着较多的条件约束，加之外部环境的约束，中小企业获取外部资金融通的概率明显较低，存在着“麦克米伦缺口”。这一现象在中国非常普遍，融资难问题长期困扰中小企业发展。

3.1 中小企业界定与发展特征

3.1.1 中小企业及相关范畴界定

中小企业是一个相对的概念，一般来讲中小企业是指与所处行业的大企业相比在人员规模、资产规模、经营规模都比较小的经济单位。不同国家和地区、不同经济发展的阶段、不同行业对其界定的标准不尽相同，且随着经济的发展而动态变化。各个国家一般从质和量两个方面对中小企业进行界定，质的指标主要包括企业的组织形式、融资方式及所处行业地位等，量的指标则主要包括雇员人数、实收资本、资产总值等。由于量的指标更为直观，同时数据获取也相对更容易，因此大多数国家都以量的标准对企业划分。如美国经济发展委员会规定小企业主对企业拥有独立自主的经营管理权，并且企业的主要资本是由个人或者合伙人提供并所有，企业的规模相对于行业中的其他企业较小，企业业务集中在本地区。2001 年美国国会出台的《美国小企业法》对中小企业的界定标准为雇员人数不超过 500 人。英国、欧盟等国对中小企业在采取量的指标的同时，也以质的指标作为界定的辅助。目前世界大多数国家划型标准中，都有微型企业标准，微型企业是指 1—10 人的企业或贫困人员开办、拥有或经营的公司。世界银行和欧盟关于小微企业划分标准见表 3－1。

表 3－1　　世界银行及欧盟小微企业划分标准表

企业类型	雇员人数		总资产		年销售额	
	世界银行	欧盟	世界银行	欧盟	世界银行	欧盟
微型企业	10 人及以下	9 人及以下	100 万美元以下	200 万欧元及以下	100 万美元以下	200 万欧元以下
小型企业	11 人及以上，50 人及以下	10 人及以上，49 人及以下	100 万美元以上，300 万美元及以下	200 万欧元以上，1000 万欧元及以下	100 万美元及以上，300 万美元以下	200 万欧元及以上，1000万欧元以下

资料来源：世界银行网站.

在中国，中小企业是指在中华人民共和国境内依法设立的有利于满足社会需要，增加就业，符合国家产业政策，生产经营规模属于中小型的各种所有制和各种形式的企业。[①] 目前，中国主要根据企业从业人员、营业收入、资产总额等指标，结合行业特点进行划分。根据《中华人民共和国中小企业促进法》和《国务院关于进一步促进中小企业发展的若干意见》（2009）对中小企业划分标准进行了具体规定，明确中小企业的企业类型。2011 年 7 月 4 日工信部、国家统计局、国家发改委、财政部联合

① 中华人民共和国中小企业促进法（2003）.

发布了《中小企业划型标准规定》①，同时废止了2003年颁布的《中小企业标准暂行规定》。具体将中小企业划分为中型、小型、微型三种类型。标准根据企业从业人员、营业收入、资产总额等指标，结合行业特点制定。新标准基本涵盖了国民经济各个主要行业，涉及84个行业大类、362个行业中类、859个行业小类，分别占大、中、小类比重为88.42%、91.41%、94.09%，涵盖了国民经济主要行业。此次中小企业划型标准修订②也是中国历史上第8次修订，是涉及面最广、行业面最宽、划型较全的一次修订。

由于原标准对于中小企业覆盖面过于宽泛，致使中小企业群体中最弱势、最需要扶持的个体企业最难以享受优惠政策，于是《中小企业划型标准规定》③ 结合中国的实际并考虑与国际接轨，在中型和小型企业的基础上，第一次在企业划型中增加“微型企业”，以此加大对小型、微型企业的扶持力度，这更加具有针对性、时效性。同时个体工商户和本标准以外的行业参照中小企业划型标准执行，扩大了标准的适用范围，具有很强的覆盖性。按照新的标准，农、林、牧、渔业营业收入50万元以下的企业为微型企业，工业从业人员20人以下或营业收入300万元以下的企业则为微型企业，房地产业营业收入100万元以下或资产总额2000万元以下的企业为微型企业，软件和信息技术服务业从业人员10人以下或营业收入50万元以下的就是微型企业（见表3-2）。小型和微型企业的经济基础相对薄弱、科研能力也是总体偏低，但却是比例最大的群体，也是弱势群体。新标准划出了微型企业标准，根据新标准，小型和微型企业也将成为今后国家政策扶持的重点。这样也就明确了中小企业的融资难问题，最主要是小企业和微型企业“融资难”，明确问题关键就可以更有针对性地寻求解决思路及出台政策措施。

---

① 具体将中小企业划分为中型、小型、微型三种类型，具体标准根据企业从业人员、营业收入、资产总额等指标，结合行业特点制定。

② 新标准中涵盖了国民经济的主要行业，涉及84个行业大类，362个行业中类、859个行业小类，新增加了房地产业、租赁和商务服务业、信息传输业、软件和信息技术服务业等行业。

③ 新标准结合中国的实际与国际接轨，在中型和小型企业基础上，新标准首次在企业划型中增加“微型企业”。

表 3－2　　　　　　　中国小微企业的划型标准

行业	企业类型	划分标准
工业	小型	从业人员在 300 人以下，且营业收入在 300 万元及以上
	微型	从业人员在 20 人以下或营业收入同在 300 万元以下
建筑业	小型	营业收入在 6000 万元以下，且资产总额在 300 万元及以上
	微型	营业收入在 300 万元以下或资产总额在 300 万元以下
零售业	小型	从业人员在 50 人以下，且营业收入同在 500 万元以下
	微型	从业人员在 10 人以下或营业收入在 100 万元以下
批发业	小型	从业人员在 20 人以下，且营业收入同在 5000 万元以下
	微型	从业人员在 5 人以下或营业收入在 1000 万元以下
交通运输业	小型	从业人员在 300 人以下，且营业收入同在 3000 万元以下
	微型	从业人员在 20 人以下或营业收入在 200 万元以下
邮政业	小型	从业人员在 300 人以下，且营业收入同在 2000 万元以下
	微型	从业人员在 20 人以下或营业收入在 100 万元以下
住宿和餐饮业	小型	从业人员在 100 人以下，且营业收入同在 2000 万元以下
	微型	从业人员在 10 人以下或营业收入在 100 万元以下

资料来源：工业和信息化部、国家统计局、国家发展改革委、财政部. 关于印发中小企业划型标准规定的通知（工信部联企业（2011）300 号）.

3.1.2　中小企业规模及行业分布

中小企业的规模分布以及行业分布对中小企业融资需求具有重要的影响。就规模而言，规模较小的企业一次性需要的资金量比较少，而就行业而言，制造业中小企业则需要固定资产投资和日常开支所需的流动资金，融资需求比较复杂，若是因固定资产投资而筹集资金，则融资额大，期限长；若是因流动资金临时短缺而融资，则需要融资期限短，但是融资速度要求高，而对服务型中小企业融资需求而言主要是为了满足日常经营开支需求。

（1）中小企业产业分布

由于中国中小企业生产方式符合劳动力资源相对充裕的结构特征，中小企业主要以从事劳动密集型生产为主，其分布特点非常明显。根据国家工商行政管理总局《全国市场主体发展总体情况》(2012) 的数据，从中小企业实有户数（包括实有企业和个体工商户户数）来看，2012 年全国中小企业第一产业为 2.10%，第二产业为 12.42%，第三产业所占比重最高，为 85.48%，如图 3-1 所示。因此，在中国中小企业绝大多数处在第三产业，还有相当一部分分布在第二产业。

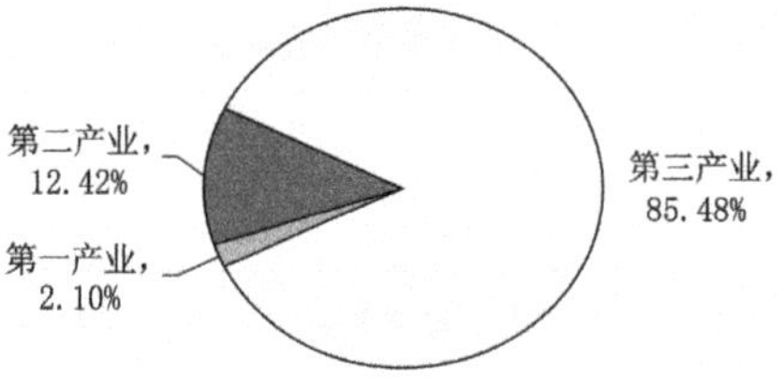

图 3-1 中小企业产业结构图

资料来源：全国市场主体发展总体情况（2012）.

(2) 中小企业区域分布

《全国市场主体发展总体情况》(2012) 报告，以中小企业实有户数（包括实有企业和个体工商户户数）为例，从区域分布来看，2010 年中国中、东、西部地区中小企业发展相对均衡，东部地区占全国的比重为 51.45%，中部占比为 29.06%，西部地区占 19.49%，如图 3-2。而且中国中小企业在经济增速较快的中东部地区的分布比例较高。

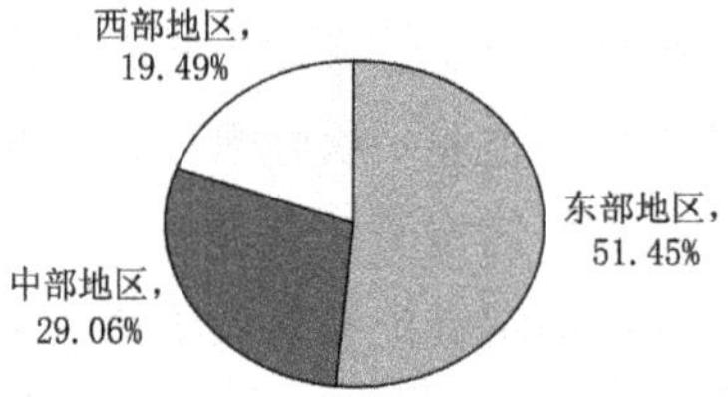

图 3-2 中小企业区域结构图

资料来源：全国市场主体发展总体情况（2012）.

(3) 中小企业规模分布

国家工商行政管理总局企业注册局发表的《党的十七大以来全国内

资企业发展分析》报告[①]对中国不同规模企业新增户数和年均增长率进行相关统计，就增长户数而言，注册资本在1000万元以下的中小企业是增长主力，对企业总体数量增长贡献率高达89.1%。其中，注册资本在10万—100万元和100万—500万元的企业增长数量最多，分别增长了175.07万户和125.57万户，年均增长率分别为7.7%和12.9%。这就表明中国中小企业规模普遍都偏小，绝大多数的中小企业注册资本在10万—500万元，从规模讲，获得银行大额贷款的可能性就很小。如图3-3所示。

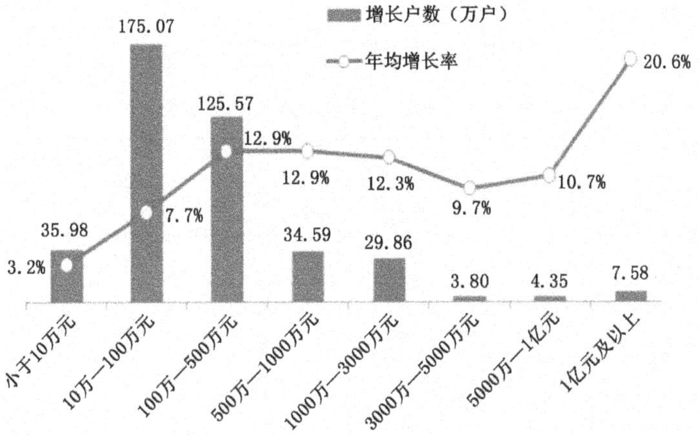

图3-3　不同规模企业新增户数和年均增长率

（4）中小企业行业分布

中国中小企业的行业分布主要集中于工业中的制造业、服务业中的批发零售业。制造型企业属于劳动密集型企业，因此在吸纳劳动力就业方面贡献非常大。从图3-4中我们知道，中国中小企业主要分布于第二产业和第三产业，2010年中小型工业企业分布前10大行业都是制造型企业，其中通用设备制造业所占比重最高为8.8%。

由于中国东南部中小企业密集型程度高，以下我们主要从企业数量上看浙江和广东两省中小企业行业分布情况，见表3-3、表3-4。

① 国家工商行政管理总局企业注册局.党的十七大以来全国内资企业发展分析（2007年6月—2012年6月）.2012.9.

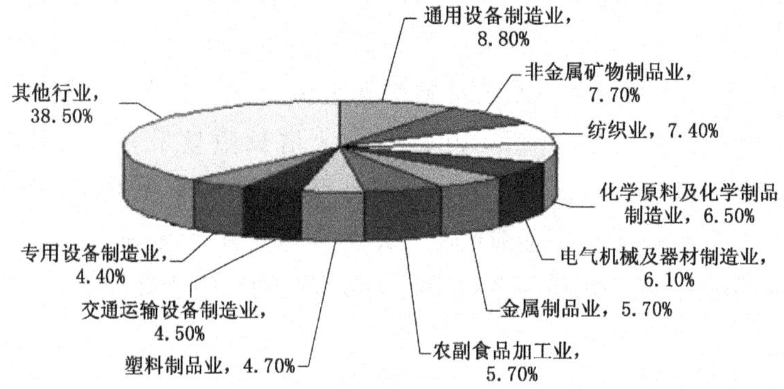

图 3－4　2010 年中小型工业企业分布前 10 大行业

表 3－3　　　　浙江省中小企业分布前五大行业占比

地　　区	浙　　江
中小企业数量（个）	865154
批发零售业占比（%）	22.75%
工业制造业占比（%）	37.39%
商务服务业占比（%）	7.49%
建筑业占比（%）	2.78%
科研及技术服务业占比（%）	2.63%

资料来源：浙江统计年鉴 2013.

表 3－4　　　　广东省中小企业分布前五大行业占比

项　　目	占　　比
中小企业数量（个）	1009027
批发零售业占比（%）	28.28%
社会服务业占比（%）	0.93%
工业制造业占比（%）	28.46%
建筑业占比（%）	2.60%
交通运输仓储业占比（%）	2.53%

资料来源：广东统计年鉴 2013.

通过对比可知，两省中小企业绝大多数分布批发零售业、制造业，这两项之和超过50%。由于这些传统竞争性行业竞争过于激烈，利润率低，对资金的需求大，融资难度也相当大。

所以，由此可以看出中国中小企业一般规模较小，并主要分布在经济发达的东南部地区，这些地区民间资本相对充足，拥有资金和资源优势，有利于中小企业的长期发展。

3.1.3 中小企业发展及生存困境

无论是在发达的国家，还是在新兴发展中国家，中小企业数量都占绝对优势，在国民经济中起举足轻重的作用，是推动一国国民经济发展、构造市场经济主体、促进社会稳定的重要力量，是一国衡量宏观经济发展态势的风向标，中国中小企业也不例外。无论在吸纳社会劳动力、缓解就业压力还是在增加财政收入等方面都是经济社会中重要力量，更重要是中小企业具有很强的创新能力，对科技进步的贡献也很大。

(1) 中小企业发展总体评价

改革开放以来经济高速增长与中小企业的蓬勃发展有着紧密的联系，随着国家经济发展和政策的支持，中国中小企业得到了快速发展。据《中国中小企业发展报告（2011—2012)》的数据显示，截至2012年底，我国中小企业有9600多万家，占全国企业总数量的99.4%以上，出口额占全国出口总额的60%，利税占全国利税总额的42%，销售收入占59%，工业总产值占63%以上。[①] 国家工商行政管理总局2014年3月28日首次发布的《全国小微企业发展报告》[②] 显示，截至2013年底，中国共有小微企业1169.87万户，占企业总数的76.57%，若将4436.29万户个体工商户视作微型企业将其纳入统计，则小微企业在工商登记注册的市场主体中所占比重达到94.15%。报告显示外资企业中小微企业比重最低，仅占53.94%，国有集体企业中小微企业占61.39%，私营企业中小微企业比重最高，占80.72%。若将个体工商户视作私有微型企业，则小微企业中的97%以上都是私营的。从表3-5、表3-6可以看出，中国中小企业从企业数量、工业总值、利润总额、年均就业人数都高于大企业，

① 林汉川等.中国中小企业发展研究报告［M].企业管理出版社，2011、2012.

② 全国小微企业发展报告（2014).

固定资产投资占比并不弱。

表 3-5　国有及非国有工业企业 2009 年分类统计表

企业类型	企业数量（家）	工业总值（亿元）	利润总额（亿元）	年平均就业人数（万人）
大	3254	175812	10898	2043.6
中	38036	159374	11368	2787.7
小	393074	213125	12277	3999.9

资料来源：中国统计年鉴 2010.

表 3-6　国有及非国有固定资产投资所占比例　单位:%

	2006	2007	2008	2009	2010	2011
国有经济	29.97	28.19	28.18	31.03	29.96	26.48
个体私营经济	22.21	24.11	24.75	24.84	25.20	26.27

资料来源：中国统计年鉴（2007—2012）.

下面我们以浙江中小企业为例，2012 年统计数据表明，浙江省中小企业 89.4 万家，其中规模以上大中型企业有 5240 家，占全部工业企业数量的 0.59%，小微企业有 88.9 万家，占全部工业企业数量的 99.41%①，规模以上企业中私营企业也远远超过国有企业（见图 3-5、图 3-6）。

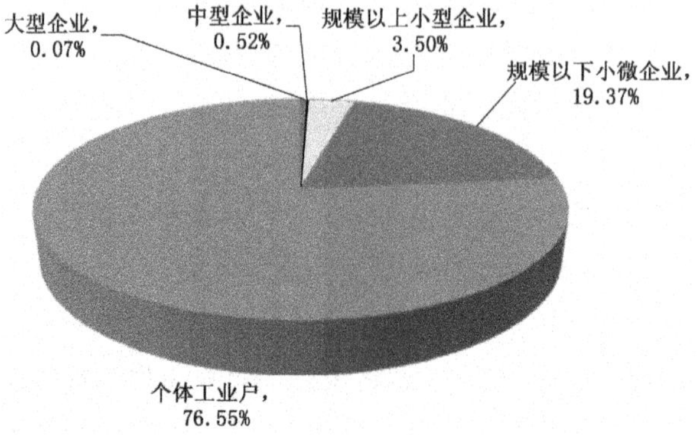

图 3-5　浙江中小企业占比情况

① 浙江统计年鉴 2013.

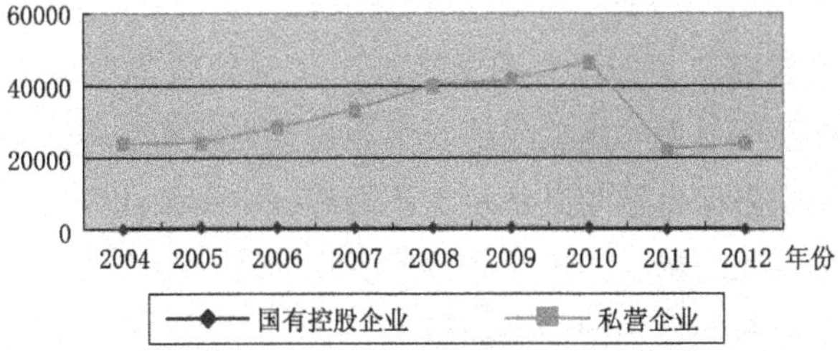

图3-6　2004—2012年浙江省规模以上企业数量（个）

（2）中小企业发展困境

从以上可以看出，中国中小企业不论在绝对数量还是相对数量上都占据了半壁江山以上，支撑着国民经济的发展。但中小企业生存空间十分狭窄，几乎一半的企业在三年内会倒闭，只有近25%的企业能够在激烈的竞争中发展起来。

1）后危机时代加剧了小企业生存压力。全球虚拟经济危机向实体经济蔓延导致经济衰退，欧洲、日本经济也与美国经济一起同时收缩，这一切都影响中国中小企业的发展，而目前面临的困难甚至超过2008年金融危机期间。金融危机使得现在的市场环境更加恶化，国际经济环境变化、国内经济周期性调整与国民经济素质性、结构性矛盾叠加，我国中小企业订单下降、外需锐减。随着人民币升值、劳动成本提高、原材料价格上升、国际市场准入门槛不断提高等问题都造成中小企业更大的生存压力，加之结构性失衡、经济转型等等使得中小企业发展难上加难。[①] 国家工信部统计数据显示，2011年前两个月，规模以上中小企业亏损面达15.8%，同期增长0.3%，亏损额度增长率高达22.3%。[②] 而规模以下的小企业，亏损情况更加严重。在要素成本急速上涨的情况下，中小企业的各项成本并没有因为经济的不景气而减少，导致中小企业难以为继，而在货币政策紧缩的情况下，进一步受到挤压的又是中小企业，长三角、珠三角的许多中小企业陷入生存困境，甚至有些地方出现“倒闭潮”。

---

① 中小企业困境已引起全国工商联的高度关注，经过2个多月对广东、浙江、江苏等16个省进行系统调研，发现中小企业特别是小型、微型企业状况，比2008年金融海啸时更为艰难。

② http://www.ebrun.com/ebnews/22120.html.

2）“三七错位”下的中小企业“强位弱势”。与中小企业对中国经济及社会的贡献与定位不同，其明显地处于“强位弱势”状态，和中小企业在产值、就业等方面对国民经济贡献相比存在鲜明反差的是中小企业在中国金融市场中占据份额与其地位极不相称，中小企业发展与规模扩张普遍伴随着资金紧张的局面，中小企业融资难问题极为突出，融资难成为中小企业发展中诸多问题中的最大问题。

从中国金融总量来看，全国工商联调查显示，规模以下的小企业90%没有与金融机构发生任何借贷关系，小微企业95%没有与金融机构发生任何借贷关系[①]，这相比中小企业为社会创造的价值与其获得的金融资源明显不匹配。中国人民银行研究局从2003年底开始，选择了全国东、中、西部有代表性的五个地区和六个城市1105户中小企业为样本，进行了入户问卷调查，发现有65.7%的样本企业感到资金紧张。[②] 国家发改委对中小企业发展较好、信用担保机构较多的省份进行调查，调查结果显示，中国中小企业因无法落实担保而被拒贷的比例为23.8%，加上32.3%因不能落实抵押而被拒贷的，拒贷率达到56.1%。两份报告从不同角度印证了中国中小企业融资的困难。

为全面深入了解金融服务的供需状况，我们在宁波市所属的慈溪市周巷镇和宁海县长街镇对中小企业发展及融资情况进行实地调研。本次调研对象为个体私营企业，行业分布主要集中在小家电、小配件等制造行业。调研结果显示，这些中小企业在生产经营中资金需求很大，企业所面临的最主要困难是资金短缺，但来自正规机构资金严重不足。其资金来源与运行情况如图3－7、图3－8。

我们的调研结果显示，企业的资金来源主要是自有资金，周巷的企业自有资金占64.7%，其次是金融机构融资占34.1%，再次为相关人员的亲友借款，占总资金来源的0.64%。所有借款来自正规金融机构的占到了51.6%，而非正规渠道道对满足企业的金融需求也有着非常重要的作用，占到了48.4%。在企业需要金融机构提供的产品和服务的调查中，贷款占75%，为最高，结算占37.5%，存款为31.3%。可以发现，中小企业对贷款的需求遥遥领先。这一方面是由于近期原材料价格不断上涨和

① 小微金融发展现状及国际比较分析报告（2013年）.

② 中国人民银行研究局.中国中小企业金融制度调查报告［J］.经济导刊，2005（4）.

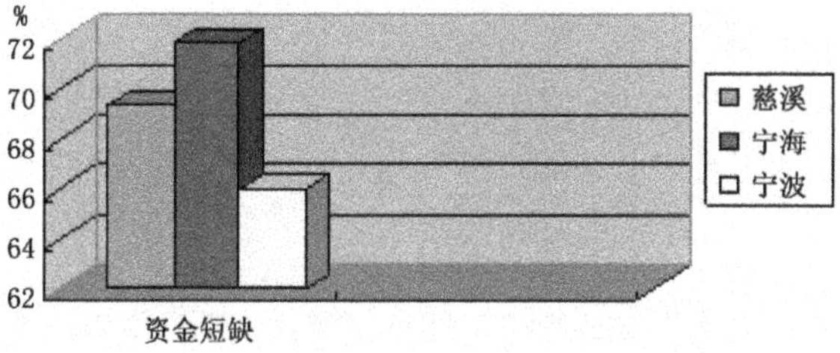

图3－7　资金短缺示意图

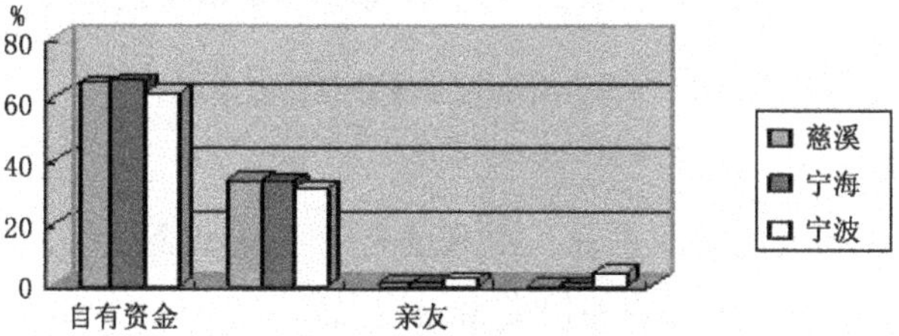

图3－8　资金来源示意图

人民币升值持续所致，同时印证了企业认为当前生产经营中面临的最主要困难是资金短缺。长街企业也基本相同：企业用于日常生产周转的资金中，自有资金占76.8%，远远领先于其他渠道得到的资金。资金用途上，"购买原料"占比最大，为33.6%，其次为"存货"（30.8%）、"用于技术改造"（15.3%）、"其他"（12.2%）、"用于基本建设"（7.9%）。虽然近些年来，中小企业融资环境有所改善，但还是不能适应快速发展中小企业对融资的需求。

据全国工商联在17省市的调研显示，90%以上的受访中小企业表示无法从银行获得贷款。2005年进行的固定资产投资的企业中，将近66.9%的企业未能从金融机构获得贷款，62%的企业自投资金占投资比重的80%以上，流动资金贷款利用率稍高，但仍也有43.5%的企业未能获得金融机构贷款，其中有52%的企业的自有资金占流动资金比重80%以上。[①] 从图3－9中也可以看出在诸多影响中小企业发展的因素中，融资问题是其最主要的因素。

中小企业融资难，但更多的是小微企业融资难，销售收入2000万元

① http：//finance.sina.com.cn/focus/gldwenzhou2011/.

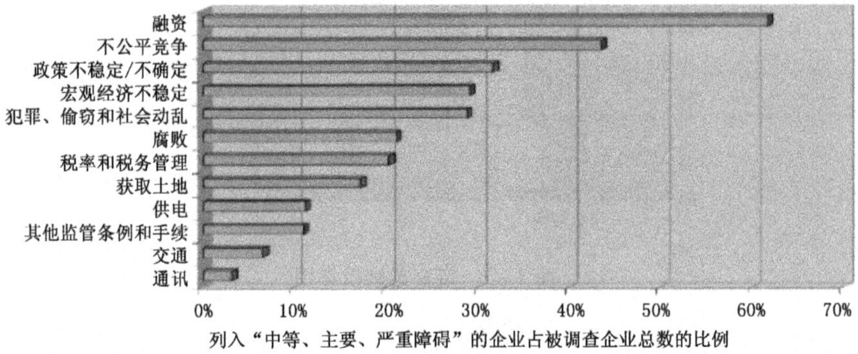

图 3-9　中小企业经营存在的问题

资料来源：赖金昌.中小企业融资：约束和战略.

以下，人员300人以下的企业，更难的是一些微型企业，从业人员20人以下的。[①] 这些中小企业该如何走出困境呢？

自2001年以来，中国政府出台了一系列改善中小企业融资环境的政策措施。2001年中国人民银行提出改善中小企业融资服务的八条政策意见，2002年提出对有市场、有效益、有信用的中小企业提供信贷支持的要求，2002年《中华人民共和国中小企业促进法》正式颁布，2003年开始实施。中央财政预算开始划拨中小企业发展专项资金，以支持中小企业的发展。2004年5月深圳中小企业板正式设立，首日上市的八只股票的企业均为民营企业。2005年“非公36条”，2010年“新36条”及后来2014年的“新国九条”等政策措施的贯彻执行拓宽了中小企业的融资渠道，但中小企业低生命周期，资本积累时期资金的缺乏，难以适应市场的竞争和企业发展壮大的需要，融资难、融资贵成为制约中小企业发展的瓶颈。

① 工信部.中小企业融资难是世界性问题只能缓解.http：//finance.sina.com.cn/china/20140527/105619237574.shtml.

3.2 中小企业融资需求与融资结构

3.2.1 不同规模与不同行业中小企业融资需求

资金是企业赖以生存和发展的基础，融资活动是企业资金运动的基础，是企业自负盈亏、参与市场竞争的必备条件，中小企业的经营过程实际就是资金流动和资金形式不断变化的过程，融资是企业为保证生产经营活动的正常运行和进一步发展需要，企业必须不断通过各种渠道获取必要的资金活动。因此中小企业融资过程实质上是一种以资金供求形式表现出来的资源配置过程，即企业能否取得资金，以及以何种形式、何种渠道取得资金的问题。中小企业的资金需求主要是指中小企业因生产经营活动所形成的对外资金需求，为支付超过现金购货款而采取的货币交易手段或为取得资产而集资所采取的货币手段。由于中国中小企业一般以传统行业为主，绝大多数属于劳动密集型行业，进入壁垒通常较低，对资金、技术上的要求也不高，但随着中小企业不断壮大，对资金的需求越来越旺盛。首先，随着企业生产经营规模的扩大，产生更多的资金用于扩大再生产；其次，随着中小企业产业转型升级、技术革新对资金的要求越来越高；最后，科技型中小企业引进新技术和高新人才的资金需要等，因此资金紧张是中小企业普遍存在的常态。

中小企业的资金需求特征主要表现为“少”、“急”、“频”。中小企业本身的经济实力有限，规模一般较小，单位资金需求量不大。但是由于中小企业资金需求季节性、临时性等特点，加之生产与资金回笼存在空间和时间上的差距，对资金的时效性和流动性要求高，资金需求较为频繁。同时中小企业所需的资金期限结构以短期为主。因为中小企业的生产经营活动有很多不确定性，且其抵御风险的能力差，所以，中小企业一般以短期规划为主，不易做出长期筹划，中小企业以短期资金需求为主，长期的资金需求并不多。

从中小企业的分布情况来看，中国的中小企业大多分布于小规模的制造型企业和服务型企业，一般来讲，制造业型的中小企业经营活动涉及的面较宽，资金周转较慢，资金需求量相对较大，融资难度也较大，而服务型中小企业资金需求量小、周期短、频率较高。以下我们分别以小规模制造型企业、小规模服务型企业和其他类型企业来分析中小企业融资需求及特点。

(1) 小规模制造型企业

小规模制造型企业处于产业链的底端，竞争激烈，因而利润率比较低，一般都没有完整的财务制度，因而财务报表不规范，即使有真实财务信息，一般其经营业绩教为普通，财务风险偏大。小规模制造型企业因自身规模有限，不足以形成规模效应，常常以多条生产线为企业的主要资产，但是这些生产线上的固定资产并非银行所需的抵押物。小规模制造型企业的固定资产在前期投资的时候，需要企业大量资金的投入，企业在自有资金有限的情况下，需要筹集长期资金，并且金额较大。但是小规模制造型企业一般很难筹集长期资金，所以常常通过短期借款不断地续借以实现“续短为长”。当企业正常营运之后，在购买原材料、半成品等流动资产时往往需要流动资金贷款，金额虽然不大，但是需求频率较高。

(2) 小规模服务型企业

小规模服务型企业因为规模小，一般也没有健全的财务制度，即使企业能够提供，提供的信息往往也不准确，若提供准确的财务信息，则银行也会因其业绩一般而惜贷。小规模服务型企业与制造型企业相比，固定资产投入较小，一般通过租赁商铺等作为经营场所，因此最多只是支付一定的租金。绝大部分资金需求主要是为满足日常经营性开支，比如购买存货等流动性资金需求。其特点是金额虽小但是融资频率高、期限短，一般具有临时性。与小规模制造型企业相比，资金周转较快。

总之，绝大多数中小企业的融资需求的特点是：一是以短期资金为主。即使像需要筹集长期资金进行固定资产投资的制造型企业也会因无法进行抵押和担保进而使得长期资金难以筹集而采用“续短为长”的方式进行。而且中小企业很少有长期规划，在资金规划上也主要是短期考虑，所以主要是筹集短期资金。二是需要资金量小。由于规模较小，中小企业借款时所需的资金相比于大企业而言要小很多。三是借款急而频率高。由于一般只考虑短期的计划，所以资金常常是临时急用，而用完之后可能发现还要借款，因此融资频率较高。

（3）其他类型企业

除了以上类型的中小企业融资需求特点外，一些科技型的中小企业的融资需求也有很独特之处。科技型中小企业一般会经历种子期、初创期、成长期和成熟期四个阶段。在不同的阶段，其融资需求特点也不一样。处于种子期和初创期的科技型中小企业此时需要筹集一笔长期资金进行技术研发。而此时的企业仅仅拥有一些专利和技术，还未实现盈利，因此很难从传统融资渠道获得资金支持。科技型中小企业需要吸引具有风险偏好的风险投资机构和个人给予其风险投资或者天使投资从而缓解其初期的资金需求。处于成长期和成熟期的科技型中小企业可以通过传统的融资渠道实现自身规模的扩张，但是因其资产主要以专利、技术等无形资产构成，贷款人很难对其进行估价，因而融资需求很难得到满足。

以上是不同类型中小企业融资需求特点，但由于金融危机对中小企业融资需求压力更加明显，除了一般意义外，目前转型升级的中小企业其融资需求具有新的特点，即随着经济周期和产业结构不断变化，中小企业的融资需求也随之变化，如长期借贷、降低融资成本、提高融资效率等等。在转型过程中，中小企业具有特殊的、阶段性的脆弱性。不同于流动资金融资需求，在这个期间长期、大额信贷仅能够从银行体系获得，不存在其他替代方式。

3.2.2 不同融资次序与不同生命周期中小企业融资需求

中小企业从创业期到成长期会经历不同的发展阶段，在不同的发展阶段会有不同的特点和融资需求，对融资方式和融资渠道也有不同的要求。企业需要根据其不同的成长阶段采取不同的融资策略满足融资需求。

（1）初创期的中小企业

初创期的中小企业资金供给与需求矛盾突出。初创阶段的企业往往需要大量的资金来发展业务，但是这个时候往往信誉等级还不够，得不到大量的外源资金。而且经营风险比较大。这个阶段的企业发展刚刚起步，面对市场上的老牌企业，企业的竞争力不够，同时自身的技术及其他条件都不是很成熟，很有可能面临经营失败的风险。但同时这样的中小企业的发展潜力比较大。虽然这个阶段的企业有着比较大的劣势，但是也具有其优势，因为这个阶段的企业综合成本比较低，故发展空间和增值潜力都比较大。Berger 和 Udell（1998）认为，企业初创期，由于规模小、缺少业务记录、财务制度不规范等原因，信息不透明使企业很难获得外源性融资，主要依赖初始内部融资、贸易信贷、天使融资。

（2）成长期的中小企业

成长期的中小企业能够获得持续增长的净现金流量。这个阶段的企业技术水平以及市场竞争能力都已经得到了一定程度的提高，因此能够获得比较稳定的现金流。这个阶段的企业信誉评级也已经比较好，而且企业的财务指标也处于良好状态，投资者愿意向这些中小企业投资。这类企业能够通过多种渠道获得资金。但随着企业的不断壮大，企业的资本结构也发生了变化，负债比例将不断上升，企业可能会出现财务风险。

（3）成熟期的中小企业

成熟期的中小企业的现金流趋于稳定。由于企业的技术水平和经营能力达到成熟，市场也接近于饱和，因此企业的现金流入也将趋于稳定。同时由于企业在市场上已经占有稳定的市场份额，因此经营风险将大大降低。

（4）衰退期的中小企业

衰退期的中小企业现金流开始减少。由于这个阶段的企业规模过于庞大，盈利能力已经开始下降，市场份额也开始减少，故企业的现金流将减少。同时由于企业获得利润的能力下降，企业的偿债能力就将慢慢减弱，企业的财务风险将变得突出。

如上所述，我国中小企业不同成长阶段融资渠道与资金来源不同，一般认为企业主自主投资、向亲友筹资、政府投资是中小企业成立之初的主要三种融资模式，我们在浙江的调查也得出同样结论，企业发展初期留存收益及追加投资是主要资金来源，进入成熟期后由于企业发展度过瓶颈期，发展及盈利水平得以提高，外源性融资渠道开始拓宽。除银行外的其他融资渠道企业间拆借、典当行、小额贷款公司等，在非融资性信贷需求寻求避险与闲置资金的增值也是企业投资的目的。

3.2.3 中小企业内源性资金需求与供给缺口

(1) 信贷约束下的中小企业融资需求特征

中国金融改革是渐进改革，金融制度演进纳入到政府主导的逻辑中，政府作为制度的主要供给者采取自上而下的方式建立的一种政府主导的金融制度安排，由于政府主导强制性制度变迁，金融市场非均衡推进，金融资源没有有效的运用到中小企业发展方面，形成了政府提供了没有适应金融制度需求的安排。金融结构与经济结构严重不匹配，制度供给的错位与不足，导致金融抑制并出现金融缺口是必然结果，因此民间借贷则满足金融需求，成为正规金融机构的替代，内生于当地的民间借贷便产生了。随着经济发展，中小企业对信贷的需求也呈现多层次的变化，但信贷供给模式却没有随之转变，正规金融不能有效满足需求，民间借贷的效率与作用反映满足中小业资金需求的程度。

以下我们以民间借贷发达的浙江为例进行分析。

改革开放前浙江生产力一直处在低下的传统农业阶段。丰富的劳动力和稀缺的土地使得传统农业部门形成了高地租、低收入的分配格局，有限的产出被大量的人口消耗，农业剩余严重不足，谈不上更多的金融需求。当时借贷需求单一，为谋求生路或者恢复简单再生产而被迫有限的借款，借贷需求更多是实物性质的需求。由于当时是以支持重工业和城市优先发展，呈现出供给和需求的双向不足，金融的发展相当缓慢。随着家庭联产承包责任实施，流通中资金的需求随着商品经济的发展开始出现，从事加工、收购和销售的资金需求、对工业品消费、建房、婚葬、子女教育等生活上需求都成为资金借贷的理由。随着发展，一个新的需求主体开始出现，即随着加工企业等家庭作坊和乡镇企业的出现，“小老板”有了原材料、设备购置、产品销售等生产和发展的资金需求。俞建雄（2005）对中国现阶段城乡金融需求分析并从三个金融主体的角度进行归纳总结（见表3－7）也基本符合浙江情况。

表 3－7　　　　金融信贷主体和其相应的借贷供求分析

信贷需求主体层次			信贷需求特征	满足的主要方式和手段
农户	纯粹小农户		生活开支、日常生产小规模贷款需求	民间小额贷款、政府资金、财政资金
	普通兼业型农户		生活性开支（婚嫁、建房，教育等）非农产业生产性贷款	自有资金、民间小额贷款、信用社贷款、少量商业性信贷
	市场专业型农户		工商业贷款需求和专业化规模化生产	自有资金、商业性信贷、信用社贷款
企业	乡镇企业		扩大规模的资源利用型生产贷款需求	自有资金、民间金融、政策金融、商业信贷（有政府担保支持）
	农业龙头企业	创业初期	专业化技能型生产规模扩张贷款需求	商业性信贷、政府资金、政策金融风险投资
		成长期稳定期	专业化技能型规模化生产贷款需求	商业性信贷
乡、镇政府			小城镇的建设、农业基础设施建设	政府投资、农村信用社的长期大额贷款、商业银行

资料来源：此表编制参照了俞建雄对现阶段农村金融的需求分析。

从表 3－7 可以看出，除了纯粹小农户外，农户的其他类型及企业的类型基本上反映了浙江中小企业类型及资金需求。由于浙江农户更多的是选择自主创业，纯收入中工资收入占 79.3%。由于个私经济发展已成为资金需求的主体，遍布各个乡镇的这些企业，尤其是微型企业，相关的技术改造和流动资金需求构成了资金需求的重要方面。从以上分析可以看出，中小企业金融的需求及变动趋势，不论民营企业发展到什么程度，资金需求是多元的，但信贷配给导致的信贷约束下的供给则是单一与不足的。

在二元经济结构及二元金融结构下，由于大部分的金融资源被国家控制并配置给城市经济及国有企业。对于中小企业虽然资金需求旺盛，但无论从所有制偏见还是规模歧视，正规金融显然不会满足中小企业发展的资金需求。因此，制度性金融体系缺陷、社会信用体系不健全、信息不对称及民营企业自身的原因（如普遍存在资产规模小、治理结构不规范、财务报表失真、技术含量低、成长性差、生命周期短、信用意识不强与银行的规范严格信贷要求矛盾、而抵押贷款所需要的较高的资产评估成本和其他交易费用的支出，使得从国有银行获得贷款成本几乎等同于甚至高于从民间金融机构获得贷款成本等等）均成为中小企业发展的融资瓶颈。从以上分析可以看出在中国中小企业发展的初期阶段，那些最先发展起来的中小企业基本上都是选择以民间借贷作为创业的初始资金，尤其是那些小微企业，其发展资金基本上都是在有自我积累的基础上，在依赖自有资金外更多的是借助民间借贷，这说明中小企业发展资金需求的内源性特征，这也是目前我国中小企业内源性融资占的比重过高的表现。

（2）中小企业资金需求及供给缺口分析

从理论上来讲，借贷市场上资金的价格与融资利率有关，因为利率能调节资金供给与需求之间的关系，所以企业资金需求曲线与融资利率紧密相关。如图3－10所示，总的来说，随着利率走高，企业的资金需求量就越少，反之亦然，资金需求量与利率反向关系。但现实中小企业的资金关系则由资金需求曲线（DD）和资金供给曲线（SS）决定的。如图3－11所示，资金需求曲线和资金供给曲线相交于A点，即为均衡点，在此时达到供求平衡状态。但是中小企业资金供求的均衡点不会在供给曲线上无限延伸，这主要是由于受企业自身经营利润率和融资成本利率的影响，资金的需求曲线会达到一定的极限，如图中曲线DD′。在AB之间，中小企业资金供给与需求可以寻找到均衡点，此时资金供求达到均衡。但是在现实情况下，中小企业的资金供求均衡由于受到相关因素的影响，不可能在B点之外，更多的情况是处在A点之外，此时往往是供不应求的状况。所以中小企业在资金供求中多数属于供不应求的状况，当资金供给小于资金需求，从而出现了巨大的资金缺口，严重制约中小企业的发展。

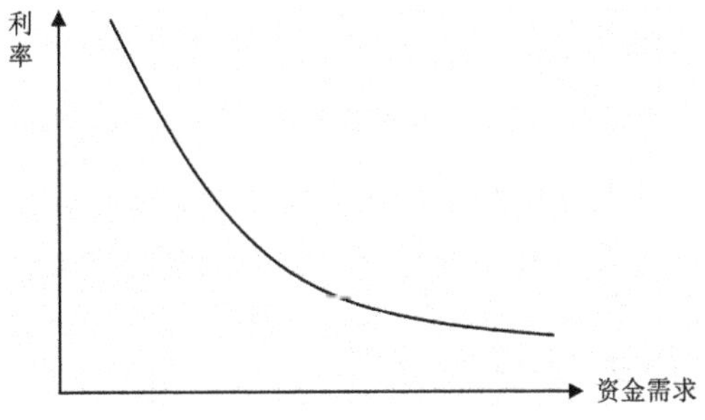

图3－10　资金需求与融资利率

从实践中也可以看出中国中小企业融资困境。截至2011年年底，浙

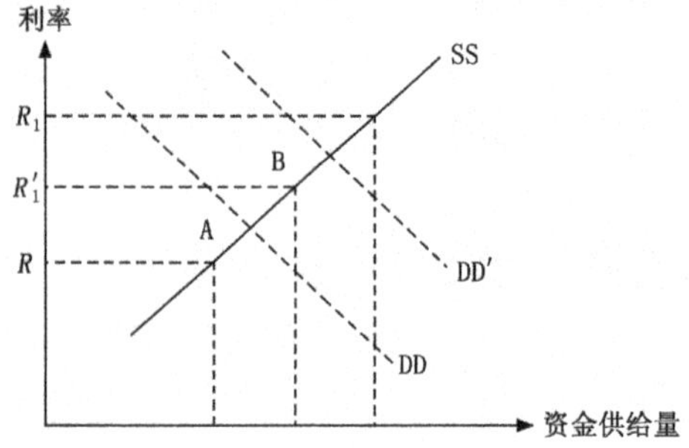

图 3-11 资金供求曲线图

江省的中小企业占全省企业总数的 99%，有 72.5% 的企业向银行提出贷款申请，但通过率不到 25%，有近五分之一的企业被直接拒绝。由于无法得到中小企业具体的融资缺口，以平均每家中小企业需融资 100 万元计算，浙江省至少有 200 万家中小企业，这个融资缺口在 2 万亿至 3 万亿元。在深圳其资金缺口达到了 5700 亿元左右，约有四分之三的中小企业存在资金缺口。通过图 3-12 可以直观反映近三年中国各地区总体融资缺口情况。①

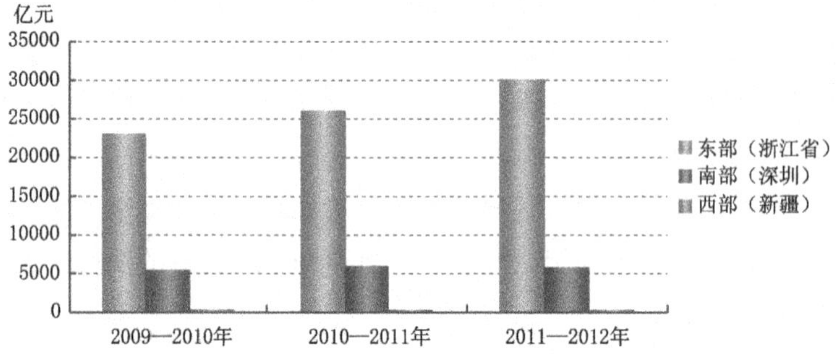

图 3-12 浙江省、新疆维吾尔自治区、深圳市近三年资金缺口图

从图 3-13 中也可以清晰的看出中国小型企业贷款在总贷款的比例虽然近几年有所上升，但占比依然较低，资金满足程度不够。

3.2.4 中小企业融资结构与内在缺陷

中小企业融资主体与经济贡献度主体严重不对称是中小企业融资结构

① 浙江银监局网站、深圳银监局网站、浙江统计局网站.

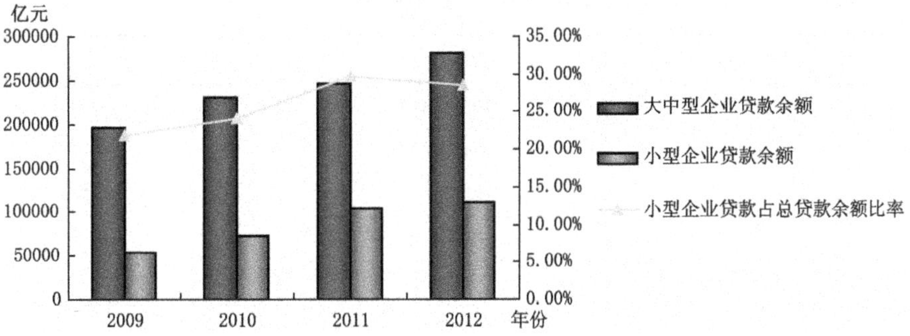

图3-13 小型企业贷款占总贷款比例

资料来源：中国统计年鉴（2010—2013）.

的显著特征，中小企业不合理的资本结构，已成为制约其发展的瓶颈。

（1）内源融资与外源融资结构失调

许多研究者认为，中小企业融资难是从银行贷款难，然而从融资结构理论来看，中小企业融资难本质上反映的是融资结构失衡和融资渠道不畅通。中小企业的融资难，从企业融资结构角度分析主要存在的问题是融资结构失衡——即内源融资、外源融资结构失衡——特别是直接融资渠道受阻，这是中国中小企业融资难的本质所在，是制约我国中小企业进一步发展的重要因素，这使得中国中小企业的发展在很大程度被限制，发展潜力以及速度都受到制约。

企业的融资结构又称资本结构①，是从融资方式角度对企业资金结构进行划分，企业为了实现融资效用最大化，就必须考虑融资结构的问题。② 企业合理的融资结构降低融资成本，并可以充分发挥财务杠杆的作用，在很大程度上决定企业偿债、再融资能力，也决定着企业未来的盈利能力。作为企业债务资本与权益资本构成以及比例关系，不仅包括主权资本、长期债务资金，还包括短期债务资金。

中小企业企业融资结构具有多层次性，一般都按照融资来源划分，主要分为内源融资与外源融资结构，见表3-8。

---

① 融资结构也称资本结构，是指企业在筹集资金时，由不同渠道取得资金之间有机构成及其比重关系。是所有资金来源的比例关系，即自有资金和借入资金的构成比例。包括短期负债、中长期负债和所有者权益之间的比例关系。

② 卢福才.企业融资效率分析［M］.经济管理出版社，2001.

表3-8　　　　中小企业融资渠道与融资方式表

<table>
<tr><th colspan="2">融资渠道</th><th>融资方式</th><th>资金来源</th></tr>
<tr><td colspan="2" rowspan="4">内源融资</td><td>实收资本</td><td rowspan="5">自有资金</td></tr>
<tr><td>资本公积</td></tr>
<tr><td>留存收益</td></tr>
<tr><td>资产折旧等</td></tr>
<tr><td rowspan="9">外源融资</td><td rowspan="5">直接融资</td><td>发行股票</td></tr>
<tr><td>发行债券</td><td rowspan="8">借入资金</td></tr>
<tr><td>商业信用</td></tr>
<tr><td>民间借贷</td></tr>
<tr><td>内部集资</td></tr>
<tr><td rowspan="4">间接融资</td><td>银行贷款</td></tr>
<tr><td>票据贴现</td></tr>
<tr><td>融资租赁</td></tr>
<tr><td>典当融资</td></tr>
</table>

按照融资来源的标准划分，首先可以分为内源融资与外源融资结构。内源性融资，指企业不依赖外部资金，通过自身积累将留存收益和折旧转化为投资的过程，是中小企业发展的基础性来源，包括企业的盈余公积、资本公积、未分配利润、折旧基金、内部集资五部分。其融资特点主要是原始性、自发性、低成本性，适合创立初期的企业。因为在创业初期，企业的规模较小，对资金的需求也不大。中小企业，在创业初期和发展期，较依赖于内源性融资。在发达市场经济国家，内源融资都是企业首选的融资方式。外源性融资是企业吸收其他经济主体的闲置资金，其特点主要是数量大、高成本。外源性融资方式主要有发行股票、债券融资、银行信贷等。

因此，中小企业资本结构是一种区别于大企业的资本结构，其权益资本由中小企业所有者自有资金组成，而不是由大小股东的股本构成。一般来讲企业选择哪种融资方式是根据融资方式的成本来决定的，即企业会选择成本较低的方案。按照融资优先次序理论，处于早期成长阶段的中小企业，外部融资受制于财务信息、抵押资产约束，通常采用内源融资方式，中小企业融资优先考虑，其次是外源融资。当企业选择外源融资时，首先考虑债务融资，再考虑权益融资，选择优先次序安排。但在中国严重的信息不对称以及所有权与企业高度融合决定中小企业融资需求与融资结构存在着距离，低比例的外源融资使中小企业的融资份额与其在实体经济中的份额不对称，2003 年世界银行国际金融公司对中国四川省的 3 个城市中小企业资金来源结构调查，结果[①]如表 3－9 所示，从中可以看出资金来源情况。所以一般来讲中国中小企业的融资结构，与大型企业明显区别，自有资金或权益资金主要是中小企业创立与发展的基础性资金来源，权益资本集中程度相当高，而以银行信贷为主的信贷资金是中小企业外源融资的次生来源，民间借贷和内部集资是中小企业外源性融资资本的重要补充与基础，而商业信用也是中小企业外源融资的重要渠道。因此中国中小企业融资结构具有内源融资为主、外源融资为辅的特征，在外源融资中，银行贷款是主要方式，其融资顺序依次为：内源融资、银行贷款、民间借贷、股权融资、债券融资等。

表 3－9　　中小企业的资金来源结构状况　　单位：%

	内部	银行	亲友	商业信用	其他	投资基金	股权	融资租赁
固定资产投资								
小企业	83.3	6.0	6.2	1.6	0.4	0.4		
中企业	77.7	9.7	2.2	3.7	2.5		3.0	
平均	82.2	6.63	5.94	2.06	0.93	0.9	1.0	0.57
流动资金								
	内部	银行	亲友	商业信用	其他	非正规金融		
小企业	80.4	7.2	5.7	3.1	1.4	0.2		
中企业	70.9	17.7	2.1	4.3	2.2	0.9		
平均	78.1	9.6	5.07	3.25	1.57	0.85		

资料来源：世界银行国际金融公司中国项目开发中心.

从表 3－10 也可以看出从 1995 年到 2002 年中国大、中、小型企业资金来源结构内源性特征明显，说明中国中小企业长期以来资金来源结构内源性特征变动不明显。

① 应展宇. 中小企业融资：现状、问题及成因［J］. 中国经济信息，2004（12）.

表 3-10　　1995—2002 年各类企业资金来源结构　　单位：%

	流动负债		长期负债		所有者权益		资产负债率		流动负债占债务比		长期负债占长期资金比	
	1995—2001	2002	1995—2001	2002	1995—2001	2002	1995—2001	2002	1995—2001	2002	1995—2001	2002
大型企业	37.7	38.9	22.3	18.4	40.0	43.7	60.0	56.3	62.8	67.3	35.8	29.6
中型企业	51.1	47.7	18.6	16.1	30.3	36.2	69.7	63.8	73.3	74.7	38.0	30.8
小型企业	52.5	49.1	14.5	11.4	33.0	39.5	67.0	60.5	78.4	81.2	30.5	22.4

资料来源：中国统计年鉴（2008—2013）.

中国中小企业内源融资比例高于发达国家企业，从中国中小企业融资结构与美国小企业融资结构比较中也体现出来（见表 3-11）。

表 3-11　　中美中小企业融资结构　　单位：%

	自有资金	银行贷款	发行债券	股票融资	其　他
中国	60	20	0.3	0.6	19.1
美国	30	42	5	18	3

资料来源：世界银行国际金融公司的调查报告（2001）.

（2）直接投资与间接投资比例失调

根据融资双方关系，外源性融资又可分为直接融资和间接融资，直接融资指的是资金需求者直接从资金盈余者那里获得资金，其特点主要有直接性、分散性、信誉上的差异性、部分不可逆性、自主性。随资本市场发展，中小企业融资方式越来越趋于多元化，绝大部分企业都在尝试用直接融资来筹集生产经营所需的资金。间接融资是指资金需求者通过中介从资金盈余者那里获得资金。金融机构作为中介专门从事资金借贷，在间接融资中，主要是信贷融资，分为正规金融与非正规金融。正规金融机构主要包括合作性金融机构、商业性金融机构和政策性金融机构，其中商业银行的信贷是中小企业的首选。但实践中由于融资过程中的信息不对称、交易成本、信贷配给等因素，中小企业一般要付出更多的成本才能获得。为了克服交易中产生的高成本、高风险，民间金融应运而生。

Berger & Udell（2002）① 认为，中小企业成立初期，多依赖内部融资，逐步发展时，多依赖银行资金和债务资金，较为成熟时转向资本市场。但是对于中国绝大多数中小企业来讲，并不完全遵循融资次序，不太会考虑外源权益融资，更少考虑长期的债务融资，主要是这些融资方式门槛及成本太大，同时对中小企业也面临经营者失去对企业的控制权的风险。因此中小企业普遍缺乏长期稳定的资金来源，资金来源极为有限，尤其是很难获得长期债务的支持，据表3－10统计资料显示，中国中小企业流动资产占总资产比例较大，对流动资金需求量较大，中小企业的负债率也较高，企业自身积累能力较弱，偏向于金融机构的贷款，所以对很多企业对资金长期处于需求饥渴状态。

（3）中小企业融资结构特征

第一，负债结构不合理，贷款结构侧重流动资金贷款和短期贷款。流动负债与总负债的比重反映企业的负债结构状况、企业对短期债权人的依赖程度，该比率指标越高，说明对短期资金的依赖性越强，企业短期偿债压力也越大。由于规模限制和自身发展，多数中小企业资金需求呈现“短、急、频、少”等特征，一旦需要资金往往具有很强的时效性，且主要为短期用途，流动资金贷款和短期贷款比重较高。与大型企业相比，中国中小企业资产负债比率相对较低，2007年到2012年大型企业资产负债率68.54%、64.42%、67.79%、60.3%、61.2%、61.31%，而小型企业只有53.7%、52.98%、51.50%、54.82%、54.59%、54.21%，差距明显。但中小企业的流动比率及流动负债占总负债比率指标明显高于大型企业，平均可接近85%左右，这说明中国中小企业长期负债在总负债中比重太低，对短期资金的依赖程度非常高。中小企业负债结构不合理，过分集中于短期负债，企业的短期偿债压力过大，而长期负债的比例太低，不利于中小企业资本结构的平衡，影响长期发展（见表3－12）。

---

① Berger, A. N & Udell G. F. Small business credit availability and relationship leading lending: the importance of banking organization structure [J]. Economical Journal, 2002 (112).

表 3－12　　中国企业资产负债率及占比

企业类型	大型企业					
时间	2007	2008	2009	2010	2011	2012
资产负债率	68.54%	64.42%	67.79%	60.3%	61.2%	61.31%
流动比率	0.89	0.86	1.03	0.93	0.93	0.91
流动负债占总负债比重	65.69%	66.79%	65.32%	65.16%	66.53%	65.94%
企业类型	中小型企业					
时间	2007	2008	2009	2010	2011	2012
资产负债率	53.7%	52.98%	51.50%	54.82%	54.59%	54.21%
流动比率	1.03	1.03	1.06	1.13	1.17	1.17
流动负债占总负债比重	85.69%	86.50%	85.34%	85.29%	84.59%	83.74%

资料来源：中国统计年鉴（2008—2013）.

同时，中国中小企业目前的现状是固定资产比重和绝对值都偏低，导致中长期贷款融资也较为困难，限制企业发展，从表 3－13 可以看出宁波银行中小企业贷款中 2006 年到 2013 年固定资产占总资产比重不到 1%，而流动资产占总资产的比重平均高达 97.4%。

表 3－13　　宁波银行资产占比

年份	中小企业贷款占总贷款比重（%）	固定资产占总资产比重（%）	流动资产占总资产比重（%）
2006	92.5	0.98	95.92
2007	94.0	0.89	96.54
2008	/	0.81	93.56
2009	/	0.57	98.88
2010	52.8	0.49	98.98
2011	48.9	0.52	97.84
2012	/	0.64	98.55
2013	/	0.51	98.92

资料来源：宁波银行股份有限公司年报.

第二，权益结构不合理，权益资金来源单一和外部股权融资比例低。

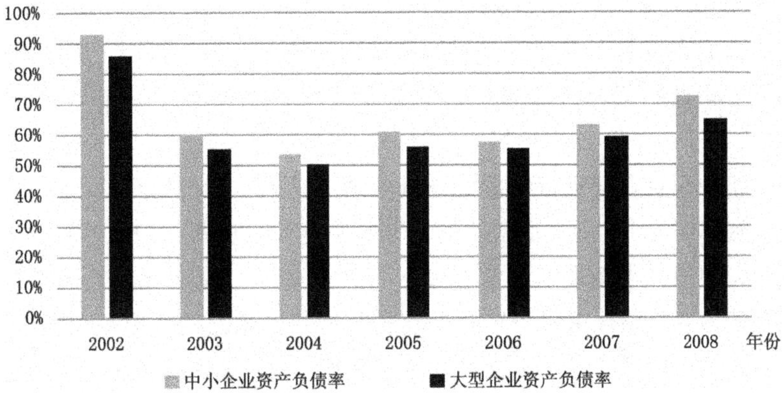

图3-14　中国中小企业和大型企业资产负债率对比表

资料来源：中国统计年鉴（2002—2009）.

各种权益性资本之间的比例关系构成中小企业权益结构。权益性资本包括自有资本、外部股权资本和风险投资等等。由于中国资本市场发展，中小企业极度缺乏外部融资渠道，权益性融资绝大部分都需要靠企业的留存收益来实现，其他投资所占的比重则更小（见表3-14）。小型企业所有者权益比重不高，平均只有37.8%，这些也基本上都是自有资本组成。中国中小企业权益性资本来源结构资料显示，自有资金积累比例高达73%，而最小的风险投资比例只有8.7%[①]左右。因此中小企业权益资金来源非常单一，主要依靠内部资金积累，外部股权融资的比例非常低。目前中国中小企业间接融资比例高达98%，直接融资比例不足2%。[②]

第三，金融工具及融资渠道单一，资本结构调整的弹性低。资本结构调整弹性是指企业资本结构状况对融资环境以及财务目标变动的适应程度、调整幅度，主要表现为适时调整资产负债结构、长期资金与短期资金比例速度和数量。按照资本结构弹性理论，权益资本表现为相对灵活的契约，而债务资本则灵活性稍差，相对而言权益资本比债务资本具有更大的调整弹性，这是由于股权契约往往在利润分配上管理者有较大的自由度，而债务契约要求企业必须按期支付利息。但是，弹性与成本是相对的，不同的融资方式给予融资者不同程度自由度的同时，也需要承担不同的融资

① http://www.zgslww.com/lunwenjingxuan/jingjilunwen/20120814/1052.html.

② http://wenda.so.com/q/1375201809062941.

成本。如税盾效应，债务成本在税前支付，而股权成本即利润在税后支付，因此企业如果要向股东支付和债权人相同的回报，实际需要生产更多的利润。因此融资方式的选择，往往是管理者权衡融资成本大小之后的结果。

由于中小企业融资行为偏好与资本结构受到一定市场环境的制约，中小企业资本结构一经形成，就具有其相对稳定性。从图 3－14、表 3－14 均能看出，中国中小企业所有者权益、资产负债率、流动比率、短期负债、长期负债占总负债比率等资产负债结构与短期资金比例结构都表现出了明显的相对稳定性特征，实际上就是由于我国中小企业缺乏多样性金融工具以及多层次、多样化的筹资渠道，导致其资本结构可以调的弹性非常小。

表 3－14　大型和中小型企业财务指标　单位：%

企业类型	大型企业				中小型企业			
年份	1995—2003	2004	2005	2006	1995—2003	2004	2005	2006
所有者权益	41.77	44.32	45.98	46.62	33.55	39.88	38.75	39.04
资产负债率	58.23	55.68	54.02	53.38	66.45	60.12	61.25	60.96
流动比率	107.03	105.5	105.2	106	101.22	103.1	102.5	102.11
长期负债	18.96	15.51	15.13	15.47	15.71	14.9	14.19	13.93
短期负债	38.11	40.17	38.89	37.91	50.74	54.22	47.06	49.34
长期负债占总负债比率	32.56	27.85	28.01	28.98	23.64	24.78	23.16	22.86

资料来源：中国统计年鉴（1996—2007）.

（4）中小企业融资结构内在缺陷

根据资产组合理论，企业融资时应谋求风险与收益之间的平衡，即存在最佳融资结构的选择。但通过以上分析可以看出，中国中小企业融资渠道表面上很多，但由于融资结构本身有问题，主要依靠内源性融资，外源性融资比重小，在外源性融资中，一般只能从银行获得短期流动贷款，单一的融资结构导致严重的内在缺陷。

第一，内源性资金不足，自我积累不足、盈利能力差。内源性资金主要由自有资本、留存收益和折旧基金三部分组成。目前，中国的中小企业由于受到与金融体制不完善的影响以及资本市场的限制，主要以内源融资为主，这些内源资金来自企业主个人以及亲戚与朋友，其资金自有率非常低。在创业初期，企业一般是利用内源性融资渠道获取资金。因为创业初期，企业的规模较小，对资金的需求也不大，且创立初期企业自有资本较充足，所以一般能满足企业的资金需求。但随着企业的不断发展，自有资金逐渐消耗，导致其满足不了企业的需求。此外，中小企业自身经营管理并不完善，企业经济效益低下，甚至亏损，因而企业的留存收益数量会非常少。此外，中国对企业实行的折旧率普遍较低，因此折旧计提的也不够多，根本无法满足企业固定资产的维护、更新等需求。所以，中小企业较多会选择借款融资的方式来弥补资金需求。

第二，外源性资金渠道狭窄，间接融资渠道不畅。当中小企业内源性资金不够时，中小企业往往通过外源融资获得信贷资金的满足，而商业银行的贷款则成为中小企业最常见的间接融资方式，但如之前的分析，由于正规金融利润最大化诉求与中小企业发展之间的天然矛盾，加之体制以及中小企业自身缺陷，处于主导地位的国有及国有控股的商业银行主要服务于国企或一些大型企业，对中小企业“惜贷”[①]，远远不能满足中小企业融资需要。虽然近几年银行对中小企业的贷款有所增加，但总体占总贷款的比重依然很低（见图 3－15）。

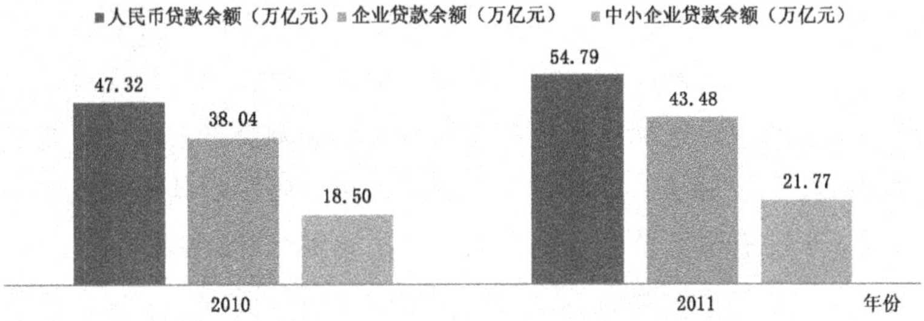

图 3－15　金融机构贷款投向

资料来源：中国统计年鉴 2011、金融机构贷款投向统计报告 2011.

第三，直接融资渠道市场准入门槛过高。受融资渠道和融资环境的影响，成熟的市场经济国家中小企业可以通过发行股票、债券及吸引风险投

① 所谓“惜贷”，是指商业银行在“三有一符”（即有放贷能力、有放贷对象、借款人有贷款需求、符合申贷款条件）情况下，不愿发放贷款的一种经营行为。就在中国而言，这是由于中国社会信用记录不完善所引起的。放出贷款会产生收不回的风险，银行可能会因为控制风险的能力不强而不愿放出贷款，宁愿将货币存入央行获得并不算低的利息收入。造成了有款贷不出，或有款不愿贷的现象，叫“惜贷”。

资等进行直接融资，是一种“大基金、小银行”的金融格局。但中国对中小企业的直接融资门槛要求很高，控制严格，绝大多数中小企业完全不能够达到在沪市和深市股本总额最低不小于5000万元的上市条件。尽管现在有创业板，但其建立时间尚短，发展还很不成熟，但《首次公开发行股票在创业板上市管理办法》中对盈利收入要求“最近两年连续盈利且净利润累计不少于1000万元，且持续增长；或最近一年盈利，且净利润不少于500万元，最近一年营业收入不少于5000万元，最近两年营业收入增长率均不低于30%。”[①] 据深交所统计，目前中国中小企业板仅有701家企业，而创业板也仅为355家，相比于全国5000多万户的中小企业而言[②]，在创业板上市的企业为数不多，通常其也是为那些有高成长性的高新技术企业服务的，一般中小企业就更少了，所以能通过资本市场融资的只是少数中小企业。债券市场公司债券发行比重小，但相对股票市场来说发行的条件更为苛刻，《中华人民共和国公司法》规定，中国债券发行主体主要是国企和公司制企业，截至2009年年底，中国共有501家企业发行企业债券，而只有8家是中小企业，且发行的规模非常小，品种以国债、金融债等利率产品为主，公司类信用债券仅占全部债券存量的1/5，规模较小也导致其交易不活跃。近年来，风险投资发展迅速，在填补中小企业资金缺口方面起到一定的作用，但其主要针对的是具有发展潜力的高新技术企业。像风险投资、创业基金等间接融资方式，目前在中国还处于探索阶段，规模小、风险大、投资渠道单一等影响其作用发挥，对中小企业融资帮助有限。统计数据表明，中国除银行和金融机构贷款外，权益性融资占三分之一，而属于权益性融资的股权融资所占数额更是微乎其微，而债权融资的比重只有1.8%。目前中国中小企业低比例的外源融资使其融资份额与它们在实体经济中的份额存在严重的不对称。

第四，现有金融体系不平衡，加剧了融资矛盾。由于中国中小企业融资贷款主要是依赖传统的国有商业银行，形成了国有商业银行垄断的局面。但更为关键的是在中国现有的金融体系下，国有企业对商业银行的高度依赖，获得了更多的金融支持，国有企业在占有银行资金的同时也将自己的风险外化了，需要更多的不断的资金注入，在国有企业占用了大部分

① 证监会.首次公开发行股票并在创业板上市管理办法.

② 深交所上市公司2012年年报实证分析报告.

资金的前提下，中小企业要获得融资就显得更加困难。

3.3 中小企业金融排斥与制度摩擦

3.3.1 中小企业融资约束

如前所分析，在中国经济中，中小企业处于明显的“强位弱势”状态。和中小企业在产值、就业等方面对国民经济贡献相比存在鲜明反差的是其在中国金融市场中只能占据与其地位极不相称的市场份额。

从表 3－15 宁波国有商业银行小微贷款占比也表明小微企业贷款占比较低。正规金融利润最大化诉求与中小企业发展之间的天然矛盾。据 2011 年银监会的年报显示，大型商业银行、股份制商业银行、农村中小金融机构和邮政储蓄银行，占银行业金融机构资产的份额分别为 47.3%、16.2%和 15.2%[①]，国有商业银行的市场份额远远大于其他金融机构。2012 上半年中小企业得到了 53%的新增贷款。但实际上在上半年的 7.37 万亿元新增贷款中，大型企业得到了其中的 47%，中型企业得了 44%，而小企业才得了 8.5%的贷款。[②]

表 3－15　截至 2014 年 7 月末宁波国有商业银行小微贷款占比

机构名称	总贷款（亿元）	小微贷款（亿元）	占比（%）
工商银行	1501.57	371.92	24.77
农业银行	1160.04	393.26	33.90
中国银行	938.70	334.43	35.63
建设银行	1091.37	264.85	24.27
交通银行	428.86	192.34	44.85
国有商业银行合计	5120.54	1556.81	30.40

资料来源：国家统计局数据库.

① 中国银行业监督委员会 2011 年报.

② http://www.chinairn.com/doc/50180/538140.html.

从图3－16、图3－17、图3－18及表3－16可以看出各家国有商业银行贷款余额以及中小企业融资在各个国有银行的占比。

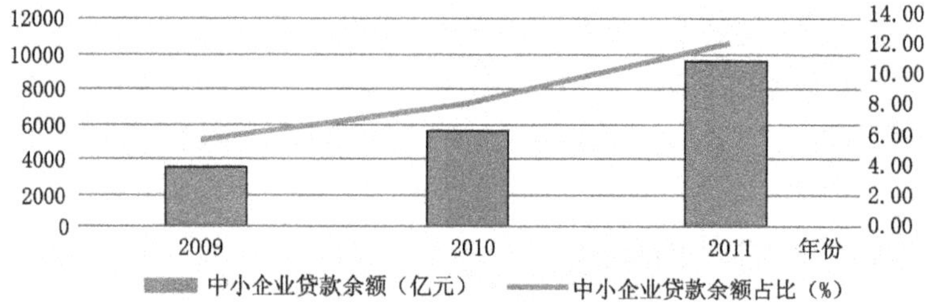

图3－16 工商银行中小企业贷款余额及占比

资料来源：中国工商银行股份有限公司2009—2011年年报.

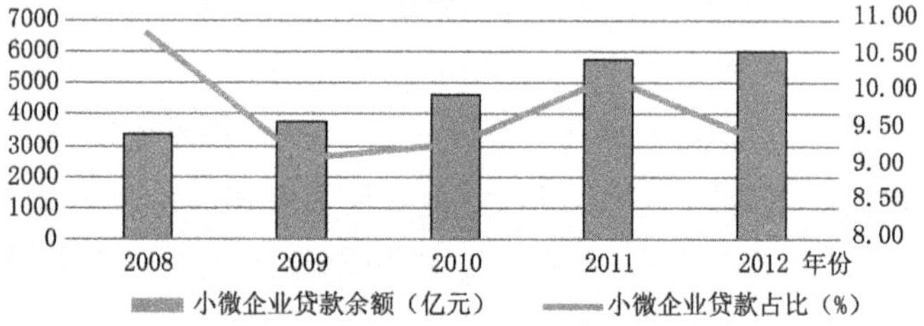

图3－17 农业银行中小企业贷款余额及占比

资料来源：中国农业银行股份有限公司2008—2012年年报.

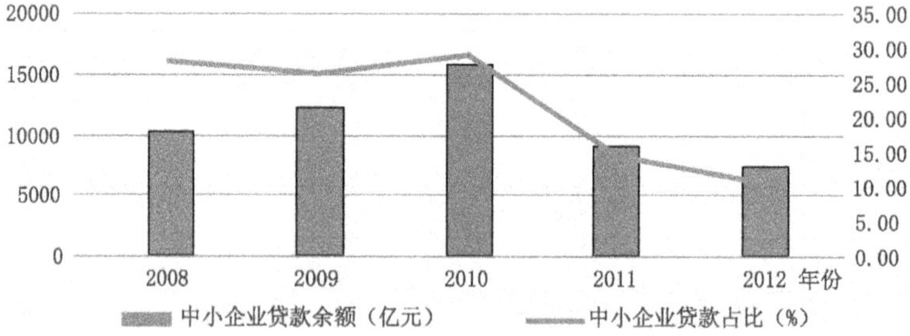

图3－18 建设银行中小企业贷款余额及占比

资料来源：中国建设银行股份有限公司2008—2012年年报.

表 3-16 小型企业贷款占总贷款余额的比率

年份	大中型企业贷款余额（亿元）	小型企业贷款余额（亿元）	总贷款（亿元）	小型企业贷款占总贷款比例（%）
2009	195086.8	54310.21	425596.6	12.76
2010	230182.9	72732.06	509225.95	14.28
2011	246018.6	104150.79	581892.5	17.90
2012	281101.2	111728.68	672871.56	16.60

资料来源：中国统计年鉴（2008—2013）.

从表3-17可以发现，如果将个体贷款也认为是金融机构对中小企业放贷的话，2008年中小企业融资额（乡镇企业贷款+私营企业及个体贷款）占短期贷款的比例为9.33%，2009年为11.01%。而2008年中小企业融资额（乡镇企业贷款加上私营企业及个体贷款）占资金运用的比例为2.15%，2009年为2.37%。由此可以很客观的反映出中小企业难以取得商业银行贷款的情况。从建设银行贷款余额反映的趋势是贷款占比在下降。可见，正规金融机构面对数以万计的中小企业，资金供给还远远不足，提供给中小企业的贷款数额是非常有限的，正规金融仍集中偏向大企业、大项目的贷款投放。

表 3-17 金融机构人民币信贷资金平衡表（资金运用） 单位：亿元

项　　目	2008年	2009年
资金运用合计	542844	681875
各项贷款	303468	399685
短期贷款	125216	146611
工业贷款	36146	38769
商业贷款	17743	19483
建筑业贷款	3687	3647
农业贷款	17629	21623
乡镇企业贷款	7454	9029
三资企业贷款	2271	2180
私营企业及个体贷款	4224	7117

续表

项　　目	2008 年	2009 年
其他短期贷款	36063	44763
中长期贷款	155034	222419
委托及信托类贷款	3026	5277
其他类贷款	20191	25378
有价证券及投资	71952	86643
金银占款	337	670
外汇占款	166146	193112
财政借款		
在国际金融机构资产	941	1765

资料来源：中国统计年鉴 2010.

从上述分析我们可以看出，由于中国商业银行惜贷、国家政策支持不足、金融体制不够完善，中小企业的融资难不但不能够减轻，反而面临严重的金融抑制和政策制约，即出现市场失灵与政府失灵，更加剧了中小企业融资难度。

3.3.2 融资约束与“麦克米伦缺口”①

海拉·明特在 1964 年提出二元金融结构，认为在二元经济结构及二元金融结构下，由于大部分金融资源由国家配置，主要用于城市经济及国有企业，虽然资金需求旺盛，但对于中小企业无论是来自所有制偏见还是规模歧视的偏见，正规金融显然不会满足其发展的资金需求。因此，制度性金融体系缺陷、社会信用体系不健全、信息不对称及中小企业自身的原因（如普遍存在资产规模小、治理结构不规范，财务报表失真、技术含量低、成长性差、生命周期短、信用意识不强与银行的规范严格信贷要求矛盾、而抵押贷款所需要的较高的资产评估成本和其他交易费用的支出，使得从国有银行获得贷款成本几乎等同于甚至高于从民间金融机构获得贷款成本等等）都使其陷入融资困境，出现了所谓的“麦克米伦缺口”。

① 麦克米伦缺口，即指中小企业融资难，这是一个国际性难题。是由以麦克米伦爵士为首的英国金融产业委员会 1931 年提出的。

“麦克米伦缺口”主要是指中小企业在发展进程中所出现的资金缺口，即资金的供给方提供的资金不能满足中小企业发展所需，使资金供小于求而形成的资金缺口。“资金缺口”一词最早出现于20世纪30年代初麦克米伦向英国国会提交的关于中小企业问题的调查报告（Macmillan's Report，1931），麦克米伦报告指出了中小企业融资中面临的难题。在中小企业的资金来源中，最为缺乏的是长期性的资金来源，由于长期资本供给存在短缺，而且这种短缺尤其发生在那些初始出资人的资金不足，但又未能达到在公开市场上融资的规模的中小企业身上，这样它们就很难在资本市场实现融资，中小企业存在着长期“资金缺口”，被称为“麦克米伦缺口”。麦克米伦“资金缺口”理论发表后的40多年，Bolton报告（1971）、Wilson报告（1979）等研究结果仍然表明，中小企业筹集一定数额以下的资金时依旧有障碍。

英国学者雷（Ray，1983）等将“资金缺口”定义为以下两种情况：①当小企业投资的边际收益大于边际成本，但由于资金供给的中断而不能进行有盈利可能的投资；②当小企业获得资金成本远远大于大企业的的该成本，致使小企业无法通过正常投资来实现增长潜力。因此中小企业资金缺口主要是指产生资金的可得性以及相应的融资成本。张捷（2002）[①] 对“资金缺口”进行补充，即当中小企业拥有具备赢利潜力的投资项目，但该项目赢利性与投资时限存在着紧密关系。此时，即使资金可获得、成本可承担，但由于金融交易所需的时间过长，企业可能无法在最佳投资时限内及时获得资金，此种情形也被称为由于融资时限所导致的“金融缺口”。因此，“金融缺口”阻碍了中小企业的成长，导致投资需求得不到满足而难以达到其潜在增长，造成社会总福利降低，而且还可能加剧中小企业财务脆弱性，使中小企业存活率远远高于大企业。

3.3.3 信贷配给与市场失灵

中小企业融资面临着资金供求不平衡的麦克米伦缺口，当麦克米伦缺口成为一种融资缺口，中小企业获取外部资金融通的概率明显较低，作为一种市场失灵的表现，市场的作用的无能和缺欠而使资源无法实现帕累托最优的配置效果。但这一现象在中国中小企业融资中不但非常普遍，并且

① 张捷、王霄.中小企业金融成长周期与融资结构变化［J］.世界经济，2002（9）.

呈现普遍放大的趋势，融资难长期困扰着中国中小企业的发展。

（1）信息不对称导致商业银行信贷配给

理论界普遍认为信息不对称是中小企业外源融资出现供给约束的最主要原因，信息不对称导致商业银行惜贷。在金融制度不健全及信息透明化程度不高的发展中国家，事前的信息不对称和事后的道德风险是银行面临的主要风险。规模较大的企业信息容易获得，往往被看成融资风险较低的企业，在抵押物提供上也会比中小企业占有优势，所以中小企业往往成为信贷配给的对象。由于信贷配给中被排除的往往是资产规模不能够达到商业银行要求的广大中小企业，因此在我国信贷配给实质上是一种规模配给。

一般来说，与大企业相比，中小企业总体上处于信息不透明的状态。在信贷市场上，信息不对称主要表现为：①投资风险的认识不对称；②赢利与亏损负担的不对称；③经营能力的不对称。对中小企业而言，缺乏规范的财务报表，同时提供低成本高收益的虚假信息比提供高成本低收益的真实信息有更大的负面激励作用，由于商业银行无法鉴别中小企业申贷信息的真实性，在信贷之前进行“逆向选择”也是相机决策行为，商业银行为了防控信贷风险必然选择“惜贷”行为。因此 Stigitliz 和 Weiss 认为即使没有政府干预，由于中小借款人存在逆向选择与道德风险，信贷配给有可能作为一种长期均衡现象而存在。

在信贷市场，金融资源配置达到最佳均衡状态的前提条件为自由流动的市场生产要素、完全对称的市场信息、完全竞争的市场状态。如果信息是对称的，利率将是信贷市场唯一决定性的因素，可以自发地调节资金供给与需求，最终市场可以在均衡的利率水平上出清。但现实中普遍存在的是市场不完全竞争和银企之间的信息不对称，而商业银行常常又处于信息劣势，于是选择信贷配给。[①] 信贷配给表现为银行常常对不同申请人实施差别待遇，只有部分企业的借款需求得到满足，而另一部分被拒绝。所以与大企业相比中小企业更容易被银行实施信贷配给而拒之门外，在融资活动中面临更多困难。根据信贷配给理论，银行与企业利益之间的博弈结

① 信贷配给就是指不是由于货币当局对利率上限的管制，而是出于银行利润最大化动机而发生的在一般利率条件和其他附加条件下信贷市场不能出清的现象。

果，在银行无法甄别企业信息的情况下，为防范风险就会以低于市场利率的信贷价格对低风险的企业放款，而以高于市场利率向高风险企业贷款。银行这种选择会导致那些愿意承担市场利率，甚至高于市场利率但不能被银行识别的好企业被拒贷。而信贷市场均衡的最终结果是，少数企业获得及时足额的信贷，而大部分企业都会信贷紧缺，即便是良好的企业或愿意承担高利率的相对劣质企业。

为了降低银企之间的信息不对称、规避风险、维护银行利益，金融机构在设计贷款合约时就要求客户提供资产抵押，银行通过抵押品来实施对客户贷款风险的信息甄别，抵押物价值越高，银行信贷资金风险越低。然而由于抵押品的相对不足，中小企业同样难以得到贷款。在经济衰退时，银行若保持一定的资金配给，扩张的政策效果会被减弱；若是在经济紧缩中，虽然银行一开始这种配给很少，但是随着银行对未来政策预期产生变化，为防止更进一步的紧缩导致存款准备金不足，银行会保持更多的资金余额，信贷配给就会加重。此时，贷款余额与存款余额的比值将会下降。这种不对称导致银行给企业贷款时存在信贷配给现象，信贷向大企业集中，小企业得不到贷款。即使中小企业愿意付出更高的利息成本，银行出于风险考虑，也会对中小企业实施信贷约束，或提出更苛刻的借贷条件。

有资料显示，2011年“我国银行业金融机构以大型商业银行所占市场份额最大。大型商业银行、股份制商业银行、农村中小金融机构和邮政储蓄银行，占银行业金融机构资产的份额分别为47.3%、16.2%和15.2%，大型国有商业银行的市场份额远远大于其他金融机构。”[①] 大型国有商业银行主要服务对象是国有企业和大型企业，而中小企业由于财务不规范、规模太小、无法进行抵押担保等因素。在银行业高度垄断的市场格局之下，中小企业通过间接融资获得资金难上加难。从图3-19中即可看出。

（2）信息不对称导致资本市场无法成为银行信贷市场的完全替代市场

从以上分析可以看出，中小企业通过金融机构的间接融资获得资金很

---

① 银监会. 中国银行业监督管理委员会2011年报，2012年4月24日，http://www.cbrc.gov.cn/chinese/home/docView/4DE6AD136C6E4F99B9883B7672674FC3.html.

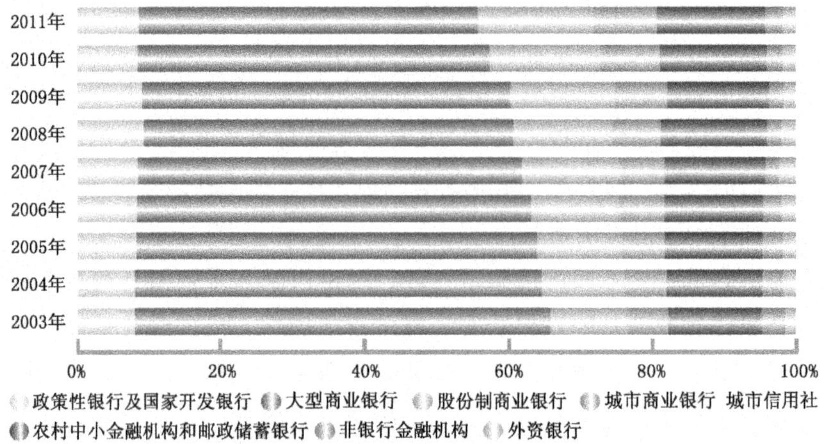

图 3-19 2003—2011 年银行业金融机构市场份额（按资产）

资料来源：2011 年银监会年报.

难。这样中小企业可以选择通过资本市场或者信贷市场借贷资金，二者具有一定的替代性，但是这两种不同市场在克服信息不对称所导致的逆向选择和道德风险问题时存在着显著差异，所以这种替代是不完全的。

中小企业可以从信贷市场获得贷款却难以进入资本市场融资。当中央银行调节货币供应量以影响投资的时候，由信贷配给引起的银行信贷规模的减少并不能引起资本市场融资同步的调整，总的投资将会减少，所以银行信贷可以独立于货币供应量并影响投资，这种影响取决于信贷市场和资本市场的替代性。但在中国信贷市场，由于金融市场不够发达，这种替代性比发达国家甚至是部分发展中国家更低，所以信贷配给引起的投资减少更大。在实施紧缩的货币政策时，银行信贷在总规模上收缩，大企业获得的资金也减少，但是大企业可以通过金融市场获得部分的资金，中小企业却不能够。通过证券等金融市场获得的融资又反过来给大企业提供了一种资本市场的担保，所以大企业得到的贷款更多，而对中小企业信贷配给更加严厉，导致信贷集中与信贷配给同时存在。而中小企业的信贷遭遇配给必然导致经济的波动增大。

3.3.4 金融抑制与政府失灵

（1）金融抑制下的信贷短缺

中国中小企业融资难除了一般共性的原因外，还有其特殊性。这就是在中国经济金融体制变迁过程中，市场经济体制微观运行基础不完善所带来的制度摩擦。除一般意义上信息不对称外，中小企业融资难更多的是政府主导的选择金融抑制战略的结果，表现为信贷配给及金融资源配置中的所有制歧视，即制度摩擦，导致政府失灵，出现“麦克米伦缺口”。

在中国现行城乡二元经济格局下，存在着比较严重的金融抑制现象，现有体制内的金融机构多只对国有经济、国营企业给予信贷资金支持，而非公有制经济部门大都被排斥于门外。[①] 金融制度作为经济发展中最为重要的资本要素配置制度，是促进一国经济发展的重要动力。麦金农、肖的金融深化理论表明，金融体系与经济增长之间存在着非常强的相互依存和相互影响的关系。金融体系的基本功能是满足有利于经济增长的金融需求，但长期以来中国金融改革没有取得较大进展的一个重要原因就是中小企业信贷需求没有得到重视和满足。由于中国既有的金融体制改革，实质上是正规金融机构的商业化过程，这种倾向于建立商业银行治理机制的制度安排，必然导致为弱势群体提供的金融服务滞后。

（2）制度供给下的金融偏离

一国的融资体系是一国企业生存与发展的最重要环境因素之一，由于中国金融深化程度不够，金融体系中存在类似于“麦克米伦缺口”，政府制度供给下金融发展路径的偏离，导致金融深化程度低与中小企业金融排斥，金融体系对经济增长的制约日益明显。

我国自 20 世纪 50 年代实行赶超战略和重化工业优先发展战略以来，国家通过信贷配给政策用以支援工业发展，保证了体制内产出的稳定，但牺牲了金融效率，导致中国金融改革市场化非均衡推进。金融供给与需求严重不匹配，广大中小企业得不到必要的发展资金，有组织的、合法的正规金融和无组织的、非法的民间金融同时存在所形成的金融二元结构，显示了发展中国家普遍存在的金融抑制现象。类似的金融抑制政策几乎是实现经济快速发展与实施赶超战略的发展中国家一致采取的实用主义手段。

过度金融抑制、长期的低利率政策、严格的信贷配给使得金融通过储备动员和配置资本影响经济发展的作用被削弱了，财政主导型的资金配置

---

① 江曙霞．中国“地下金融”［M］．福建人民出版社，2001．

机制不仅造成了稀缺资本的大量浪费，同时也限制了资本的形成能力，资本配置效率低下。巴曙松认为，“由于利率管制和信贷管制，大企业能够从银行拿到低成本的资金，然后一转身通过委托贷款、信托，获得高的收益。而真正需要资金的中小企业，却承担了更高的利率成本，并且倒逼了不透明的影子银行形成。”① 金融抑制政策是发展中国家快速积累实现工业化的普遍选择，信贷配给行为是信息不完全的市场自发的长期均衡现象。因此，金融抑制与信贷配给在一定的历史时期是具有经济合理性的，是为了社会经济整体的发展与金融安全而做出的必要安排。但是，在特定条件下的经济合理性会随着社会与经济条件变化而逐渐消失，甚至成为社会资源有效分配的障碍。

3.3.5 中小企业自身的缺陷

中小企业存在着较大的自身风险使其融资需求更加难以获得满足，不仅难以获得银行等金融机构的间接融资，也难以在金融市场上直接融资。中小企业融资一般都具有“额度小”、“成本大”以及“频率高”和“信用低”及“时间性强”等特点。中国中小企业“麦克米伦缺口”的出现，有一般性的理论解释，但中小企业自身障碍与风险则是其特殊原因。中小企业发展自身风险主要包括：市场竞争风险、信誉风险和政策风险。中小企业获得直接投资条件先天不足，而自身的缺陷又导致其间接融资困难（李倩茹、刘朔，2012）②。造成风险的原因主要在于：

（1）中小企业组织化程度低导致决策非程序化

相对于大企业而言，中小企业有两个最主要的特征，即第一是信息不对称，第二是“两权统一”，即所有权与经营权的统一。所有权与经营权高度统一是世界上绝大多数国家界定中小企业的重要指标之一，也就成为中小企业组织化程度低的主要标志，而组织化程度低也使得非程序化决策占据重要地位。企业层面与企业所有者个人层面的联系更加紧密。这两个特征都是与中小企业内部治理结构密切相关的。一般来讲，

---

① 巴曙松. 金融大变革：让中国经济重回市场的轨道. http：//economy. southcn. com//2013-07/05/content_72738627. htm.

② 李倩茹，刘朔. 解决小微企业融资困境的政策与法律思考［J］. 湖北大学学报（哲学社会科学版），2012（6）.

信息应与决策权相匹配，企业的信息结构应与企业的组织结构相匹配。信息结构可以概括为代理人信息分配的方式。一方面，像大企业那样的代理关系决定的激励问题在小企业中几乎不存在，从而它也缺少由代理关系衍生的信息传递动机。另一方面，小企业缺少从资本市场融资的渠道，也没有向外部提供高质量信息的动机，其信息主要是为了满足日常生产中的决策需要。因此，中小企业简单的组织结构决定其相应的信息传递方式相对简单和封闭，小企业产生的信息多属于软信息，信息非标准化。当中小企业的信息由于模糊性高必须额外获取信息时，必然提高交易成本。

(2) 中小企业缺乏规模效应导致市场竞争力弱小

中小企业多数属于技术简单的劳动密集型企业，生命周期短，自身经营和发展面临着极大的不确定性。企业没有技术和规模优势，又不能转嫁成本，融资规模小，经济效益不高，单位融资成本大。受自身资本规模、业务范围和经济效益不高等因素的制约，中小企业融资规模要低于大企业，但贷款的程序和环节是必不可少的，这样，银行等资金供给者为中小企业服务的单位融资成本就会很高。当商业银行对中小企业贷款的管理成本平均高于大中型企业时，商业银行对中小企业惜贷就成为必然选择。

(3) 中小企业财务报表残缺不全导致经营与财务信息不准确

中小企业披露信息较少，缺乏合规的、真实可信的财务信息，个别中小企业为了规避税费或争取优惠政策而有意隐瞒企业的经营和财务状况，财务报告无法真实反映企业的经营状况。不仅如此，财务造假现象也时有发生。

(4) 中小企业缺少可抵押担保财产及无形资产稀缺导致信用等级低下

中小企业信用等级低，资信相对较差。其拥有的土地、房产、设备等固定资产价值有限，而流动资产价值变化大，不易作为贷款抵押担保物。这样，愿意为中小企业提供贷款抵押担保的企业就很少，融资难问题进一步加剧。

（5）中小企业产权关系混乱导致产权结构与治理机制不完善

大量的中小企业产权关系混乱，产权结构不完善，成为融资障碍。现代企业制度的典型特征是所有权与经营权的分离，而大部分中小企业所有权与经营权的高度统一成为其典型的管理模式，管理者集权，家族化管理现象严重。

总之，我国融资体制存在缺陷，加之中小企业在发展过程中，“麦克米伦缺口”呈现出一种普遍性的总体放大趋势，中小企业融资难成为必然。

第4章

中国民间资本发展与制度摩擦

目前中国存在的金融二元结构导致正规金融体系在中介功能上正被民间金融所取代。[①] 中金公司（CICC）估测，2012年民间借贷的规模已相当于正规银行贷款的7%左右，而且还在迅速增加。中金公司估算，2011年上半年，民间借贷同比增长38%，达到人民币3.8万亿元。[②] 姚耀军、陈德付则通过实证研究表明，民间金融是有效率的。[③] 大量的调研事实证明中小企业在产生金融需求的时候，更多的是依赖民间金融。[④] 中国现代民间金融是中国经济体制改革的产物，是民营经济飞速发展和个人、企业或政府为满足自身经济发展目标的策略选择的结果。民间金融是体制内的金融所提供的信贷不能适应体制外产出增加的金融需求而不断内生出来的。但长期以来这种内生金融不是被政府"升级"，就是被打压而处于"地下"和"非法"状态，受到严厉的制度限制。[⑤]

---

① 姚耀军.中国农村金融发展状况分析［J］.财经研究，2006（4）.

② http：//www.360doc.com/content/12/0528/17/97112_214312337.shtml.

③ 姚耀军.中国农村金融研究的进展［J］.浙江社会科学，2005（4）.

④ 韩俊.中国农村金融调查［M］.上海远东出版社，2007.

⑤ 张杰.转轨经济中的金融中介其演进——一个新的解释框架［J］.管理世界，2001（5）.

4.1 民间资本界定与发展特征

4.1.1 民间资本及相关范畴界定

民间资本在中国存在已久，早在西周时期就有了民间借贷以互相救济的行为，唐代更为普遍，发展到明清时期已有民间借贷组织的出现，而此时的民间借贷带有了高利贷的性质。民间资本历经了各朝各代未消亡却一直存在着的事实正好验证了马克思在《资本论》第3卷中关于高利贷资本的存在是与社会经济中反映小生产者、手工业者和自耕农的生产关系的存在相适应的论述。[①] 目前对于民间资本的定义，并没有统一的说法。国外的文献实际上没有"民间资本"这一概念，与之相近的是"私人资本"，指的是除了政府拥有的资本以外的资本。Jeannine N. Bailliu（2000）认为，私人资本的流动影响着整个国家的经济增长，私人资本的流动的作用决定于经济增长的政策，特别是在发展中国家。民间资本成为中国特有的概念，关于其定义，经济学界尚未统一。"民间资本"这一概念的提出源于"我国经济体制转轨之时，公有制经济统治局面逐渐被打破，其他所有制经济成分快速发展"这一事实，可以理解成"来源于民间的投资"。《浙江统计年鉴》将民间资本界定为非政府拥有的资本，就是在民营企业中的流动资产和家庭的金融资产。

然而，国内理论界对于民间资本的涵义有着不同的看法。国内学者把民间资本分为以下几种类型：一是经营性民间资本，主要指民间法人资本和个人资本，其包括了集体经济、个体经济、私营经济、非国有股份制经济等投资之和；二是金融性民间资本，主要指居民的储蓄存款、居民手中持有的企业债券、股票、国库券等等；三是现金性民间资本，主要指居民手中持有的现金资本；四是不动产民间资本，主要指民间法人和个人所拥有并用来出租的房屋及土地等。潘俊国认为，民间投资可

① 马克思．资本论［M］．人民出版社，1963．

以依据不同的投资主体所有权来分，其口径范围为全社会投资除去国有投资（国有、国有独资、国有联营、外商投资）以外的所有固定资产投资，其包括集体、个体、私营、联营、股份制和其他经济类型的固定资产投资。① 戴瑞姣、李细满认为，根据统计口径一般认为民间投资由全社会的固定资产投资除去国有及国有控股投资、外商投资、港澳台投资，由于国内资本在非国有投资中表现最为活跃，因此认为民间投资就是非国有投资。民间资本是一个存量的概念，主要用于投资增值。由于民间资本在生产能力上具有直接性，有的学者将其称为民间直接资本，具有竞争性、排他性。② 也有学者把民间资本看成是一个所属于一国或地区，非国有、非海外投资的总和。从资本所有制性质和民间资本含义的层面上来看，民间资本是不属于国有，具体包含集体所有、民营、外商、个人等的资本。所谓民间资本，指的是在一定区域内非国有资本和非外商资本的总和，是民营企业及股份制企业中属于私人股份和其他形式的所有私人资本的统称。

虽然学者们对民间资本定义不尽相同，但实质相似："民间资本与国有资本（或者政府资本）相对，是除国有资本和国外资本以外的所有资本。就本质而言，民间资本是民营企业和个人可用以投资增值的资产。从具体形态来说，民间资本由民营企业利润、居民储蓄、居民流动性金融资产以及养老保险金和住房公积金等部分构成，其中居民储蓄存款在民间资本中所占的比重最大。"③ 长久以来，中国民间资本作用没有得到足够的重视。

民间借贷是相对于官方金融而言的，指民间自发的自上而下的金融组织，没有在工商部门注册登记过，是金融当局监管之外的各种金融组织所从事的金融活动的总和，包括私人借贷、企业间借贷、企业集资等。此外还应强调两点，一是民间借贷是由个人或民间金融组织进行的融资行为，其所有权和经营权都属于民间；二是民间借贷的主体是很难从正规金融机构中得到信贷资金的个体，比如一些没有抵押品刚发展起来的民营企业和农民。

---

① 潘俊国. 浙江民间投资发展状况及特点［J］. 浙江统计，2003（1）.

② 戴瑞娇，李细满. 浙江民间投资与经济增长：基于灰色关联度的分析［J］. 商业研究，2010（7）.

③ 郭文超，梁洪. 推进民间资本进入金融服务领域的对策研究［J］. 农业经济，2011（7）.

基于以上分析，本书民间资本的概念和范围可表述为：首先，民间资本是一个存量的概念。其次，民间资本是一个中国特色的概念，可理解为“在民间的资本”。再次，由于需要分析民间资本对经济增长的贡献率，民间资本投资和经济增长具有正相关关系，探讨民间资本对经济增长的内生动力问题，同时由于无法统计每年民间资本的全部投资和实际收益等数据，因此，从统计范围来看，民间投资等于集体经济投资、个体经济投资和其他经济投资之和。此外，为了统计和研究的方便，书中同时出现了国有投资和政府投资的用词，这里我们均将其视为与民间投资（或私人投资）相对应的研究对象。最后，若无特别说明，本书所有的投资均指固定资产投资。

对于民间资本的定义，本研究涉及以下几点：第一，虽然民间资本与民营经济、民间投资、民营企业在概念上有所区别，但考虑到本书的研究核心、现有文献和现有统计材料及一些习惯用词，定义范围相当于我们所研究民间资本的内涵与外延。第二，民间资本的形式多种多样，但考虑到民间资本所占的比例和特征、问题的明显性，所分析的民间资本并没有完全涵盖各种民间资本，主要侧重于现金性民间资本、经营性民间资本和金融性民间资本。

民间借贷主要表现为资金供求者之间直接完成或通过民间金融中介机构间接完成的债权融资。由于存在多种多样的融资需求，民间借贷的发展也呈现多样化形式。广义上分为两类：一是合理不合法“灰色金融”，主要包括民间集资、合会、私人钱庄等民间金融。二是不合理也不合法的“黑色金融”，主要指那些高利贷、金融诈骗和洗钱等违法犯罪活动。为使研究更具有讨论价值，本研究只对民间借贷中中小企业融资行为，而对那些打着合会等民间金融形式的旗号从事洗钱、非法集资、非法炒汇、赌博等犯罪活动的地下金融，即“黑色金融”则不属于本书研究的范围，非法集资等民间金融形式也排除在研究之外。另外在本研究中所涉及的民间金融主要是从整体角度进行分析，不进行包含具体形式的考察与讨论。

4.1.2 民间资本表现形式及分布

随着中国储蓄存款的不断增长，加上居民手持现金流动性资产和房子等不动产，民间资产十分丰裕，能够提供数额庞大的民间资本。自改革开放以来，民间投资的总量不断增长，增速较快。且在全社会总投资额中所占比重逐年上升，其贡献率也稳步增长。自 2001 年至 2010 年，民间资本投资数额逐年增长。至 2010 年，民间资本投资额约为 185392 亿元，是 2001 年的 12 倍左右，增速自 2002 年以来都超过了 20% 以上（如图 4－1）。

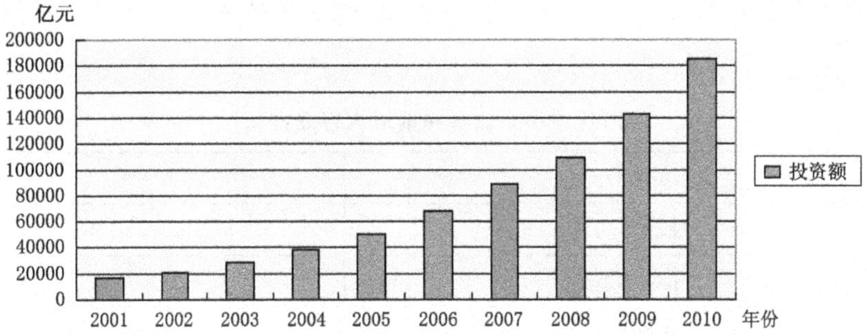

图 4－1　2001—2010 年中国民间资本投资额

资料来源：中国统计年鉴（2000—2009）.

（1）中国民间资本存在形式

1）经营性资本。经营性资本是指民间法人组织和个人投资于实业，在生产和流通中能够为社会提供商品和劳务，能带来收益。

2）投资性资本。投资性资本是指民间法人组织和个人投资于地产、房产等不动产，这部分不动产的开发和出租能带来不少收入。

3）金融性资本。包括：居民储蓄存款：金融机构居民储蓄存款额快速增长；企业存款：从长期的发展趋势来看，企业存款总额呈现出稳步增长的态势；外汇存款及股票（基金）等投资。

4）现金型民间资本。指城乡居民手持现金总额。

5）不动产型民间资本。指民间法人（指行政事业单位、社会团体等）和民间个人所拥有的并用以出租的房屋和土地等。

由此可以看出，民间资本主要来自于社会闲置资金，且绝大部分来自城乡居民的储蓄存款，且随经济不断发展、城乡居民收入逐渐增加，使得个人财富不断增长，民间资本提供了稳定的资金来源。

（2）民间资本投向及产业分布

从城乡分布看，民间资本绝大多数进入城镇上，有小部分进入农村。

城镇投资约占民营经济总投资的70%，农村约占30%。从行业分布看，以浙江为例，浙江中小企业分布前五大行业占比，工业制造业是民间投资的主要产业，高达37.39%，排序靠前（见表4－1、图4－2）。2004—2012年浙江省规模以上工业企业数量以私企为主的中小企业数量远远超过国有企业（浙江特点）。2008—2013年浙江省重要行业投资情况非常清晰地反映出制造业在整个产业经济发展中的重要性，以及民资的作用（见图4－3、图4－4）。

表4－1　浙江中小企业分布前五大行业占比

五大行业	占比（%）
批发零售业	22.75
工业制造业	37.39
商务服务业	7.49
建筑业	2.78
科研及技术服务业	2.63

资料来源：浙江统计年鉴2013.

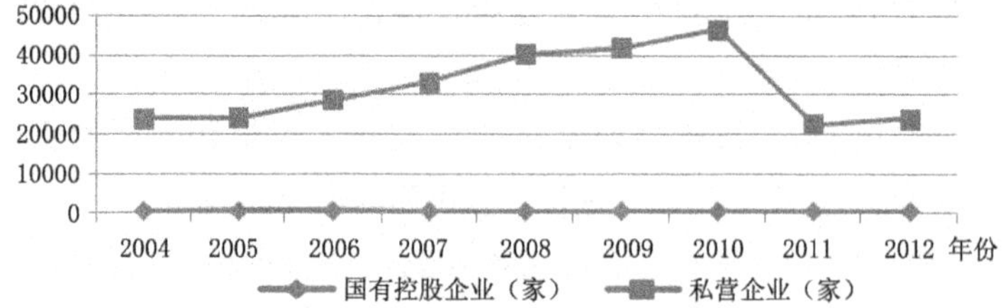

图4－2　2004—2012年浙江省规模以上工业企业数量

资料来源：浙江统计年鉴2013.

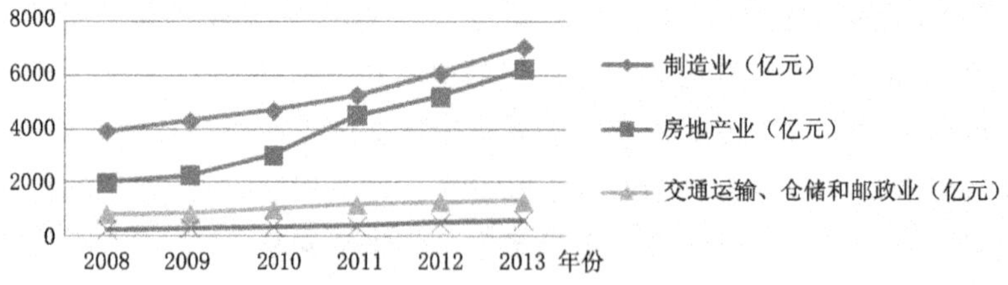

图4－3　2008—2013年浙江省重要行业投资情况

资料来源：浙江统计年鉴2013.

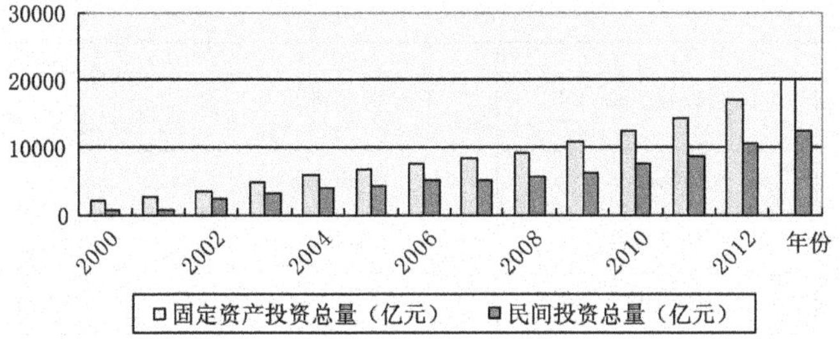

图4-4　2008—2013年浙江省民间资本行业投资情况

资料来源：浙江省银监局网站.

同时中国民间资本投资也有明显的地域性：一是民间投资大致在某区域内进行，二是民间投资的发展好坏直接对该区域内的经济产生影响。如浙江模式、温州模式、福建模式等。目前，中国民间投资基本聚集在经济较为发达的沿海城市，而西北部、中部等城市民间资本投资额很少。总的来说，民间投资和经济发展水平是密切相关的，经济越发达，民间投资越活跃，进而推动经济的更快发展。浙江民间投资地域分布情况，宁波、杭州、温州、台州的民间投资构成了浙江民间投资的主力军（见表4-2）。

表4-2　浙江2013年民间资本地域分布情况

地区	企业数	从业人员	工业总产值	增加值	销售收入	利润总额	实缴税金	资产总计
宁波	6891	120.8	8593.5	579.3	8339.9	385.7	303.3	8152
温州	4292	90.5	4418.48	1767.98	4256.48	213.13	148.1	3897
绍兴	3682	80.2	8551.6	1320.85	8589.27	439.3	204.64	7450

资料来源：浙江省银监局网站.

表4-3也可以看出浙江民间投资快速增长态势，投资规模逐渐扩大，投资主体多元化，民间投资总量进一步扩大，对GDP的贡献越来越高。

表4-3　2004—2013年浙江省民间投资情况

年份	民间投资（万元）	增长率（%）	占全社会限额以上固定资产投资比重（%）
2004	28590497	40.3	53.1
2005	31681691	10.8	51.6

续表

年份	民间投资（万元）	增长率（%）	占全社会限额以上固定资产投资比重（%）
2006	36944948	16.6	53
2007	41383799	12.0	53.7
2008	46604929	12.6	54.5
2009	52984298	13.7	53.5
2010	65690000	24.0	57.4
2011	85630000	30.4	59.9
2012	105790000	22.5	61.9
2013	123960000	17.3	61.4

资料来源：根据《浙江统计年鉴》（2006—2013）数据计算得出。

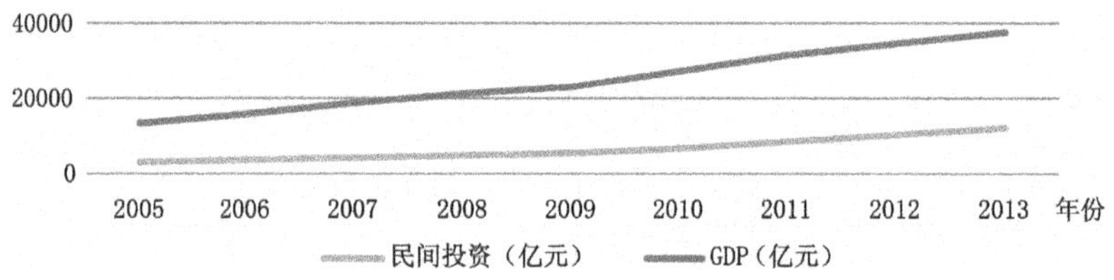

图 4-5　2005—2013 年浙江省 GDP 和民间资本情况

资料来源：根据《浙江统计年鉴》（2000—2013）数据计算得出。

4.1.3　民间借贷组织形式

在中国经济发展的不平衡性以及地区差异性使得民间借贷形式呈现多样性和地域差异性，形式复杂多样性。中国民间借贷的组织形式主要包括民间直接借贷、合会、地下钱庄、集资、典当行、咨询公司、担保公司和民间票据市场等，大体上可以归纳为以下几种形式：

（1）民间借贷

民间借贷是民间最原始和最普遍融资方式。一是私人间借贷。私人间借贷是民间借贷的主要形式，其特点一是灵活、方便、数额较小而范围较广、总体规模大。二是一般较分散、隐蔽，利率差别大。借贷关系是建立在一定的人缘、血缘和地缘关系上，借贷关系持续而稳定。三是企业间借贷。企业间的借贷包括民营企业之间，民企与其他企业之间的资金交易，具有单笔借款金额较大、期限短、利率相对低等特点，一般集中在旺季流动资金需求量较大的时候。

（2）以融资为目的向社会借贷的集资行为

作为一种集中社会闲散资金的筹资方式，集资是解决企业资金短缺的途径。集资按用途主要有生产性集资、公益性集资、福利性集资等，具有资金的总额较大、利率较高、期限较长的特点。但是由于一直未纳入国家正规信用轨道，发展不规范，在全国出现过不少诈骗案件。

（3）合会

合会，是中国一种古老的互助性融资形式，是一种集储蓄和信贷于一体的融资。在所有的成员以轮转方式各获得一次集中在一起的会钱后，合会一般即告终结。合会作为一种重要资金融通形式，在相当程度上解决了中小企业发展初期的资金不足问题。合会在浙江、福建和广东等地比较活跃。其他还包括贷款经纪人、民间票据市场、钱庄、典当行等多种民间借贷组织形式。在民间借贷市场中，由于组织化程度和规模的不同，我们可以分类排序（如图 4－6 所示）。

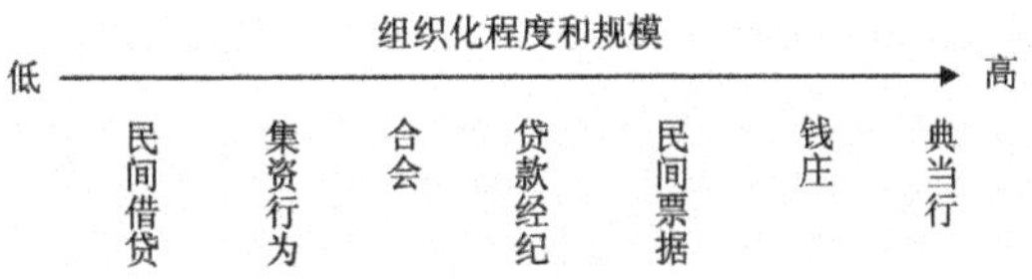

图 4－6　非正规金融按组织化程度和规模的分类

从图 4－6 中可以发现，民间金融组织在发展过程中有着多种形式，虽然在基本特征上都相同，但组织化程度和规模有较大差别。在民间票据市场之上的组织形式比较正规，往往有固定的经营场所，组织目标是收益的最大化，组织的行为也比较清晰，而在民间票据市场以下的组织往往比较零散，由于不同地方的文化不同，组织目标也有较大差异，并且基本上都不以盈利为目的，而是带有一种互助的性质。

4.1.4 民间资本规模匡算

2011 年 6 月份，央行进行的一项针对民间融资的调研显示，全国的民间融资总量约 3.38 万亿元，仅占当时贷款余额 6.7%，占企业贷款余额 10.2%。[①] 国家统计局数据显示，截至 2011 年底，中国仅城乡居民人民币储蓄存款余额就达 34.36 万亿元。因从 2011 年起，城乡居民人民币储蓄存款不再划分活期、定期存款，所以假设活期存款和定期存款的比例为 1∶1，活期和定期储蓄存款能用于投资增值的分别为 20% 和 80%，那么居民储蓄存款一项中的民间资本可达 17.18 万亿元。以居民储蓄存款占所有民间资本的比重为 60% 估计，全国民间资本总量可达 28.6 万亿元，是当年人民币新增贷款的 3.82 倍，占 GDP 的 60.6%。从表 4－4、4－5、4－6 也可以看出中国民间资本的规模。

表 4－4　中国民间资金实力的增长情况　　单位：元

年份	城镇人均可支配收入	农村人均纯收入	人均储蓄存款余额
1989	1374	602	461
1997	5160	2090	3744
2003	8472	2622	8018
2010	19109	5919	22619

资料来源：中国统计年鉴（1997—2011）.

表 4－5　民间借贷规模

年份	数据提供机构	规　模
2003	中央财经大学	7405 亿至 8164 亿元
2005	中国人民银行	9500 亿元
2011	中信证券	超过 4 万亿元

资料来源：任文娇. 中国民间借贷总规模超过 4 万亿潜在风险大. 新浪财经，2012.1.31.

① http：//www.chinae.com/html/20111020/121/show－27503.html.

表4-6　　浙江省民间借贷规模估算

项　目	2006	2007	2008	2009	2010	2011	2012	2013
已登记民间投资额（V1）（亿元）	3684	4138	4660	5298	6269	7160	8178	9340
非正规外源融资（V2）（V1×26%×2.5）（亿元）	2395	2690	3029	3444	4075	4654	5316	6071
户均非正规借贷数额（V3）（元）	1000	1000	1000	1000	1000	1000	1000	1000
总户口数（N）（万户）	1557	1579	1596	1604	1608	1621	1634	1647
家庭非正规借贷总额（V4）（V3×N）（亿元）	155.0	157.9	159.6	160.4	160.8	162.1	163.4	164.7
浙江民间借贷规模估算（V）（V=V2+V4）（亿元）	2550.3	2847.6	3188.6	3604.1	4235.7	4816.1	5479.1	6235.7

注：①表中已登记民间投资额和总户口数2006—2010年的数据摘自《浙江统计年鉴2011》，2011—2013年的数据则按2006—2010年数据的平均年增长率在2010年数据的基础上估算得出。

②在估算非正规外源融资的时候，乘数因子“26%”的来源：林汉川等人对中国的浙江、江苏、北京等七省市的14000多家小企业展开了问卷调查。据调查结果显示，私营企业有52.9%有贷款，其中26%来自民间借贷。本表按照此比例（26%）对中国个私企业来自于民间借贷渠道的融资额度来估算。内容参见林汉川等（2003）. 中小企业发展中所面临的问题［J］. 中国社会科学，2003（2）。

③在估算非正规外源融资的时候，乘数因子“2.5”的来源：因为②中乘数因子“26%”是根据全国平均状况得出的，并不能代表浙江省的情况。事实上，根据《中国统计年鉴2006》和《浙江统计年鉴2006》，我们可以得出，对于个私企业贷款占总贷款数的比例，全国平均水平是2.71%，而浙江省是7.50%，约等于全国平均值的2.77倍，我们就将它近似取作2.5，虽然这个估算本身就很粗略，但它还是可以反映出浙江省的民间借贷水平要明显高于全国平均水平这一实际情况的。

④户均非正规借贷数额一项的估计参见郭沛. 中国农村非正规金融规模估［J］. 中国农村观察，2004（2）。我们取同一数量级（1000元），从最终结果可以看出，家庭民间贷款总额相对个私企业民间贷款总额可以忽略不计。

中国人民银行统计显示，2011年上半年中国社会融资规模为7.76万亿元，而同期银行新增人民币贷款为4.17万亿元，银行贷款占社会融资规模比例继续降低，同时银行体系外融资占比则攀升至目前的46%。[①] 一段时间以来，社会资金出现了从银行体系内流向银行体系外、从正规融资市场流向民间借贷市场的迹象。从以上可以看出，中国民间资本已拥有了相当的规模和实力，民间投资的力量已经不可忽视。

4.2 民间资本发展及内生性特征

中国金融改革是渐进式改革，政府作为制度的主要供给者采取自上而下的方式建立的一种政府主导的金融制度安排。由于政府主导强制性制度变迁，金融市场非均衡推进，金融资源没有有效的运用到中小企业发展方面，形成了政府提供了没有适应金融制度需求的安排。金融结构与经济结构严重不匹配，制度供给的错位与不足，导致金融抑制并出现资金缺口是必然结果，因此民间借贷则满足金融需求，成为正规金融机构的替代，内生于当地的民间借贷便产生并发展。

4.2.1 民间资本发展现状与贡献

自改革开放以来，民间投资的总量不断增长，增速较快，且在全社会总投资额中所占比重也逐年上升，其贡献率也稳步增长。由于金融抑制的长期存在，民间借贷不仅成为中国民营经济的主要资金供应者，而且成为改革开放30多年推动中小企业发展的主要力量之一。在新古典经济增长模型中，资本积累是促进经济增长的关键因素。罗斯托的经济发展阶段论也认为，一个国家要实现经济起飞必须要具备的关键因素之一就是较高的资本积累。Robert J. Barro 最早对民间资本与经济发展关系进行了研究，得出了私人投资与经济增长之间存在正向相关的结论。尤其是中国经济虽在2008—2009年受到国际金融危机的冲击，经济增长速度有所放缓，但全社会固定资产投资额始终保持高速增长，其中民间投资占全社会固定投

---

① 2011年上半年社会融资规模统计数据报告.

资的比重始终保持稳定增长，为克服经济危机带来的困难提供了资本保障（见表4-7、图4-7）。

表4-7　2000—2012年全国GDP、总投资、民间投资、民间投资贡献率

年份	GDP（亿元）	增长率（%）	全社会固定资产投资（亿元）	增长率（%）	民间投资（亿元）	增长率（%）	民间投资占全社会固定资产投资比重（%）	民间投资贡献率（%）
2000	99215	8.4	32917.7	10.3	11611.84	21.4	35.3	2.3
2001	109655	8.3	37213.49	13	14327.95	23.4	38.5	2.7
2002	120333	9.1	43499.91	16.9	18635.13	30.1	42.8	3.9
2003	135823	10.0	55566.6	27.7	25896.1	39.0	46.6	6.0
2004	159878	10.1	70477.4	26.6	35484.1	37.0	50.3	7.1
2005	184937	12.3	88773.6	26.0	47137.1	32.8	53.1	7.3
2006	216314	12.7	109998.2	23.9	73430.7	55.8	66.8	14.2
2007	265810	14.2	137323.9	24.8	93980.2	28.0	68.4	9.5
2008	314045	9.6	172828.4	25.9	117826.2	25.4	68.2	9.0
2009	340903	9.2	224598.8	30.0	146423.3	24.3	65.2	9.1
2010	401513	10.4	278121.9	23.8	184763.5	26.2	66.4	11.2
2011	473104	9.3	311485.1	12.0	218745.2	18.4	70.2	8.5
2012	518942	7.7	374694.7	20.3	266500.8	21.8	71.1	10.1

注：①民间投资贡献率＝（本年民间投资额－上年民间投资额）/上年GDP×100；

②民间投资＝总投资－国有和集体单位投资。

资料来源：中国统计年鉴（1999—2013）.

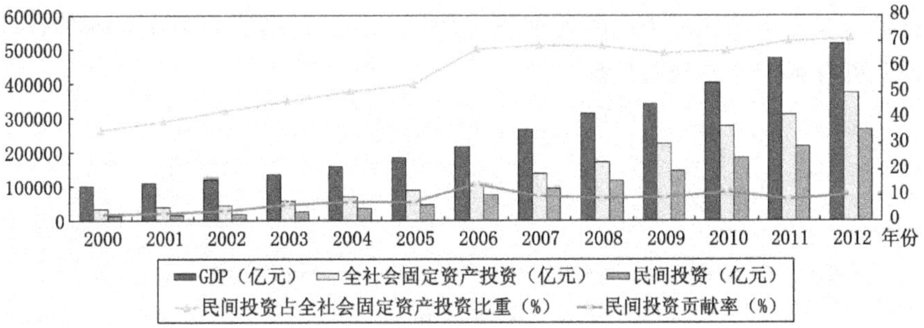

图4-7　全国GDP、民间投资、民间投资占总投资的比例、民间投资贡献率

资料来源：中国统计年鉴（1999—2013）.

4.2.2 民间借贷内生性生成机制

根据之前的探讨，我们认为当民间借贷成为正规金融机构的替代，而内生于中小企业资金需求的民间借贷生成机制可以包括以下几方面：金融抑制论、信息优势论、制度变迁论、传统观念和情感因素论。

（1）金融抑制论

很多文献将民间借贷的存在归结于 McKinnon 和 Edward S. Shaw 提出的金融抑制论。[①] 中国金融体系的发展在很大程度上受到金融抑制和政府的干预，大企业更容易获得信贷资源，设置了严格的利率管制和市场准入条件，使得一些中小企业或民营企业得不到有效的支持，其只能选择“内生性融资”实现信贷需求的满足，民间借贷由此应运而生。林毅夫等认为，对于中国台湾的中小企业，制度外金融是一个无法替代的信用筹措来源，而且这一状况并不会因为中国台湾地区已经实现工业化阶段而消失，因此，在未来民间金融仍将继续在中国存在，依然会作为中小企业融资的手段之一。[②]

（2）信息优势论

林毅夫等认为，对于民间借贷的产生，金融抑制只是一个强化因素，因为中小企业信息不透明，而且常常不能提供充分的担保或抵押，正规金融机构难以有效克服信息不对称造成的逆向选择问题，而非正规金融在收集关于中小企业的“软信息”方面具有天然的优势，这种信息优势才是民间借贷广泛存在的根本性原因。[③] Berger 和 Udell（1995）也认为，小企业融资过程中的信息不对称问题更为严重，但是民间借贷与小企业的长期关系可缓解信息不对称问题。

---

① 他们认为“金融抑制就是指政府对金融主体和金融活动的干预阻碍金融体系发展，从而阻碍经济发展，最后形成金融抑制和经济之后的结果。

② 林毅夫、孙希芳. 咨询、信息非正规金融和中小企业融资. 北京大学中国经济研究中心内部讨论稿，NO. C2003025，2003.

③ 林毅夫、孙希芳. 资讯、非正规金融与中小企业融资［J］. 经济研究，2005（7）.

（3）制度变迁论

L. E. Davis 的制度变迁理论[①]认为，“如果预期的净收益超过预期的成本，一项制度安排就会被创新。只有当这一条件得到满足时，才有可能发现在一个社会内改变现有制度和产权结构的企图。”所以中小企业没有选择正规金融机构，选择民间借贷是因为行业竞争环境和业内的经营共识相互作用中形成最合理的自发制度安排，是金融主体最佳博弈策略，金融也就是“存在即合理”。

（4）互济互利的传统论

长期以来，中小企业从正规金融机构获取信贷资源十分困难。中小企业融资出来使用自有资金外，通常会先选择到亲戚朋友那里融资，基于地缘、血缘关系的民间借贷普遍存在，一般有血缘关系或者是邻里关系，其内部有更多非正规的履约机制，使得以此为基础民间借贷在乡土社会甚为活跃。[②] 所以民间借贷需要人情关系作为担保，贷款者对借款者的信息往往比较了解，借贷双方之间的社会关系作为“隐性担保机制”。

根据以上民间资本生成机制使得民间资本与中小企业融资之间有了高度的契合。民间资本的投资为了实现资金的有效性，获得收益，而中小企业民间融资意在寻求企业的发展，实现利润增值，民间资本的充裕给予了中小企业发展的原始资金，中小企业的发展提供了民间资本稳固的投资方向。

4.2.3　民间资本内生性资金供求机制

从微观经济学角度来看，民间借贷的形成，需要供求双方发生最基本的经济往来，即民间借贷的发生。

---

① 制度变迁的原则：制度的供给是有限的、稀缺的，随着环境及理性的变化，现有的制度不能使得人们的需求满足时，就会发生制度变迁，http://wenku.baidu.com/view/2c2b750403d8ce2f006623ad.html.

② 杨汝岱、陈斌开、朱诗娥.基于社会网络视角的农户信贷需求行为研究［J］.经济研究，2011（11）.

(1) 民间资本的供给分析

由于中小企业融资需求得不到满足，在不考虑民间资本的情况下，体制内的国有金融机构充当了资本供给者的角色，通过制定较高的利率以获取超额利润。但是假设利率过高，借款人成本增加，导致投资和消费的下降，不利于国民经济平稳较快发展。为此，央行依据市场上货币流通和需求量人为制定利率，防止利率的自由波动。一般情况下，央行制定的利率都会低于市场均衡利率。其原因是，较低的利率可以促进投资，保持国民经济的增长势头，资本缺口也就出现。

如图 4 -8 所示，当市场自动均衡点 E 时，均衡利率为 i_*，均衡资本量为 Q_*。但由于央行的人为利率管制，市场上的实际利率为 i。由于 $i < i_*$，导致投资需求增加，在利率为 i 时的资本供给量由均衡时的 Q_* 移动到 Q，实际资本供给量移动到 Q_1，资本供给小于资本需求，资本缺口为 Q_1Q。这就决定了只有小部分人能得到银行的信贷配给。

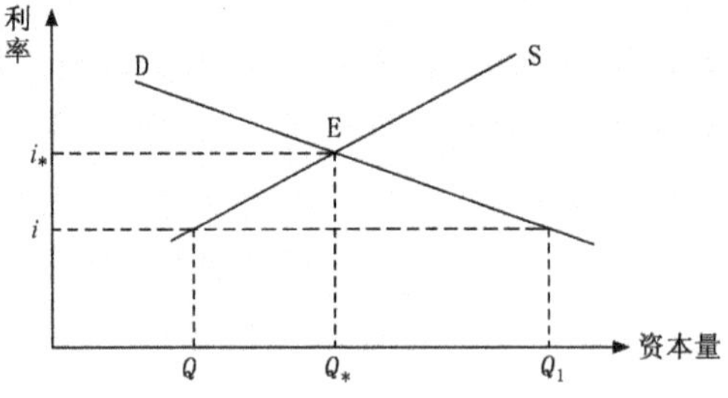

图 4 -8 资金供求图

这部分未得到满足的资本需求就将转向民间借贷市场，寻求民间资本的支持。然而，由于短期内资本供给量是固定的，因此将有更多的借款人争夺有限的资本，导致寻租的产生。如图 4 -9 所示，S 为短期内民间资本的资本供给量，D 为短期内未得到信贷配给的中小企业企业资本需求量，假设此市场时为自由竞争市场，则资本供给需求达到均衡点 E_1，此时的利率为 i_1，资本量为 Q_1。但是假设的自由竞争市场并不存在，市场实际利率为 i_3，小于均衡利率 i_1。此时资本供给量为 Q_1，资本需求量为 Q_3，资本缺口为 Q_1Q_3。在这种情况下，资本供给者为获得超额利润，会诱导资金需求者采取寻租方式争夺资本，使实际利率小幅上升，达到 i_2 时停止。这是由于利率如果高于 i_2 点，将有一部分承受风险能力低的借款人退出竞争，只留下具有较高风险承受能力的借款人。这时，民间资本拥有者可获得的租金为 $i_2i_3E_3E_2$ 矩形面积，但在利率为 i_2 时，资本供给仍然小于需求，$Q_1 < Q_2$，资本缺口为 Q_1Q_2。因此仍有部分中小企业难以获得发展资金。

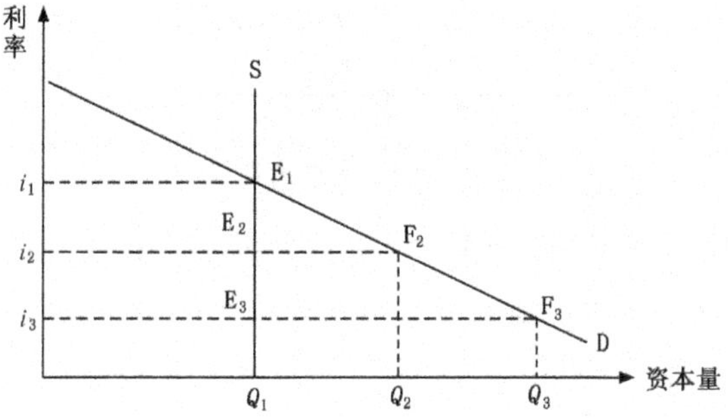

图 4-9　资本量与利率之间的关系

(2) 民间资本的需求分析

由于中国劳动力供给充分，充足的剩余劳动力使中国的劳动力边际产量 MP_L 接近于零，中国中小企业主要集中于劳动密集型产业中，只有少数属于技术密集型产业，绝大多数中小企业资本严重匮乏，边际资本产量 MP_K 较大。如图 4-10 所示，Q 为等产量曲线，在生产既定产量 Q 时，资本对劳动的边际技术替代率 $MRTS_{KL}$ 会非常大。当资本劳动投入组合为曲线上 F 点时，劳动投入大于资本投入，所以 MP_K 递增，MP_L 递减，资本对劳动的边际技术替代率 $MRTS_{KL} = MP_K/MP_L$ 较大。广大中小企业现有的劳动资本组合正如 F 点所示，劳动投入远远超过资本投入，导致这些中小企业在发展过程中资本的需求格外强烈，但是由于得不到商业银行的资本供给，只有选择民间资本市场。

(3) 民间资本投资决策分析

从上述的分析发现民间资本供给和需求，中间仍存在一定的资本缺口，部分中小企业的资金需求无法得到满足，主要原因在于中小企业和民间资本都是追求收益最大化的理性经济人，他们在投资决策时首要考虑的是投资的成本与收益问题。如果预期投资收益大于投资成本，则会发生资本借贷关系，反之，则不会发生借贷行为。投资成本主要为所投资金的贷

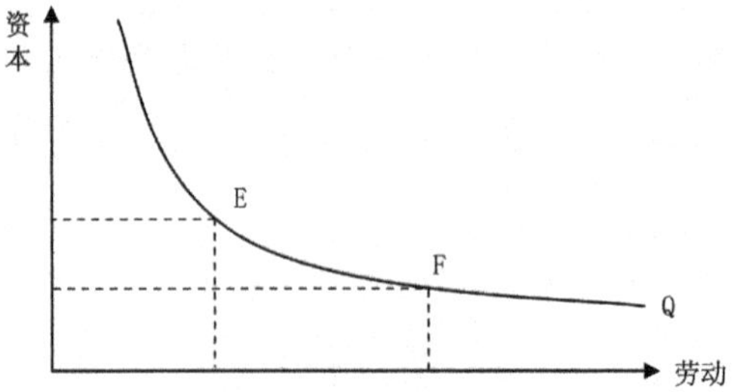

图 4－10　等产量曲线

款利息。如图 4－11 所示，随着投资量的增加，投资的边际收益 MR 递减，投资的边际成本 MC 则由于资金的稀缺性呈递增趋势。达到 E 点时，MR = MC，投资额 K = g（MC，MR）达到最大，投资收益达到最大，此时的社会资本存量为最佳资本存量。

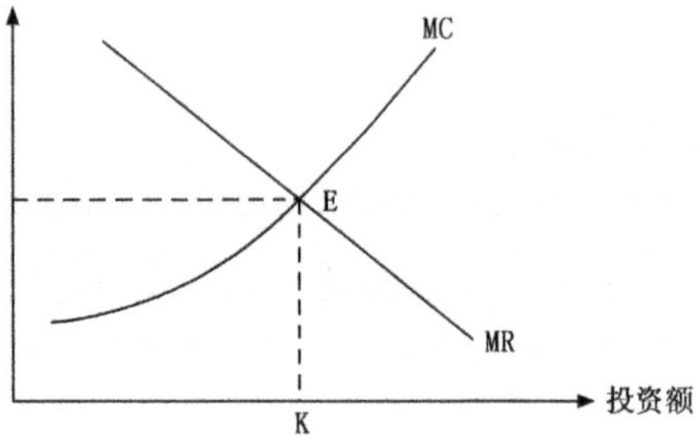

图 4－11　边际收益、边际成本曲线

4.2.4　民间信贷市场发展新特征

随着经济的不断发展，民间资本增幅很快，总量规模快速增加，民间资本在较高利润吸引下开始突破原来封闭的边界，逐渐向外扩张，这些变化使民间借贷市场在新形势下呈现新的特征。

（1）民间借贷资金需求的变化

1）民间借贷用途与目的发生改变。与传统民间借贷资金用于消费和小本商业经营目的有所不同，现在民间借贷的资金主要用于企业短期流动资金周转以及固定资产投资。与传统互济互助为主的借贷不同，目前中小企业资金需求完全是一种获取利润为目的的投资，民间借贷资金需求与实体经济联系越来越紧密，民间借贷市场波动明显增大。

2）民间借贷融资规模快速扩张。实体经济发展对资金的巨大需求使得民间借贷融资规模迅速扩大，交易活动不再局限于一个地区，出现跨地区的交易，当民间借贷融资规模扩大时，民间借贷市场的风险也相应增加。随着民间借贷规模的增大，信息不对称更为明显，当民间借贷信用形式大部分仍为口头协议、借条等不规范形式时，其风险控制手段已经不能适应扩大的融资规模。违约收益大于成本，声誉机制失去了维持民间借贷正常运行的作用。当借贷者违约的惩罚成本越来越低时，在中小企业处于生存困境时，利润微薄，不得已而违约已成为许多“跑路”老板的选择。当然，也不排除一部分是把借贷资金用于投机性项目以获取高额利润的民间借贷，这同时也使得借贷风险成倍增加。

3）直接的借贷关系向中介人借贷关系发展。随着民间借贷规模的扩大，单个放贷者资金供给显然已无法满足扩大的资金需求，资金募集对象的人数开始剧增，直接的借贷关系必然向中介人借贷关系发展，这样一来民间借贷参与者之间的血缘、地缘、亲缘社会关系开始松散，放贷人只是单纯的资金供给者，参与是以获利为目的资金借贷，资金使用者和供给者已经没有紧密的血缘、地缘、亲缘关系，有的只是与中介人简单的借贷契约关系，借贷关系组织化。同时这也使信息不能够通过“软信息”传播，这也会导致对不良声誉的惩罚失效，形成风险。

（2）民间借贷资金供给变化

1）民间借贷参与主体发生改变。如以上分析在传统的民间借贷中，资金来源主要是普通家庭和中小企业主有的闲置资金，而当前民间借贷资金来源已发生明显变化，参与者可以是公职人员、普通居民、企业法人、金融机构、企业、各类民间借贷中介机构以及风险投资基金等都参与在其中，民间借贷参与主体已不仅仅局限于普通居民和企业法人，各种资金掮客和中介机构都参与其中，资金来源变得很复杂。同时各类市场主体之间也存在相互借贷，在资本逐利机制下形成更为复杂的借贷关系。

2）个人和企业异化为融资平台。在借贷资金高利润回报吸引下，有些企业放弃了主营业务，将公司作为融资平台，到金融机构进行抵押贷款，将融入的低息信贷资金以个人名义[①]进行民间放贷。甚至还有一些企业放弃主业，开办担保公司等进行专门放贷。加之当民间借贷市场利率不断攀高，许多资金充裕个人也通常由几个亲朋好友筹集资金设立担保公司，利用人脉集资放贷。还有一些担保公司设法从银行套取资金投放到民间高利贷市场赚取高额利差，这两种情况下担保公司都承担资金借贷中介的作用。各类民间组织融资中介发生了职能变异。

3）民间借贷的社会功能逐渐弱化而经济功能逐步加强。随着社会经济的发展，流动性加强，中国的乡土关系逐渐由地缘、血缘关系向商缘、业缘、友谊等非亲缘、非地缘关系拓展，熟人社会向陌生人社会转变，这也使民间借贷社会功能逐渐开始降低，而经济功能增强，同时风险增加。

资金聚集使得民间借贷市场容量增强，主体内部相互依存和外部关联也逐渐增强，一方面使得民间借贷市场繁荣，另一方面也为民间借贷的风险连锁反应提供了条件，一旦资金链出现问题，形成坏账，容易引发连锁反应甚至导致危机，随之而来的是民间借贷信息优势逐渐丧失。

4.3 民间资本“流向偏移”与现实困境

4.3.1 民间资本的“流向偏移”[②]

虽然城乡居民持有很多闲置资金，但投资范围狭窄并有限，导致数额巨大的民间资本找不到出路。虽然民间信贷是正规金融的补充，但它一直处于灰色地带，民间借贷在给经济发展带来促进作用的同时，自身也有很

① 根据温州市龙湾区人民法院 2011 年受理的民间借贷案件，以自然人名义从事放贷的当事人中，企业主或企业主家庭成员占比为 49.4%。

② 当前，有些民营企业面临转型升级能力不足的困境时，逐步放弃了对主导产业的坚守，大量资本从实体经济中转移，有些甚至把制造业作为融资平台，套取资金在资本市场逐利。有关专家把民间资本的这些特点称为“漂移现象”。这些民间资本已经不是一般意义的“游资”，已经结成各种“产业投资联盟”。民间借贷这样演化为纯粹资金炒作，不仅会造成产业“空心化”，还会带来资产泡沫化。

多劣势。在国家监管政策不到位的情况下，借贷双方信息的高度不对称和不透明，民间借贷不断出现问题，给地方经济发展带来了很大的危害，很多企业倒闭，老板出逃，加大了市场的不稳定性。

(1) 民间资本流向偏移的表现

后危机时代市场前景不明朗，中国企业用工数量、出口订单等都创下了近年最大降幅，以中小企业为主的制造业订单下降、存货增加的巨大压力，投资实业的积极性受到严重影响。在实体经济发展受阻的同时，房地产等产业的暴利也让资本趋利性的特征更加明显，大量的资本从实体经济中转出，有专家便将资本的这些特点称为“漂移现象”。根据中国人民银行的统计，2011 年上半年社会融资 7.76 万亿元，而银行贷款为 4.17 万亿元，银行体系外的融资比 46%。而 2011 年全年社会融资 12.83 万亿元，银行贷款 7.47 万亿元，银行体系外的融资占 42%。[①] 大量资金从正规金融体系流出，银行贷款占社会融资规模比例继续降低，而银行外资本规模占社会融资规模的 40% 以上。但近年来，中国大量的民间资本处于闲置状态，困扰中国经济的“宽货币，弱增长”背离局面逐步加强。信贷资金并未全部投入到实体经济，或者说只有极少部分投入到实体经济，大部分信贷资金、民间资金游离在实体经济外，资本逐利本性导致大量资本从微利实体经济流出，不同程度的资本抽离实体经济的“去实业化”现象不断发生，产业资本的大量流出又加据了产业空心化现象，疯狂地流向虚拟经济之中，形成了“炒股”、“炒房”、“炒资源”、“炒农产品”等等，民间资本所到之处市场机制失灵，带来了资本市场、房地产市场价格的暴涨暴跌，增加了经济运行中的泡沫和不稳定性，这一切均因民间资本投资无门、市场投资渠道过于单一、投资产品过于稀少所致。

(2) 民间资本偏移的原因

原因一：高利贷利率与银行贷款利率差价。这些年中国银行贷款利率基本维持在 5%—6.5%，民间借贷中月息 2 分已经算是比较正常且较低的利率。根据计算，民间借贷年利率为 24%。根据最高人民法院《关于人民法院审理借贷案件的若干意见》有关规定：“民间借贷的利率可以适

---

① http：//www.chinadaily.com.cn/hqcj/gsjj/2013－06－17/content_9332287.html.

当高于银行的利率，但最高不得超过银行同类贷款利率的四倍”。之间的差价让许多民间资本直接就“炒钱”。

原因二：金融机构高利率与中小企业低利润率。相对于中小企业较低的企业利润率，虚拟经济中的利润几近为暴利，与实业的利润率相比，民间借贷的贷款利率获利较丰厚，甚至是高利贷性质，因此民间借贷发生偏移就不难解释了。

原因三：政府投资的挤出效应。为应对本轮金融危机，国家投资4万亿元，国有投资比重加大，除了传统基础设施领域以及公共设施管理业外，在房地产等一些充分竞争领域，国有资本的比例也在大幅攀升，基本上已经是覆盖了国民经济各个领域，当政府投资挤压了民间投资的空间，进行与民间资本争利润、争投资时，必然就会产生明显的挤出效应。

4.3.2 制约民间投资发展因素实证——浙江经验数据

（1）模型设定与变量选择

浙江民间投资影响因素可在如下函数关系式框架下进行选择：

$$pinv_t = F(ginv_t, y_t, r_t, price_t, fund_t)^{①} \tag{1}$$

其中，$pinv_t$、$ginv_t$、y_t、r_t、$price_t$、$fund_t$ 分别表示第 t 期民间投资、政府投资、经济发展水平、利率、生产资料价格和银行贷款。为更好考察各因素对民间投资影响情况，我们决定建立 *VAR* 模型来考察变量间的关系，*VAR*（*k*）模型可以写出如下形式：

$$X_t = \mu + A_1X_{t-1} + A_2X_{t-2} + \cdots + A_kX_{t-k} + \varepsilon_t \tag{2}$$

其中，ε_t 是独立正态分布的残差向量。在建立 *VAR* 模型过程中，根据 *AIC* 和 *SC* 准则确定最优滞后阶，当 *AIC* 准则和 *SC* 准则不一致时，用 *LR* 检验加以确认。

VAR 模型要求各序列是平稳的，因此应先检验序列的平稳性，我们采用单位根检验（*ADF* 检验）方法。在各序列同阶平稳的前提下，对其进行协整检验，以观察变量间是否存在长期稳定关系。用格兰杰（Granger）因果检验变量间的因果关系，对于 *VAR* 模型来说，只有两个序列互为因

---

① 由于体制因素难以用量化的指标来衡量、自身因素方面每个民间投资主体的实际情况又不一样，所以并未将这两个方面的因素纳入本研究函数模型。

果才有效，单变量格兰杰因果检验的回归如下：

$$y_t = \alpha_0 + \alpha_1 y_{t-1} + \cdots + \alpha_k y_{t-k} + \beta_1 x_{t-1} + \cdots + \beta_k x_{t-k} \quad (3)$$

$$x_t = \alpha_0 + \alpha_1 x_{t-1} + \cdots + \alpha_k x_{t-k} + \beta_1 y_{t-1} + \cdots + \beta_k y_{t-k} \quad (4)$$

通过脉冲响应函数刻画每个内生变量的冲击对它自己及所有其他内生变量产生的影响作用，这里我们用 *Cholesky* 分解法来考察各变量的冲击对民间投资的影响。最后，利用方差分解来研究模型的动态特征，了解对民间投资的相对重要性。

(2) 数据时间选择和处理

研究采用浙江省 2008 年 1 月至 2010 年 12 月月度数据，一是这一时间正是中国政府自金融危机后实施扩张性财政政策时间段，以此数据以期能对扩张性财政政策有效性作出评价；二是用月度数据进行分析不仅能反映时间序列动态变化，还能够减少其他因素对变量影响程度。数据来源浙江统计信息网、浙江物价局网站和中国人民银行网站。

(3) 相关变量选择

1）民间投资。在界定民间投资的概念和范畴基础上，我们选取集体经济、个体经济、私营经济、联营经济、股份制经济和其他经济的固定资产投资之和为民间投资（$pinv_t$）。

2）政府投资。选取不变价格计算每月固定资产投资额减去每月民间投资额和外商投资额为政府投资（$ginv_t$）。

3）经济增长水平。以 2008 年 1 月为基期，并剔除物价水平影响的每月工业增加值（y_t）作为衡量经济增长水平以及周期变化指标。

4）利率。参照国际惯例，用 3 个月全国银行间同业拆借市场加权平均利率（r_t）作为短期利率指标。

5）生产资料价格。采用以 2008 年 1 月为基期的生产资料价格指数（$price_t$）来反映政府投资对民间投资部门生产成本的影响。

6）银行贷款。对于反映银行可贷资金状况指标选取，国内一般采用超额准备金率，但是超额准备金率具有逆经济周期特点，本研究采用银行存贷差与贷款余额之比（$fund_t$）来反映民间投资部门获得银行资金支持的程度。

其中，对政府投资、民间投资、工业增加值等相关变量取对数，并剔除季节变化趋势，不仅保留了变量中有用信息，还剔除了共线性和异方差影响。

（4）实证分析结果

1）平稳性检验。从表4-8的平稳性检验结果可以看出，各序列的水平值不能在10%的显著水平上拒绝有单位根的原假设，而一阶差分在5%的显著水平上拒绝了有单位根的原假设，因此它们均为1阶单整。

表4-8　各变量的平稳性检验结果

变量	t统计量	平稳性	变量	t统计量	平稳性
ln（*pinv*）	0.351648	不平稳	Δ ln（*pinv*）	-8.591756***	平稳
ln（*ginv*）	0.246677	不平稳	Δ ln（*ginv*）	-10.66126***	平稳
ln（*y*）	0.884825	不平稳	Δ ln（*y*）	-10.71060***	平稳
ln（*price*）	0.839849	不平稳	Δ ln（*price*）	-2.479010**	平稳
ln（*r*）	-0.516309	不平稳	Δ ln（*r*）	-4.527058***	平稳
loan	-0.357977	不平稳	Δ*loan*	-9.121535***	平稳

注：*、**、***分别表明t统计量小于置信水平在1%、5%、10%下临界值，表示对变量进行1阶差分处理。

2）协整检验。由于各变量都是1阶单整，可以进行协整检验以观察变量间是否具有协整关系。通过极大似然法建立以民间投资为被解释变量，其他变量为解释变量协整方程，结果见表4-9。

表4-9　变量的协整检验结果

零假设	迹统计量	5%临界值	特征值	最大特征值统计量	5%临界值
r=0**	125.0012	95.5366	0.800934	53.26600	40.07757
r≤1	69.73522	71.81889	0.669293	33.51522	36.87687
r≤2	35.22000	47.85613	0.436299	8.91663	27.58434
r≤3	16.30337	29.79707	0.243356	9.202460	21.13162

注：r表示协整关系的个数，最大滞后期参考AIC和SC准则，结合LR检验进行选取。**表明在5%的显著水平下有意义。

结果表明民间投资与政府投资、工业增加值、短期利率、生产资料价格和银行贷款在 5% 置信水平下存在协整关系，进一步对残差序列进行单位根检验，发现平稳的。协整关系成立，其协整方程为：

$$\ln pinv = -0.236 + 0.074\ln ginv + 1.032\ln y - 0.004\ln r - 0.181\ln price + 0.368 loan$$

从协整方程可以看出，民间投资与政府投资、经济发展水平、银行贷款呈正向关系，与短期利率和生产资料价格水平呈负向关系。从结果来看，政府投资并没有挤出民间投资，反而对民间投资有一定拉动作用，政府投资每增加 1 个百分点，能拉动民间投资 0.074 个百分点；工业增加值对民间投资的系数为 1.032，可见经济增长水平对民间投资影响较大；利率对浙江民间投资影响并不十分显著，从影响系数上看，仅为 -0.004；生产资料价格水平的系数为 -0.18，表明生产资料价格每上升 1 个百分点会造成民间投资减少 0.18 个百分点；银行可贷资金供给对民间投资影响也相对较大，1 个单位银行信贷增加能拉动民间投资 0.368 个百分点。

3）Granger 因果检验。根据 Granger 因果检验结果（见表 4 - 10），我们得出五个结论。

表 4 - 10　　　　Granger 因果检验结果

原假设	F 统计值	概率 P
民间投资不是政府投资的 Granger 原因	5.27830*	5.E-05
政府投资不是民间投资的 Granger 原因	14.2612**	0.0111
民间投资不是工业增加值的 Granger 原因	3.45763**	0.0450
工业增加值不是民间投资的 Granger 原因	12.0391*	0.0002
民间投资不是短期利率的 Granger 原因	0.71176	0.4992
短期利率不是民间投资的 Granger 原因	0.84097	0.4415
民间投资不是生产资料价格的 Granger 原因	1.14009	0.3337
生产资料价格不是民间投资的 Granger 原因	0.11586	0.8910
民间投资不是银行贷款的 Granger 原因	2.12569	0.1376
银行贷款不是民间投资的 Granger 原因	3.10334***	0.0601
政府投资不是银行贷款的 Granger 原因	1.12054	0.3398
银行贷款不是政府投资的 Granger 原因	0.61699	0.5465

注：*、**、*** 分别表示检验值大于在 1%、5% 和 10% 置信区间下的临界值.

1）民间投资与政府投资存在双向因果关系。政府投资并没有对民间投资产生实际挤出效应；相反政府支出对民间投资系数0.074，政府扩张对民间投资有一定促进作用。

2）在5%的置信水平下，民间投资与工业增加值存在双向因果关系。民间投资表现出随经济周期变化的特征，当经济增长加快时民间投资会增加；当经济增长减缓时民间投资也会随之减少，这与浙江民间投资所表现出来的“逐利性”吻合。

3）民间投资与短期利率互不存在因果关系。可见利率并未显著影响浙江民间投资的活动。另外协整方程来看，虽然利率对民间投资系数为-0.004，但这一估计结果并不十分显著，表明了利率对浙江民间投资活动影响较小。

4）民间投资与生产资料价格并不存在因果关系。民间投资没显著受到生产资料价格水平影响，产生这种现象原因可能有两点：一是生产资料价格水平上涨可能是由于经济快速增长所造成；二是浙江民间投资利润率相对较高，可以弥补生产成本上升，以保证相应的投资回报。

5）在10%置信水平下，民间投资不是银行贷款Granger原因，银行贷款是民间投资Granger原因。考虑到资本市场相应的门槛要求与民间借贷的高风险，商业银行贷款成为浙江地区民间投资部门获得满足自身资金需求的重要来源，因此，民间部门投资决策往往容易受到银行信贷政策影响。此外，我们还发现，政府投资并不是银行贷款的Granger原因，表明政府投资增加并未引起银行可贷资金的减少，并未从银行信贷上挤出民间投资。

（5）脉冲响应分析

考察其他变量是如何影响民间投资时，可以借助脉冲响应函数来刻画这些影响的时间轨迹，所得的脉冲响应结果如图4-12所示。

从图4-12可以看出，政府投资的冲击产生后，民间投资先是产生了一个负向反应，在第2期到达低谷后上升并在第3期达到最大，此时政府支出每增加1个百分点，民间投资增加约0.06个百分点，此后对民间投资的影响开始下降并趋于平缓；工业增加值的冲击发生以后，民

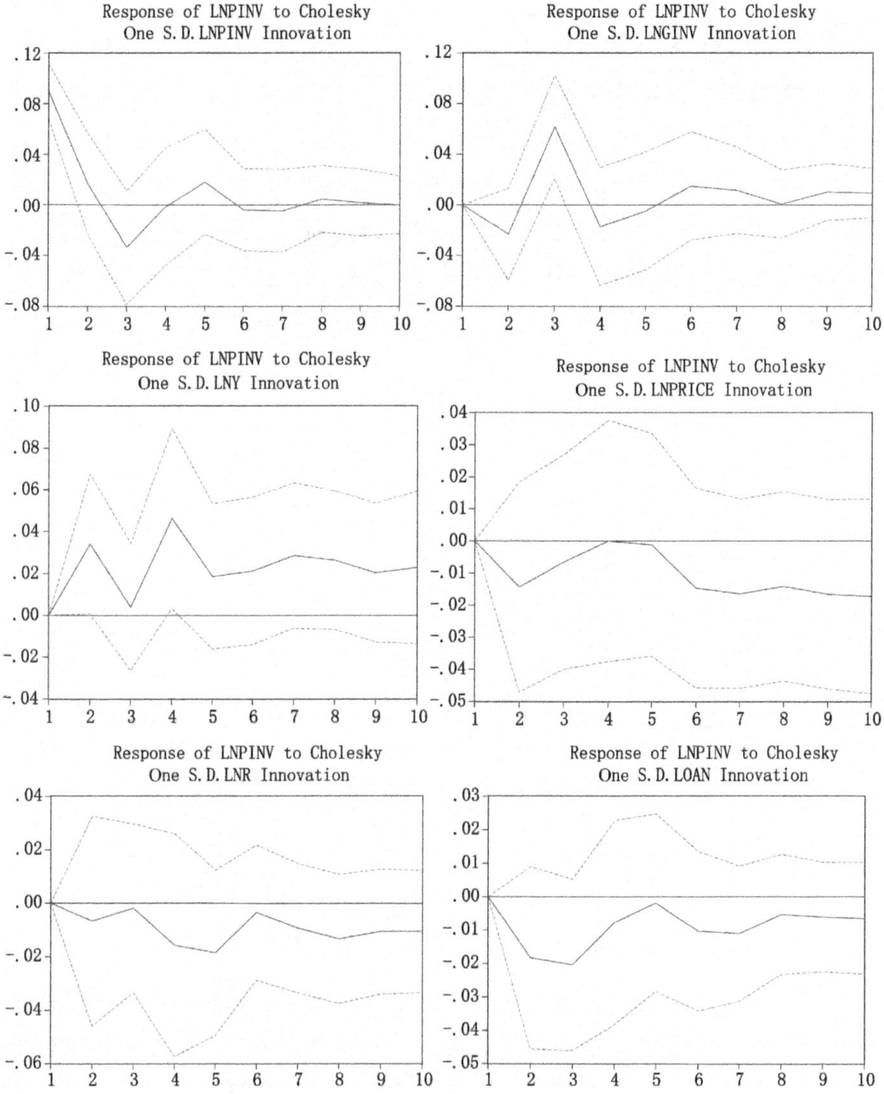

图4－12　民间投资的脉冲响应图

间投资随即出现正向的反应，并在第4期达到最大，此时工业增加值每上升1个百分点，民间投资增加约0.05个百分点，此后影响便开始下降并稳定在0.02的水平；而当生产资料价格、利率或是银行贷款产生一个冲击后，民间投资会出现负向反应，到达低谷后会在低位趋于平稳。

（6）方差分解

方差分解可以研究模型的动态特征，从而了解各变量对民间投资的相对重要程度。图 4-13 是对民间投资的方差分解图，从图中可以看出，除了民间投资外，在影响民间投资的变量中，政府投资和工业增加值对民间投资的预测误差的贡献度大一些。其中，政府投资从第 3 期的 27 左右一直缓缓下降，到第 10 期时基本稳定在 20 左右；工业增加值从第 3 期开始缓慢上升，到第 10 期时稳定在 25 左右；而其他变量的贡献度较小且变化基本不大。

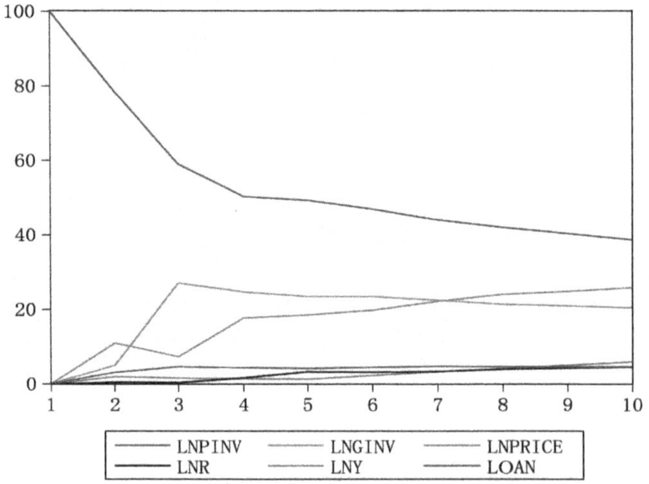

图 4-13　民间投资的方差分解图

通过以上实证检验，我们发现次贷危机发生后，制约浙江民间投资发展的最大障碍在于经济增长水平放缓，其每下降一个百分点，民间投资将减少 1.032 个百分点，浙江民间投资表现出了高度经济相关性：当经济高涨时民间投资高涨，当经济低迷时民间投资低迷。正是由于民间投资所表现出来的这种短期性与逐利性，使得民间投资集中一个行业或领域造成产能过剩和恶性竞争，其根本原因在于民间资本投资领域有限，投资渠道单一。

4.3.3　民间融资与“温州乱象”——浙江案例分析

中国社会科学院 2012 年社会蓝皮书指出，民间借贷交织规模、价格、结构以及违约等风险，使得这个市场潜在的危机非常巨大，其中最突出的问题在于相当比例资金并没有进入到实体经济，而是流入“钱生钱”投机性利益链条之中。吴晓灵也持有同样观点。[①] 因此我们认为在经济转型升级的关键时期，民间投资扩张引发的“温州乱象”主要就是由于过去长时期的实际负利率加之投资渠道狭窄导致的更多的资金偏离正规金融体系以寻求保值与收益在持续紧缩政策下的爆发。所以只有金融市场化创新才是从制度上纠正资源错配的根本出路。

（1）民间资本发展的浙江表现

浙江 2006 年至 2010 年间，金融相关比率[②]一直处在比较高的水平，与改革开放时期的 0.6 的比率相比，近几年数值不断提高，在 2010 年达到了 3.6（见图 4 - 14），金融市场化程度高，其中民间资本市场也不断活跃和完善，民间资本存量大、活力强。

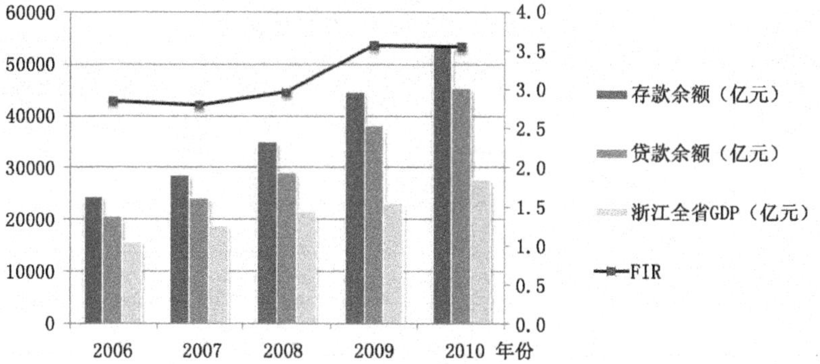

图 4 - 14　金融相关比率图

资料来源：浙江统计年鉴 2011.

长期以来国家资金投入的缺位和官僚体制的缺位降低了浙江从“计划经济转轨为市场经济”的代价，浙江自然资源约束决定了政府能够低成本配置的资源不是矿山、土地和森林，而是流动着的金融。作为陆域面积排名全国倒数的资源小省，是我国区域发展史上最为成功的模式之一，

① 吴晓灵认为温州现象充分折射了中国金融改革不到位，信贷紧缩不是温州企业债务危机的主因，中国不缺钱，但缺少一种机制将钱引到实业中来。吴晓灵：“温州现象”折射金融改革不到位 [N]. 中国经营报，2011 - 10 - 24。

② 金融相关率即 $FIR = D + L/GDP$，D 为存款余额，L 为贷款余额。

东部发达地区所创造的经济奇迹，更多地被归因于私营企业的崛起和市场化的快速推进。[①] 大量调研事实证明浙江经济主体在产生金融需求时，更多是依赖民间借贷，民间借贷存量大、活力强。仅1981—2000年浙江生产总值占全国GDP的比重约为6.75%，而民间借贷占了全国民间借贷约10%，位列全国之首。浙江民间借贷是体制内的金融所提供的信贷不能适应体制外产出增加的金融需求而不断内生出来的，经济发展中绝大多数受信贷约束的金融需求实际上是由民间借贷来满足的，民营经济是通过民间借贷投入，通过个人积累财富的分配方式影响并决定着经济增长，民间借贷已成为浙江经济充满活力的主要源泉（见表4－11）。浙江民间借贷对经济增长的贡献份额越来越大，30年来的年均增长率为25.2%。在全社会固定资产投资中，民间借贷的平均贡献率为54.7%，对GDP的平均拉动力为22.8%，拉动GDP 2.94个百分点，限额以上民间借贷占全社会投资的比重近67%。

表4－11　　2004—2013年浙江省民间投资情况

年份	民间投资（万元）	增长率（%）	占全社会限额以上固定资产投资比重（%）
2004	28590497	40.3	53.1
2005	31681691	10.8	51.6
2006	36944948	16.6	53
2007	41383799	12	53.7
2008	46604929	12.6	54.5
2009	52984298	13.7	53.5
2010	65690000	24	57.4
2011	85630000	30.4	59.9
2012	105790000	22.5	61.9
2013	123960000	17.3	61.4

资料来源：根据《浙江统计年鉴》和《浙江省国民经济和社会发展统计公报》整理。

---

① 樊纲、王小鲁等．中国市场化指数——各地区市场化相对进程报告［M］．经济科学出版社，2001．

随着国际国内形势的不断变化，特别是受国际金融危机的影响，浙江省民营企业遭遇了前所未有的困难。面对全球经济复苏缓慢且不稳定，国际贸易和消费需求仍显疲软，虽然中国宏观调控政策频出，但在出口受阻、国内投资不畅的内外夹击下，浙江经济发展的内生动力不足，2006—2009 年浙江民间投资分别增长 16.0%、12.3%、11.0%、10.8%，民间投资增幅出现连续回落，无论是与国有投资的横向比较还是与往年民间投资的纵向比较，都显示出当前浙江民间资本投资乏力，而 2010 年以来央行连续上调存款准备金率，贷款紧缩，只能面向民间资本寻求出路。

民间资本力量不断壮大，契合了浙江中小企业面对正规金融无法得到信贷资金的困境。金融危机后中小企业的发展之路更为艰险，截至 2010 年年末，“十一五”期间全省融资总量 8807.53 亿元，融资规模大，融资需求旺盛。特别是温州地区，2010 年借贷规模为 800 亿元，2011 年猛增到 1100 亿元。[①] 面对巨额的民间资本，按理说中小企业能够渡过难关，但现实是很多企业停产倒闭。民间借贷是正规金融的补充，但它一直游离在国家金融监管之外，其在给浙江经济发展带来促进作用的同时，自身也积累了很大风险。由于借贷双方信息的高度不对称和不透明，民间借贷问题不断出现，高利贷盛行、企业倒闭、老板跑路，给浙江经济发展带来了负面影响。经济发展的内生动力不足（市场萎缩、利润预期下降），政府投资后劲不足与民间投资跟进滞缓矛盾并存，成为制约浙江经济增长的瓶颈。进行投资动力的切换，使经济回升由目前的政策主导顺利过渡到以经济内生性增长为主的可持续增长是唯一选择。

（2）“温州乱象”与“老板跑路”

“温州模式”在中国改革开放以来制度变迁和经济模式转变中一直发挥着非常重要的影响和示范作用，尤其是民间金融对经济影响，成为温州市场经济的制度演进中自发形成的独特的生存模式，温州庞大的民间借贷网络全国闻名，但自 2011 年 4 月起发生多起“老板跑路”事件引发了我们思考。

1）温州乱象的由来。在民营经济与民间金融发达的“借贷之城”温州，高利贷引发近百民企老板成群结队“跑路”，中小企业推迟付账，老

① 浙江金融信息网 http://www.zjfn.com.cn/infoweb/wnewsdetail.asp? id=1679.

板拒付工资一跑了之，从 2011 年 3 月份起，江南皮革、三旗集团、港尚记、波特曼老板跑路以及当时温州最大的眼镜商信泰集团董事长胡福林突然失踪，掀起了温州老板的“跑路”风潮。在温州，民间借贷是便捷并且高利息的，凭借裙带关系，民间资本越滚越大，社会财富积聚在一起。温州大约有 8000 亿至 10000 亿元的民间资本。然而，温州的民间借贷也存在怪圈——局限在裙带关系间的借贷。正因为如此，在温州老板跑路事件发生以后，众人便将矛头对准了民间借贷，并称促使温州老板跑路的原因正是这些民间资本。以信泰集团为例，信泰集团成立于 1993 年，是温州最大的眼镜生产厂商，其公司规模庞大得根本无法让众人相信它会陷入资金链断裂的绝境。2008 年，信泰集团受光伏行业利润率的诱惑而开始进军光伏行业。最终，信泰集团由于从事行业过杂、企业产值无法满足扩张需求而陷入了资金无法回笼、资金链断裂的困境。9 月 22 日，信泰集团董事长欠款 20 亿元跑路。其中包含民间借贷 12 亿元，银行贷款 8 亿元。在信泰老板跑路后，10 多家企业被牵连，甚至发生了倒闭。这一现象可以用“多米诺骨牌效应”加以解释。由于在借贷时企业间往往是互相担保，如果一家企业发生倒闭，就会危及其他担保的企业，形成了多米诺骨牌效应，这就是资金链危机的连锁效应。很显然，温州中小企业“扎堆”倒闭、温州老板“跑路”已经超出简单经济事件的范畴，甚至被认为有可能为引发中国的“次贷危机”，或“中国式的金融风暴”。这些倒闭企业的规模、所在行业各不相同，而老板跑路的原因只有一个——资金链断裂。其表象是民间利率偏离基准利率，但这些企业大多是质量不错的企业，如江南皮革从事的是皮革制造行业，其行业的平均利润率为 3%，而该企业 2010 年一年的销售收入有 34147 万元，净利润 3425 万元，销售利润率达 10%，问题究竟何在？

温州企业的现状，应该是中国中小企业生存状况的一个缩影，在紧缩政策之下，全社会融资总量减少，实体经济普遍感觉信贷供应偏紧，中小企业面临现金周转困难，东部地区中小企业的经营压力甚至已超过 2008 年金融危机时期，贷款无门而资金链断裂。

由于中国金融发展中存在独特的“金融之谜”即“三七定律”①，这种现象在以民营经济为主的温州等地区更加显著，基本依靠民间资本实现

① 指中小企业在经济发展中贡献近 70%，但得到的金融支持不到 30% 的现象。

了高速增长。但在信贷紧缩背景下，资金的需求比任何时期都要旺盛，许多中小企业无法通过正规渠道获取足够的资金，只有寻求民间资本。根据中国人民银行温州中心支行调查，温州已有 89% 的家庭个人、59.67% 的企业参与民间借贷，民间借贷规模高达 1100 亿元。而温州中小企业发展促进会的调查也显示，温州 30 多万家中小企业中，有 70% 左右的企业主要资金源于民间借贷，民间借贷成为中小企业资金来源的主要渠道。张汉亚分析了“部分温州企业倒闭，直接原因是资金链的断裂”这一说法。最近一次存款准备金率提高 0.5 个百分点，相当于 3800 亿元的资金被收回，如果每个中小企业贷款额平均为 100 万元，就有 38 万家企业面临资金问题。“事实上，到目前为止已有将近千万家企业受到影响。”[①] 张汉亚对目前中小企业的生存状况很是忧虑，他分析，银行的利息一般是 1 厘，民间借贷利息已经上升至 3—5 厘，民营企业若拿不到银行贷款转而去资本市场融资，仅资金成本就上升了 3 倍。

2）“企业缺钱、资本缺路”的现实背景。目前温州民间借贷量是在 1100 亿元左右，但约 40% 资金并没有进入生产领域。温州乱象的表面是高利贷盛行，而乱象的背后实际上是实业不兴，温州危机的根本问题在于产业空心化的加剧与蔓延。在温州金融史上，如此大规模的“跑路”潮实属罕见，被人们形容为“炒钱”。但从跑路及倒闭的企业在 25 家左右看，绝大多数都是属于做实业的，涉及皮革、电线、电缆、眼镜等实体部门，虽然中小企业融资难、过度的金融抑制等状况的存在，但当下的温州更多的只是泡沫经济和过度投机破产后的表象，问题并没有那么简单，类似问题也不仅仅存在于温州。

第一，实业不兴导致投资“离浙江化、离实体化”。浙江民间投资对经济增长的贡献份额一直很高，30 年来的年均增长率为 25.2%。在全社会固定资产投资中，民间投资的平均贡献率为 54.7%，限额以上民间投资占全社会投资的比重近 67%。从产业结构看，民间投资主要集中在第二产业竞争性行业中，从投资增速看，近 7 年来竞争性行业中民间投资的

① 张汉亚对目前中小企业生存状况认为一次存款准备金率提高 0.5 个百分点，相当于 3800 亿元资金被收回，如果每个中小企业的贷款额平均 100 万元，就会有 38 万家企业面临资金问题，事实上，已有将近千万家企业受到影响。他分析，银行利息一般是 1 厘，民间借贷利息已经上升到 3—5 厘，中小民营企业若拿不到银行贷款就得转去资本市场融资，意味着仅资金成本就上升了 3 倍。

平均增速为18.2%，高于国有投资平均增速14.6%，制造业占竞争性行业民间投资总量的56%，可见民间投资在竞争性行业中有很强的竞争力，但随着人民币大幅度升值、劳动力成本、原材料成本大幅度提高夹击，从2010年以来劳动力成本上升了30%，原材料成本上涨了20%，投资却过剩，制造业利润空间只有3%—5%。2011年1—3月，温州市经贸委监测[①]的102家制革企业、22家造纸企业、80家金属冶炼企业等高耗能行业利润总额同比均为负增长，而分别属于眼镜、打火机、制笔、锁具、剃须刀等出口导向型行业的35家企业，利润同比下降30%左右，难以盈利成为普遍现象。

出于资金安全和收益方面的考虑，相当数量的民间资本从实体经济中流出，投机需求增强，转向"炒房"、"炒煤"、"炒蒜"，最后升温到"炒钱"。在温州只有30%的民间资金回归实体经济，而65%则流向了非实体经济，阻碍了实体经济发展。随着越来越多的民营企业外迁和民间资金外流，在温州出现了"产业空心化"现象。2010年温州市人民银行的一份《金融支持工业经济运行分析》报告称，金融危机后，温州企业外迁、民资外流加剧。每年外迁的企业有1000家左右，外流的资金量更大。曾占据全国产量90%以上的温州金属打火机，鼎盛时有500多家企业，如今只剩下100家左右。而在这100家中，只有30余家的企业老板在专心经营，"一些企业，已经把重心转移到其他行业，比如房地产、矿产以及第三产业"。"低压电器之都"柳市镇的规模以上企业，70%以上利润不再投资本地产业，而是转移到外省市开发房地产、建高科技项目，也有不少资金在买楼、开矿等。在温州限额以上固定资产投资202.13亿元，同比增长3.5%，其中民间投资仅增长3.0%，这比浙江全省平均水平低26.2个百分点。多年来温州除了正泰、德力西、华峰氨纶等20多家企业，再没有在本土上形成有影响力的经济实体。近年温州发展速度在全省由首位推后全省末位，主要原因是投资率不足（从2009年38.7%下降到2010年31.8%），2009年，温州人均GDP仅4604美元，全省倒数第三

① 温州市经贸委监测数据显示，2011年前3个月，该市35家眼镜、打火机、锁具等出口导向型的企业销售产值同比下降7%，利润同比下降30%左右，同时，这些企业订单金额出现减少趋势，单笔订单平均金额比上年同期下降的企业占16.7%。这些企业亏损占四分之一多，仅三成的企业利润保持增长。行业平均利润为1%，利润率超过5%的企业不到10家，"比2008年还要艰难。"

位，不到杭州的一半，温州经济增速排名全省倒数，与民企外迁、民资流向转移不无关系，这极大影响了温州可持续发展和竞争力。

第二，产业升级转型的不畅引发投资盲目扩张。“淘汰产能过剩，产业升级转型”是温州民营经济发展的既定战略，温州制造业升级的最大瓶颈在于“体制”，行业垄断的后果是民间资本只能在充分竞争领域内进行，部门垄断阻碍民间投资基础设施等行业，国家垄断阻碍民间资本投资于金融、保险、通讯卫生等新型服务业。民营资本只限于传统的消费品工业和餐饮及服务业等。当前，温州眼镜、打火机、锁具等 40 多家出口导向型企业利润同比下降约 30%，亏损面超过 1/4。受到挤压的民间资本投资渠道越来越匮乏，市场准入没有解决，两个“非公 36 条”都没有落实，为了寻找出路，这些企业便盲目扩张。三旗集团，原以电缆为主业，在货币政策宽松期间，却频频投资房地产、酿酒等行业，2006 年以来，投资固定资产累计超过一亿元，但是各个投资项目产出并不大；信泰集团进军太阳能光伏以及房地产行业，光伏投资有 6 亿元，但它的成本回收较慢，过大过快的投资规模将信泰推到了资金链断裂的边缘；天石电子生产环节上的某一重要手续一直未获批，导致银行对其部分信贷资金进行压缩，公司使用了一些非正规的融资手段，造成公司资金链断裂；霸力集团，原以制鞋为主业，2009 年起南下广西开矿，先后将数千万元砸在矿上，最终资不抵债，老总外逃。疯狂的扩张，无序的转型，导致资金链断裂，企业倒闭。

一些企业的倒闭，实质原因是因为经营不善和盲目扩张，而不能完全归咎于民间融资比例过高。一些盲目扩张的行业、“三高一低”的行业、需要淘汰落后产能的行业，本身就不应获得更多资金支持。传统的金融体系无法充分吸纳和转化逐利性的民间资本，民间资本表现为一方面缺乏有效投资渠道，另一方面面临着一些看得见却进不去的“玻璃门”，或进去了又不得不在非市场因素干扰下被迫退出的“弹簧门”存在，在温州垄断性行业中的民间投资比重很低，并有逐年下降的趋势，铁路、航空、邮政业的民间投资几乎为零。可见，垄断性行业的“闸门”并未实质性打开，产业升级面临准入门槛和市场要素瓶颈，使温州经济陷入困境。

第三，市场失衡导致融资成本高企。民间信贷、地下钱庄等被认为是银根紧缩倒逼市场优化资金配置的结果，温州乱象的背后是由于过高的融资成本。投入实体的资金由于回报率低，缺乏发展吸引力，而资本市场由于其高杠杆性，可以放大投资回报率。2010 年银根收紧之后，企业对资金的巨大需求缺口拉高了民间金融的利率，市场上，长期民间借贷的平均月息为 30%—50%，个案甚至有 180% 的，2008 年温州民间借贷向公众吸储的平均月息为 8 厘，2009 年涨到 1.5 分，2010 年上涨到 3 分（年息 36%）逐年翻番。据官方数据，2011 年来，温州中小企业获取银行贷款的综合成本比 2010 年同期上升 15% 以上，1—5 月全市规模以上的工业企业利息净支出同比增长 46%。整个市场的平衡被打破。随着近年来房地产调控而“高利贷”利润走高，藏富于民的温州人的闲置资本逐渐从房地产投资转移到民间借贷上，停留在民间借贷市场上的资金规模高达 40%（440 亿元）①，这笔巨额资金在空转。

当前央行已将基准贷款利率上调 100 个基点，但小型企业面临更加陡峭的利率上升。浙江省工商联在调研中发现，目前中小企业手上并不缺订单，但就是贷不到款。有的即使贷到款，银行往往对中小企业实行基准利率上浮 30% 至 50% 的政策，加上存款回报、搭购相关理财产品、支付财务中介费用等，实际的贷款成本接近银行基准利率的两倍。从根本来看，由于利率市场化程度不高，银行没有资金定价自主权，便没有对风险程度较高的中小企业提供资金支持的动力。当信贷缩减时，银行就不会将有限的贷款额度给予中小企业，其实这就是为什么当前高利贷能够盛行的主要原因。把贷款需求更为迫切的民营企业推到承担成本的第一线，导致现在民间高利贷猖獗，这就等于在正规金融的体制内外都提高了融资成本。②

因此，市场经济准入政策存在着很大差异，民间投资在将近 39 个产业领域存在实际上的“限进”情况，导致民间投资产业进入深度不足，影响民间投资扩张。行业垄断的后果就是民间资本只能在充分竞争领域内进行，但目前这些行业大多数趋于饱和，盈利空间有限，在制造业等领域低利润使得民间投资裹足不前，严重影响了投资积极性。国企与民企争利，导致民间资本投资结构扭曲。当民间资本逐渐从股市、房市、矿产业中被挤压出来，以温州资本为代表的民间资本面临着何去何从。但从具体

① 温州老板集体跑路 民间借贷亮起红色警报. http://money.163.com/11/0930/06/7F6ABL6700252G50.html.

② 刘伟：反危机的成本不应由民营经济承担. http://www.docin.com/p-446445095.html.

“跑路”企业的负债情况来看，有些企业民间借贷占总负债的比例并不高，江南皮革 21%，唐鹰服饰 1%。民间借贷自古就有，之所以出现问题，主要就是由于长时期实际负利率及投资渠道狭窄导致更多的资金偏离正规金融体系以寻求保值与收益。浙江情况也表明民间投资受银行信贷支持影响较大。当民间投资部门不能从银行得到足够的资金支持时，只能够寻求以民间金融为主体的非正规金融市场支持，而这种疏于监管的金融体制则容易出现非法金融活动与国家调控政策的失灵。所以，应该确立民间资本法律地位并加强监管。

（3）对策与建议

首先，金融改革的根本是放开疏通，中国应努力改革当前过度集中的金融体制，以适应农村和中小企业相对分散的、小规模的金融需求，提高金融体系效率。[①] 政府应加大对民间投资部门的资金支持力度，加快中小银行、村镇银行、小额贷款公司等中小型金融机构的建立，尽快将非正规金融纳入正规金融的框架内进行严格监管，并建立多方式、多渠道、多层次的融资体系。

其次，从短期来看，推进专门为中小企业服务的融资平台，并且通过减税以及特殊的融资渠道扶持真正参与实体经济的中小企业。中金公司的研究报告认为，虽然社会融资规模总量略有减少，但由于上半年银行新增贷款减少了 4600 亿元，两相抵消，表明社会融资扣除银行贷款的剩余部分不减反增，仍然产生了庞大的可贷资金。那么，如何让这些庞大的可贷资金用于真正需要的中小企业？长期来看利率市场化改革是破解困局的根本出路。

最后，从政策层面来看，政府推出了金融支持中小企业的数项举措，包括加大信贷支持、拓宽融资渠道、提高不良贷款容忍度以及减免企业所得税等。从国家的政策可以看出，政府希望进一步拓宽民间投资领域，并积极采取措施，但真正吸引民间投资进入，还需要坚持“让利与民”的原则，在现有的市场规模下，应该让民间资本更多的进入利润丰厚的行业，而不仅仅是进入一些过剩的、不获利的行业及领域，要为民间投资提供公平竞争的法律环境，规范引导，促进经济转型与发展。

---

① 林毅夫、李永军. 中小金融机构发展与中小企业融资［J］. 经济研究，2001（1）.

第5章

民间资本制度变迁与中小企业融资

传统观点认为民间金融会随着正规金融的进入而逐渐消失，将民间金融的存在归因于发展中国家金融抑制。但由于信息、交易成本、垄断和外部性等原因，发展中国家的信贷市场上存在着大量的市场失灵，并因此导致信贷市场上资金配置的低效率。此外，各国政府也会出于纠正市场失灵或弥补财政赤字等原因对金融市场进行干预，民间借贷行为受到市场和政府的双重约束，其最终结果就是金融市场萎缩，金融机构经营效率低下，广大中小企业得不到必要的发展资金，从而民间借贷活动就有了存在和发展的空间。

虽然很多发展中国家的金融抑制是造成非正规金融广泛存在的因素，但并不是根本性的原因，否则，实行了金融自由化的国家和地区，民间金融就应该消失了，但是事实并非如此。非正规金融的信息成本优势，决定其在运行过程中能建立起一个有效的机制，不但能给贷款者提供一个强有利的激励，同时它与正规金融的互补性也决定了其发展过程中的一种连续性和有效性。在很大程度上克服了正规金融在放贷过程中的信息不对称和自身发展过程中的规模瓶颈问题。

5.1 民间资本制度作用中小企业融资的理论基础

中国中小企业融资面临着资金供求不平衡的“麦克米伦缺口”，市场的作用低下使资源无法实现帕累托最优效果。解决中国中小企业融资困境，寻求其他的资金来源以弥补发展创新带来的资金缺口，民间资本以其充足的供给量备受关注，民间借贷市场的发展应成为满足中小企业融资需求的重要途径。

5.1.1 民间资本制度变迁的内在动因

李扬等（2001）根据中国股票市场发展情况，认为非正规金融对中国的金融制度变迁具有导向作用，并提出中国金融制度变迁路径——非正规金融到正规金融的“两阶段”理论的观点。① 世界各国的经验表明，在正规金融无法提供信贷支持的领域，存在着民间金融组织发展的空间，并在正规金融缺位下，有效改善了交易各方的福利。Chandavarkar（1985）认为，正规金融是一种倾向于制度化与组织化的体系，而非正规金融本身就是一种非制度化和非组织化的体系，适应于农村的、传统的、固有的经济模式。Kropp 指出，正规金融和民间金融是同一个国家同时并存的两个相互分割的金融市场。民间金融是在限制之外进行的金融活动，两种市场利率不同、客户不同、借款条件也不同，更为重要的是，借贷资金很少能够实现跨市场的流动。民间金融市场表现为十分分散，服务对象处于较低阶层的人群，对于这些服务对象来说，根本不可能从正规金融机构中获得资金。正规金融的优势可以通过广泛的金融机构来配置资源，而民间借贷具有灵活性优势。因此对中小企业来说，更加容易获得，在组织结构上也更加灵活，可以适应各个地区不同的特点，这些特点都是正规金融所不具有的。

---

① 李扬等. 中小企业融资与银行［M］. 上海财经大学出版社，2001 年.

研究成果也表明非正规金融和正规金融并不处于完全分割的状态，它们之间也存在着一些互补的成分。在贷款业务上，非正规金融的客户群和正规金融的客户群有分割现象的存在，但存款业务上，中国的非正规金融和正规金融有交叉互补的存在，并构成一定的竞争关系，这就给非正规金融的发展带来了一定的压力，同时也对正规金融构成了竞争。

依据帕特里克的需求追随战略，经济主体随着经济的增长产生对金融服务的需求，金融体系作为对这种需求的呼应而不断发展，民间借贷的存在意味着正式金融已经无法满足中小企业现实与潜在的金融需求，因而社会经济对于民间资本的需求也促使着其制度的变迁和发展。Kellie Tsai（2001）在考察温州民间金融的兴盛的原因时，认为民间金融在中国各地区发展的差异性归结为地方政府对待民营经济在政策上的差异性，说明民间借贷是内生于民营经济的金融形式。郭斌、刘璐曼（2002）同样对温州中小企业进行调研，结果也表明内源融资时中小企业普遍采用的融资方式，而且随着规模上升才逐渐产生银行信贷和民间借贷现象。① 如前面分析所述，由于中小企业面临着较多的融资条件约束，当其有融资需求，面临资金缺口时，很多的中小企业迫不得已选择利率较高的民间融资。他们的研究表明：民间借贷高达60%的是小企业，民间借贷的主要用途是季节性或临时性需求或有资金积累后的项目扩张，但这只是改革开放初期。截至2010年末，“十一五”期间浙江省融资总量8807.53亿元，融资规模大，融资需求旺盛。特别是温州地区，2010年借贷规模为800亿元，2011年猛增到1100亿元，资金借贷已经成为经济发展各个阶段对资金需求的必然选择，而非临时资金调剂。如果说以前中小企业进行民间借贷还是一种事后缺口，表现为一般融资的补缺，那当前的民间借贷已经成为中小企业事前缺口与必然选择，民间借贷又成为中小企业融资制度诱致性制度变迁中的民间融资选择。

民间资本制度所存在的基础在于中国金融的脆弱性，金融约束以及中小企业的发展，而民间资本在化解金融体系风险、创新金融机构与产品、提升金融体系效率、形成资本和促进经济增长上有其特殊的作用，但基于

① 郭斌、刘曼路.民间金融与中小企业发展：对温州的实证分析［J］.经济研究，2002（10）.

民间资本自身所具有的内在缺陷，随着市场经济的发展，民间资本制度只有改革发展才能适应经济发展的需要，这既是民间资本的问题所在，也是促使其改革的内在动因。

5.1.2　关系型贷款与稳定的契约关系

基于地缘、业缘、血缘关系的民间借贷通过与借款人长期、多次接触而建立起信任合作关系、具有信息优势的民间借贷主要以关系型借贷为主，克服了中小企业贷款时硬信息的约束。关系型贷款[①]的概念是由美国学者柏林和麦斯特提出，他们把商业银行的借贷方式划分为“交易型贷款”、“关系型贷款”两类，其中交易型贷款主要是依据企业“硬信息”，如财务报表及标准抵押品价值等来进行贷款决策，关系型贷款与交易型贷款不同，其主要决策依据则为“软信息”。这些软信息在很大程度上取代了财务报表数据等的硬信息。中小企业财务制度不健全，财务报表所反映的信息不真实，即使真实，因其处于传统竞争性行业，利润率较低，也不能够满足正规金融的限制要求，而且因规模较小无法提供正规金融需要抵押品，在硬信息上处于不利地位。

民间借贷的各种形式都有着自己特定的信息获取方式与合约实施机制，并且都具有一个共同特征：贷方依靠资金供求双方的人缘、地缘和亲缘等社会关系获取关于借方的信息，从而使得民间借贷能够克服中小企业“硬信息”不足的弊端，依靠“软信息”有效配置资金。民间资本因其地缘、业缘、血缘等关系可以方便地收集企业及其业主的软信息，从而弥补企业在硬信息上的不足，对企业进行直接或者间接的投资。罗丹阳、殷兴山（2006）提出民间借贷间建立起相互信任和合作关系，在抑制契约双方道德风险方面具有高效率，而且违规者还会因社区排斥付出代价，合约履行率就越高，借款者更加重视偿还所借民间贷款，以此保持长期稳定的借贷关系。

---

① 关系型贷款概念是由美国学者柏林和麦斯特提出，他们把商业银行的借贷方式划分为“交易型贷款”、“关系型贷款”两类，交易型贷款主要是依据企业“硬信息”来进行贷款决策，关系型贷款主要决策依据则为“软信息”。

5.2 民间资本作用中小企业融资的内在机理

由于信息不对称，进而有可能产生逆向选择和道德风险的情况下，中小企业选择何种融资方式，以及按照这种融资方式能否取得资金，都取决于能否成功解决信息不对称问题，从而降低道德风险和逆向选择发生的概率。

一般研究表明，民间借贷在满足中小企业融资方面具有信息优势、交易成本优势，为中小企业发展提供了资金来源。民间借贷对经济增长的作用机制主要体现在拓宽了中小企业的融资渠道上。大量的理论与实证研究表明，与正规金融相比民间金融具有一定的信息优势、担保优势、交易成本优势等，这也构成民间借贷顽强的生命力，也正是这些优势使民间借贷实现了较高的效率。民间借贷中独特的运行机制使得民间借贷具有特殊的地位，虽然存在着风险所导致的利率偏高等缺陷，但由于民间融资主体在有限交易范围内，通过非正式契约的自我实施能够有效地发挥降低交易成本，替代了本来由正规金融提供的融资。这也因此可以说明民间金融发展并不能简单地随着金融结构的变迁演变为正规金融，也不会因政策性的限制而消亡。

5.2.1 基于合会的民间借贷内在运行机制分析

制度通过一系列规则界定人们的选择空间，约束人们之间的相互关系，从而减少环境中的不确定性，并形成对经济活动的稳定性预期，减少交易费用。新制度经济学认为，制度变迁不论在表现形式上如何不同，在实质上都可以归结为不同利益主体对变迁行为可能带来的“成本—收益”的一种权衡。一般来讲，交易费用的降低构成了制度变迁的原动力。因此，通过交易费用的理论分析，明确可以通过好的制度安排，实现资源的优化配置。以下我们通过合会案例进行分析。作为传统民间资金融通方式的合会[①]，由于充分利用血缘、地缘及其他社会联系一定的软信息提供融资，在内在机制约束下，民间借贷往往违约率很低。由于其在信息、利率、担保、交易成本、合约的有效治理等方面具有独特的优势，为中小企业融资提供了一种可能的选择及更为广泛的机会。1999 年 4 月中国台湾地区通过“立法”确立了合会在“民法”框架内依法发展，在依法保护合会投资者利益基础上，力求解决中小企业融资难，成为一种低风险的民间金融服务工具。2014 年 3 月 1 日《温州市民间融资管理条例》实施，宣告了民间借贷的合法化，规定民间借贷包括合会、企业内部集资、农村资金互助会资金互助等，并对合会进行界定，对于长期处于灰色地带的民间借贷，给予合法性规范。

合会是一种典型民间借贷组织形式，与“钱庄、民间票据市场等”相比组织化程度不高，规模小并带有一定互助性质（柯荣柱在浙江省台州市问卷调查结果[②]也证实了这一观点）。一般出于某种目的，如做生意、购买生产材料等，由一个自然人为发起人（会首），邀请有限数量的人员一般为亲友（会脚）参加，每人每期出一定数量会钱，集中交其中一个会员使用，并由其分期支付相应利息。至于谁能够在哪一期收到会钱，通过抽签或者对利息进行投标来确定。在所有成员以轮转方式各获得一次集中在一起会钱后，合会即告终结。在一定“熟人圈”内，合会的合约以“一对多”的方式一次向多人筹资，会员除了获得利息好处外，参与者还可以根据各自需求获得融资的，使成员福利状况有效改善。对那些广泛存在于中小企业、微型企业、家庭作坊和个体工商户，“贷小”“贷散”的资金需求来说，合会这样的融资平台更具有匹配性。

我们选取一典型的基于血缘关系和地缘关系的标会来分析，参会会员加会首共计 11 人，都是亲戚及好友或乡亲，通过内部报酬率的计算，可以分析合会制度优势。此标会的规矩是：一月一期，共 10 期，第一期由

---

① 合会，是指会首邀集二人以上为会员，以互助为目的，互约交付会款及标取合会金的活动。《温州市民间融资管理条例》。《辞海》中对合会的解释是：“合会，旧中国民间盛行的一种信用互助方式……由发起人（称‘会头’）邀请亲友若干人（称‘会脚’）参加，约定每月、每季或每年举会一次。每次各缴一定数量的会款，轮流交一人使用，借以互助。会头先收第一次会款，以后依不同方式，决定会脚收款次序。”

② 柯荣柱在浙江台州的问卷调查也发现台州市合会“参与者年收入基本分布在 20000 元以下（64.7%），超过 30000 元不到 18%”。这也说明了合会参与者普遍是低收入者，自身条件使得他们无法在正规金融取得贷款，民间借贷就成了他们取得资金的主要渠道。

会首得会，其余期由大家下标，写标最低者得会，之前得会的人皆出1800元，未得会者则出标金（见表5－1）。

表5－1　　　　合会收支状况表　　　　单位：元

金额 序号	每次付出会金数额													
	1	2	3	4	5	6	7	8	9	10	11	得会 金额	付会 金额	总收入
会首	1800 收会	1800	1800	1800	1800	1800	1800	1800	1800	1800	1800	18000	18000	0
会员1	1800	1500 收会	1800	1800	1800	1800	1800	1800	1800	1800	1800	15300	18000	－2700
会员2	1800	1500	1300 收会	1800	1800	1800	1800	1800	1800	1800	1800	14000	17700	－3700
会员3	1800	1500	1300	1000 收会	1800	1800	1800	1800	1800	1800	1800	12400	17200	－4800
会员4	1800	1500	1300	1000	900 收会	1800	1800	1800	1800	1800	1800	12600	16400	－3800
会员5	1800	1500	1300	1000	900	800 收会	1800	1800	1800	1800	1800	13000	15500	－2500
会员6	1800	1500	1300	1000	900	800	700 收会	1800	1800	1800	1800	13600	14500	－900
会员7	1800	1500	1300	1000	900	800	700	600 收会	1800	1800	1800	14400	13400	＋1000
会员8	1800	1500	1300	1000	900	800	700	600	500 收会	1800	1800	15400	12200	＋3200
会员9	1800	1500	1300	1000	900	800	700	600	500	400 收会	1800	16600	10900	＋5700
会员10	1800	1500	1300	1000	900	800	700	600	500	400	300 收会	18000	9500	＋8500

显然，从会员1到会员6收支都出现负数，而会员7到会员10则为正数；同时，会首作为首先得会人并没有付出一定金额作为代价。这种表面上的不平衡，并没有触及数字背后的经济意义。从表面上看，是不是说收大于支的会员肯定赚钱，而收小于支的会员就一定赔钱呢，是不是说会

首免费利用了一期融资了呢？事实并非如此，我们将从各会员的内部报酬率计算中入手论证合会的有效性。

首先，会首表面上没有对资金的使用付出显性成本，但是在实际操作中，他要进行组织管理、感情疏通以及人情等的活动，如果其中一位会员逃会，会首也要负担一定责任，即存在一定隐性成本，认为担任会首需要得到报酬才合算，报酬就体现在对资金的免息使用权。

其次，我们从会员 1 开始计算其内部报酬率，其中每期的现金支付不等，通过“逐步测试法”计算，由于计算过程繁杂，直接显示近似估值。

会员 1：以 R_1 为内部报酬率，共 10 期，每次本金为 1800 元，10 次得会金额为 15300 元，等式为 $15300/(1+R_1)=1800+1800/(1+R_1)^2+1800/(1+R_1)^3+\cdots+1800/(1+R_1)^{10}$

得 $15300/(1+R_1)=1800\{R_1(1+R_1)^{10}+[(1+R_1)^9-1]/R_1(1+R_1)^{10}\}$ $R_1\approx12.3\%$

则会员 1 的内部报酬率约为 12.3%。

会员 2：仍以 R_2 为内部报酬率，得会额 14000 元，等式为

$$14000/(1+R_2)=1800+1500/(1+R_2)^2+1800/(1+R_2)^3+1800/(1+R_2)^4+\cdots+1800/(1+R_2)^{10}$$

得 $R_2\approx10.8\%$，则会员 2 的内部报酬率约为 10.8%。

以此类推会员 3 会额 12400 元、$R_3\approx10.1\%$，会员 4 会额 12600 元、$R_4\approx9.7\%$，会员 5 会额 13000 元、$R_5\approx9.3\%$，会员 6 会额 13600 元、$R_6\approx8.6\%$，会员 7 会额 14400 元、$R_7\approx8.4\%$，会员 8 会额 15400 元、$R_8\approx7.6\%$，会员 9 会额 16600 元、$R_9\approx7.2\%$，会员 10 会额 18000 元、$R_{10}\approx6.8\%$。根据计算，从账面收支情况来看，除会首外，其他会员从 1—6 都是亏损的，会员 7—10 都赚钱，但从内部报酬率看，则除会主外，情况恰恰相反，得会最晚者收益率最低。在无人违约情况下，所有会员都可以从合会中得到好处。通过以上的分析，我们认为：

第一，合会拥有借贷和储蓄两种功能，先得会者类似先贷款，是资金的需求者，后得会者类似存款，是资金的供给者，这里作为完全竞争市场，参与者根据自身的资金需求状况和投标策略提出各自资金的借款利率，参与各方通过竞争达到了一个均衡，无论是先得会者还是后得会者，都相当于获得了更高的存款利率和更低的贷款利率。这个近乎为内生性的

市场利率是视资金稀缺程度以及资金价格的真实反映，近似完全市场化的资金价格。因此合会这类民间借贷与正规金融市场利率不同，具有利率发现的作用，而且合会借贷中资金供给者获得的收益率明显高于储蓄收益率，而资金需求者利率相对与一般民间借贷市场的利率并不一定高，对于资金的获得渴望远远大于对利率的敏感，得会者可以较低融资成本获取大额资金，借贷利率是不能够高于其预期利润率的。会员除了获得利息的好处外，也获得了一个融资机会，入会获得资金对中小微企业而言是一种帕累托改善。

第二，合会这种融资还带有风险投资或风险贷款性质，“会”不仅是一种信用关系，会首及会脚还拥有了对资金用途进行评议和表决权，提出拒付或改进建议。同时民间借贷单笔规模不会很大的原因是在每个会中，经济实力最小的人往往都构成“会”的规模制约边界以及分散放贷规避风险的作用。[①] 历史上曾发生多次倒会事件，表明合会风险的存在，但合会为什么能够长期存在，我们认为之所以会脚更愿意参加合会甚至放弃比市场更高利息的机会，除“互济互利”关系外，表面上看合会是集中闲散资金一种合约，实际上支撑合约的内在基础在于其运转方式中暗含的汇聚分散信息的机制[②]，把原来由个人间借贷形成的多个“一对一”的关系变成了一个借贷关系网，这种信息汇聚机制减少了投资者和筹资者之间的信息不对称，降低了交易费用，并有助于资金借入者扩大融资额度和范围，融资风险低于两人之间的借贷，这是个人之间借贷不能够具备的机制。

5.2.2 基于合会的有效合约治理机制分析

信贷市场上的风险主要来源于信息不对称，信息不对称所导致的问题是金融市场不完备的主要原因，合会的信息成本优势，决定其在实行过程中能建立起一个有效的运行机制，并为参与者提供激励。胡必亮[③]调查了温州一个村庄的标会情况，提出“村庄信任”的概念。始于信任为基础的民间借贷，是建立在地缘、血缘、亲缘、社区为主的社会关系基础上的

① 夏小军. 温州民间“会”的功过［J］. 金融与保险，2002（7）.

② 张翔. 合会的信息汇聚机制——来自温州和台州等地区的初步证据［J］. 社会学研究，2006（4）.

③ 胡必亮. 村庄信任与标会［J］. 经济研究，2004（10）.

组织机构，在合会内部虽然资金提供者和贷款者具有不同的目标和利益，但参与方的家庭情况、个人秉性、经济条件、还款能力以及入会筹资目的等都是在相互确认下入会的，是一个资金供求双方熟悉的组织体系，同意入会等于说确认了风险，并表明风险可控，在借贷关系形成中自然就存在着一定的筛选机制以及监督机制，能够使双方利益达到共赢。

(1) 博弈模型分析

假设每个会员从合会中得到的收益相同，都为 R。如果某会员违约，则可以得到一个较高的收益 M ($M>R$)。在单次博弈的情况下，由于违约的收益更高，因此对所有会员而言，占优策略都是“违约”。在完全信息下，所有人都会预期到其他人会违约，因此合会不可能达成。由于合会表现为一种多次重复博弈，有些几乎甚至是无限期重复博弈，声誉机制将改变博弈的结果。在多次重复博弈中，假如某会员违约就会丧失声誉，其他会员乃至合会外的其他人今后都不会再与违约者合作，这对违约者已是一种巨大的损失，记为 C。对任一会员，如果“违约”，只能得到当期收益 $M-C$；如果“不违约”，就会赢得良好的声誉，以后其他人都会与之合作，其预期收益为 $R+R\delta+R\delta^2+\cdots+R\delta^{n-1}+\cdots=\frac{R}{1-\delta}$，其中 $\delta(0<\delta<1)$ 为贴现因子。如果 $\frac{R}{1-\delta}>M-C$，任一会员都会选择“不违约”，无限期重复博弈的唯一均衡解是“合作”。声誉机制使得所有会员之间产生信任，为合会提供了内在的借贷保护机制，双方都能遵循运行规则，那么双方就可以在一定的规则下获得一定收益，在无人违约的情况下，所有会员都可以从合会中得到好处，而任何一方的违约也会给自身带来惩罚。因此由于信任机制、信誉机制和社会排斥等非正式惩罚机制存在，借贷风险的可控性借以强化，实现合约有效治理。以下我们通过博弈模型具体分析：

1) 假设。n 个人组成合会，共 n 期。每人每期出标金 x 元，得会者获得所有标金，每人只能中标一次。若有成员违约退出，剩下的成员继续合会。不考虑利息，即不考虑货币时间价值。合会成员为博弈人，有三种策略，a_1：一直守约；a_2：先守约，在中标后违约；a_3 先守约，在中标前违约。由于中标时可以获得收益——所有标金，出标金可以理解为支付成本，所以 a_2 收敛于先守约，中标后立即违约；a_3 收敛于开始后立即违约，也就是不参加合会。

2）不考虑声誉时的博弈。不考虑声誉时，博弈人的效用 u 由收益 r、风险 σ 两部分组成。对任意博弈人 i 而言：由 $r_1 < r_2$ 与 $\sigma_1 = \sigma_2$ 可知 $u_1 < u_2$，由 $r_3 < r_4$ 和 $\sigma_3 = \sigma_4$ 可知 $u_3 < u_4$（若另外有多人选择 a_2，类似分析可得同样结果），所以 a_2 相对于 a_1 是占优策略，i 倾向选择策略 a_2，结果出现全部人采用 a_2。由 $r_5 = r_6$ 和 $\sigma_5 > 0 = \sigma_6$ 可知 $u_5 < u_6$，所以 i 预见到全部人将采用 a_2 的状态，从而选择 a_3。均衡点为全部人选择 a_3，合会无法成立。考虑全部人都采用 a_1 的状态，此时博弈者收益与风险都为0，但可以实现融资需求，优于全部人采用 a_3 的状态，因此博弈陷入囚徒困境。

3）考虑声誉时的博弈。博弈人在 t 时刻的声誉为 $\theta_t = \theta_t(\theta_{t-1}, a)$，当 $a = a_1$ 时，$\theta_t > \theta_{t-1}$；当 $a = a_2$ 时，$\theta_t < \theta_{t-1}$；当 $a = a_3$ 时，$\theta_t = \theta_{t-1}$。博弈人效用为：$u' = u + f(\theta_t)$，其中 $f(\theta_t)$ 为声誉报酬函数，满足 $df/d\theta_t > 0$，u 为不考虑声誉博弈时效用。若声誉报酬函数 $f(\theta_t)$ 能够使得：$u'_1 = u_1 + f(\theta, a_1) > u'_2 = u_2 + f(\theta, a_2)$ 与 $u'_3 = u_3 + f(\theta, a_1) > u'_4 = u_4 + f(\theta, a_2)$ 都成立，则可以实现均衡点是全部人选择 a_1，大家组成合会并会一直守约。

表 5-2　博弈人 i 在各种状态下的收益与风险表

状态 j	期望收益 r_j	风险 σ_j
全部人采用 a_1	0	0
其他人都采用 a_1，i 采用 a_2	$\frac{(n-1)x}{2}$	0
已有一个人采用 a_2，其他人都采用 a_1，i 采用 a_1	$-x/2$	σ_3
已有一个人采用 a_2，其他人都采用 a_1，i 采用 a_2	$\frac{(n-2)x}{2}$	σ_4
全部人采用 a_2	0	σ_5
i 采用 a_3	0	0

（2）基于借贷合约的有效治理机制分析

1）建立在乡土信用还款特征基础上的信任机制。民间借贷由于建立在乡土信用基础上，其还款特征是非信用契约方式，表现为一种关系结构，而信用随着关系结构的层级而减弱甚至丧失。在中国广大地区尤其是农村，纯粹的信用关系还未被建立，而社会关系就成为人们在经济交换中可以利用的重要资源，其信息获取也依赖于与借款人之间的地缘及人缘关系。[①] 这种乡土信用基础上的相互信任社会关系，实际上就起到一种抵押品作用。关系贷款理论认为，借贷双方的长期关系在某种程度上是可以替代担保品的。这种客观上起到的抵押品和合约的作用，不但能给参与者提供一个强有力的约束机制，由于关联性交易的存在，也就形成了另一种形式的担保，这样的担保有助于减少不确定行为带来的风险，长期过程中乡土信用起到了约束借贷双方的重要作用，正是依靠这种非正式的民间约束机制，能够克服政府和市场都难以解决的问题。

2）建立在熟人社会基础上的声誉机制。声誉是一种保证契约得以顺利实施的重要机制，通过借贷双方不完全信息动态博弈发挥声誉评价及惩罚的作用机制，在长期重复博弈的过程中，依靠长期利益来约束借款人短期机会主义行为，并给予失信者以相应的惩罚，从而保证信贷契约有效履行。在民间借贷中拥有良好声誉的个体，能以较低的利率获得较大数量的贷款。[②] 在一个熟人社会，借款人为了获得长期收益按时履约，就可能会赢得更良好的社会关系，会更加有利于以后的借贷行为，假如违约，就会丧失声誉，并随着声誉信息扩散较大范围时，面临潜在合作者的丧失，因此就构成对当事人行为的约束，放弃这种短视行为。声誉信息的获取和交流是声誉机制实施的前提条件，如上分析的合会表现为一种多次重复博弈，有些几乎甚至是无限次重复博弈的过程，无限次重复博弈可以减少由于信息不对称带来的道德风险，KMRW 声誉模型[③]证明了在一定程度信息不对称下，合作均衡也会在有限次重复博弈中出现。声誉机制因此成为一种内在的借贷保护机制，也成为一种隐形激励，对借贷双方行为发挥着重要约束作用。

3）建立在社会排斥基础上的非正式惩罚机制。如以上分析，在声誉机制下会给予失信者以相应的惩罚，并面临惩罚的扩大效应，就会导致社

---

① 林毅夫、孙希芳. 信息、非正规金融与中小企业融资［J］. 经济研究，2005（7）.

② Nagarajan, G, & Lmeyer, R. Collateral Substitutes: Efficient Loan Access and Size in Philippine Informal Credit Markets [J]. Asia - Pacific Development Journal, 1998 (5), 133 - 45.

③ Kreps, D., P. Milgrom, J. Roberts and R. Wilson, Rational Cooperation in the Finitely Repeated Prisoners Dilemma [J]. Journal of Economic Theory, 1982 (27): 245 - 252.

会排斥，社会排斥是一个“关系”的概念，意味着个人和群体在社会地位上被排斥出其他个人、群体乃至于整个社会，排斥出社会关系则意味着其他剥夺，这样的违约成本是许多依附于本土小微企业所承担不起的，即当现实及潜在的违约成本都很高，力量单薄且资金困难的小微经济轻易不敢违约。Aryeetey[①]指出，非正规金融的履约率通常高于正规金融，最重要的机制是“群体惩罚”，导致其失去将来长期收益。当履约会带来未来收益的连续增加，并且大于违约带来的短期收益，那么他就会选择履约。因此在一个信息透明的环境下，契约关系具有了自我执行的内在约束机制，强化参与者的行为规范保证了风险可控性。

基于信任机制、信誉机制、社会排斥等非正式惩罚机制的存在，资金供给者与需求者之间的信息对称性非常高，信息优势和成本优势就得以体现，这也吻合了banerjee等[②]提出的“长期互动”假说与“共同监督”假说。在正式法律无法介入或介入成本非常高的情况下，能够化解合约内生风险，实现了经济学意义上预算硬约束下行为优化，并实现了资源配置的高效率。但这样合会的风险依然存在，这可以通过加强政府监管，控制合会规模和风险。若只考虑到信誉等影响还不能实现守约均衡，我们可以加入政府监管时的博弈，如增加政府监管 $g = g(a)$ 函数，满足 $g(a_1) = g(a_3) = 0$ 和 $g(a_2) < 0$，即对违约者进行惩罚，博弈人效用为：$u'' = u' + g(a)$。若政府监管函数 $g(a)$ 能够使得：$u''_1 = u'_1 + g(a_1) > u''_2 = u'_2 + g(a_2)$ 与 $u''_3 = u'_3 + g(a_1) > u''_4 = u'_4 + g(a_2)$ 都成立，则可以实现均衡点为全部人选择 a_1，大家组成合会并会一直守约。

5.2.3 基于合会的民间借贷优势分析

基于金融资源配置有效性，传统意义上的合会等民间借贷对中小企业有其存在的合理性。事实上对民间借贷取缔管制政策已经被世界各个国家和地区经验证明为基本失败。民间借贷在发展中国家、甚至在发达国家内广泛存在，表明了其不受体制因素制约，也与经济发展阶段没有直接联系。内在的运行机制使得合会这样的传统民间借贷在我国的金融体系下具

① E. Aryeetey. Informal Finance for Private Sector Development in Sub - Saharan Africa [J]. Journal of Microfinance, 2005 (7): 1 -26.

② Banerjee, AV, Beasley, TW. The neighbors skeeper: The Design of a Credit cooperative with Theory and Test [J]. Quarterly of Economics, 1994 (109): 225 -242.

有特殊的地位，它并不会简单的随着金融体系的变迁进而一定演变为正规金融，同时也不会消亡。因此其优势可以总结概括为：

（1）交易成本和方式优势

企业通过正规金融获得融资的程序复杂、条件高、时间长，虽有法律保障，却产生了更高的交易成本和机会成本。在交易成本方面，理论上民间融资由民间自发形成，缺乏法律制度保障，风险大。然而，基于博弈论中重复博弈的分析，在合会中，博弈的次数多于一次，因此是重复博弈。民间资本的投资主体与中小企业的经营者多为同地域的人，习俗相近，有地缘、人缘优势，由于地缘性带来的信息优势，民间资本投资人便于了解企业的发展和经营状况，从而降低了信息收集的成本；而往往民间资本借贷的手续相对简单，缔约成本低；而后期的监督和管理成本少，所以民间借贷的交易成本优势大。交易方式十分的灵活自由，多为直接私人借贷，手续简单，放款数额和期限因借款人而定。而这些优势正符合了中小企业融资成本的考虑和借贷时效性强、时间急、数额少、频率高的特点。

民间借贷活动中的运行机制可以有力地解释现实中民间借贷活动的高发生率与低违约率并存现象，它表明，规范化程度低并不等于风险控制机制薄弱，民间借贷自产生到发展的过程也同时伴随着各种风险控制制度的不断建立、创新、发展和完善。金融机构的资讯成本越低，最低抵押要求越低，它就能够为中小企业提供服务。正规金融运作所必需的微观资讯使得它们无法有效地覆盖市场，中小企业信贷的需求不能够充分地由正规金融来完成。

（2）信用担保优势

民间资本借贷的门槛低，一般不需要抵押，凭借的是企业经营者的个人信誉，可以使固定资产少、抵押担保不足的中小企业得到贷款。而中小企业也因血缘、地缘、业缘的关系为民间资本投资主体所熟悉，不敢轻易违约，以免在企业所在地留下信用缺失的记录，为后期的企业筹资带来长期性、无形性的惩罚。建立在地缘、血缘、亲缘为主的社会关系基础上的借贷关系，自然就存在着一定的筛选制度以及监督制度，由于供给者与需求者之间的信息对称性非常高，信息优势和成本优势就越大，民间借贷决定其在合约的执行过程中能够建立起一个有效的运行机制，不但能给参与者提供一个强有力约束机制，而且还可以借助客户拥有的某种“社会资产”，在这不仅仅是经济资产，可以用来控制信贷风险。民间借贷活动几乎成为无限次重复博弈的过程，一旦违约就面临惩罚的扩大效应，在这种情况下，借款者处于对以后再次得到贷款的担心，就会选择履约，否则潜在的违约成本太高，还有可能导致社会排斥，代价太大，在正式法律无法介入或介入成本非常高的情况下，就化解了合约内生风险，节约了交易成本。由于是重复博弈，借款人与放款人之间建立了长期信任可靠的关系，从而抑制了违约风险的发生。始于信任为基础的民间借贷，在现实经济关系中这与班尼杰等“长期互动”假说、“共同监督”假说也是吻合的。民间融资活动不单是一种调剂资金余缺的救济制度，而且还是一种社会保障作用的社会制度。因此作为一种非正式制度安排，非正规金融制度是有效率的。

（3）利率价格浮动优势

民间资本的利率随当地资金供求的影响，在市场的主导作用下形成供求均衡的利率，再加之政府对利率上限的控制和借贷机构根据行业、盈利、风险状况做必要的浮动，形成民间资本利率；而中小企业可以根据利率的浮动的高低来自由地选择贷款的数额和贷款的期限，以适应自己的融资需求和缓解融资成本的约束，两者各自调整，达到了良性互动。

5.3 民间资本作用于中小企业的有效性

民间借贷的信息成本优势，决定了其内在的约束机制及有效的运行机制不但对贷款者提供强有利的激励与约束，同时其与正规金融的互补性也决定了其发展过程中的一种连续性和有效性，因此其在很大程度上克服了正规金融在放贷过程中信息不对称和交易成本导致的规模瓶颈问题，因此民间资本是满足中小企业融资需求的重要途径。

5.3.1 民间资本实际构成中小企业资金来源

我国的中小企业多为民营企业，缺乏正规金融机构贷款资金的支持，几乎 80% 的资金都是通过自筹和自有资金构成，而市场上民间资本数额却十分庞大，2011 年我国固定资产投资达到了 30 万亿元之多，民间投资占比 58.2%，比 2010 年同比增长了 34.3%[①]，表明民间投资额不断上升，依靠地缘、人缘筹集资本的中小企业成为了民间资本很好的投资方向。民间资本投放中小企业，成就了中小企业发展，使中小企业技术创新率达 65%，品牌专利达 75%。[②] 中国人民银行网站数据显示，2009 年我国金融机构人民币存款余额为 59.8 万亿元，2010 年 71.8 万亿元，2011 年 80.9 万亿元，分别较前一年增加 13.2 万亿元、12 万亿元和 9.1 万亿元。截至 2011 年底，中国仅城乡居民人民币储蓄存款一项就达 34.36 万亿元。[③] 因从 2011 年起，城乡居民人民币储蓄存款不再划分活期、定期存款，所以假设活期存款和定期存款的比例为 1∶1，活期和定期储蓄存款能用于投资增值的分别为 20% 和 80%，那么居民储蓄存款一项中的民间资本可达 17.18 万亿元。以居民储蓄存款占所有民间资本的比重为 60% 估计，全国民间资本总量可达 28.6 万亿元，是当年人民币新增贷款的 3.82 倍，占 GDP 的 60.6%。[④] 因此随着中国城乡居民收入水平不断提高，历年的积累使得民间资本规模不断扩大，规模如此庞大的民间资本足以为中小企业提供大量的资金来源。如图 5－1 所示。

但人民币存款增加额从 2009 年至 2011 年不断下降的情况表明，民间资本向外流动，似乎有更好的投资方向选择。[⑤] 从表 5－3、图 5－2 可以看出储蓄存款从以银行为主体的正规金融机构流失，这是否是资本的趋利性使其进行新的选择需要进一步的观察与判断。

---

① 民营经济：现代化建设事业的重要力量. http://www.ce.cn/xwzx/gnsz/gdxw/201211/02/t20121102_23810408.shtml.

② 我国中小型企业知识产权状况分析. http://www.docin.com/p－218739179.html.

③ 中国人民银行网站. 金融机构人民币信贷收支表.

④ 2013 年中国金融统计数据报告.

⑤ 国家统计局. 2011 年国民经济和社会发展统计公报.

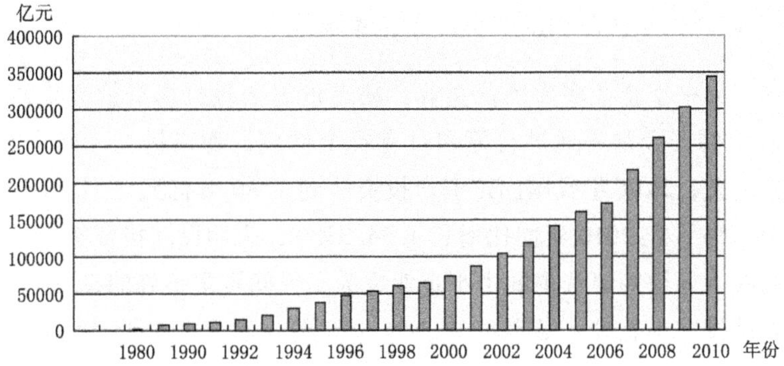

图 5-1 1978—2011 年城乡居民人民币储蓄存款

资料来源：中国统计年鉴（1979—2010）.

表 5-3 金融机构存款余额统计表

年份	2009	2010	2011
人民币存款余额（万亿元）	59.8	71.8	80.9
存款增加额（万亿元）	13.2	12	9.1

资料来源：国家统计局.2011 年国民经济和社会发展统计公报.

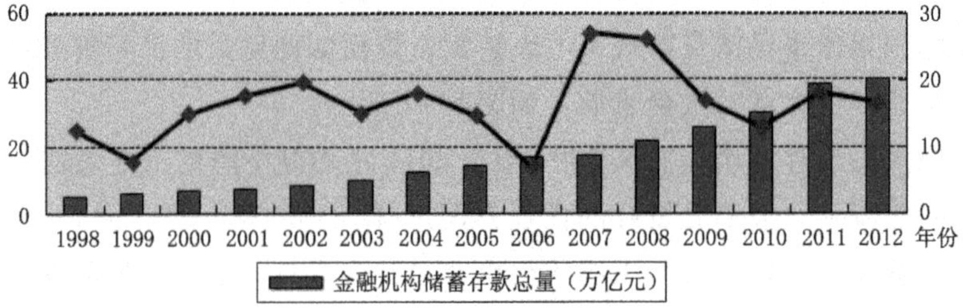

图 5-2 金融机构存款总量

资料来源：中国金融统计年鉴（1999—2013）.

5.3.2 民间资本特性匹配中小企业融资需求

中小企业得不到正规金融机构的信贷支持，自然会寻求充裕的民间资本，这为民间资本提供了出路。民间借贷与中小企业融资匹配性很明显。一方面，正规金融因中小企业“短、小、频、急”的融资特点出于风险和成本的考虑往往惜贷，而民间借贷形式多样、期限灵活、简单方便的特点能满足中小企业特有的融资需求特点；另一方面，中国充裕的民间资本苦于寻找投资渠道，民间借贷手续简便、快捷，无需专业的投资专业技能，资本增值速度快、利率高，民间借贷特点正好满足了民间资本的特性，这为民间借贷市场发展提供了资金来源。基于地缘、业缘、血缘关系的民间借贷通过与借款人长期、多次接触而建立起信任合作关系、具有信息优势的民间借贷主要以关系型借贷为主，克服了中小企业贷款时硬信息约束。

5.3.3　民间资本作用于中小企业的现实表现

中国的中小企业多为私营企业，图 5－3 是私营企业融资比重与贡献比重图，显示私营企业所创造的工业产值占工业总产值的比重从 2000 年的 6% 到 2010 年的 31%，一直呈现上升趋势，且私营企业在国民经济中贡献越来越大；同时私营企业吸收的就业人数在所有就业人员中的比重从 2000 年的 3% 到 2010 年的 12%，缓解了中国的就业压力；私营企业对社会投资的贡献率一直在 10% 以上。但是私营企业的贡献与社会正规金融给予的融资数额是不相匹配的，中国正规金融对私营企业的贷款从 2000 年的 1% 到 2010 年的 3%，一直远远低于其在工业产值、投资和就业上的贡献率，融资水平一直处在低水平。

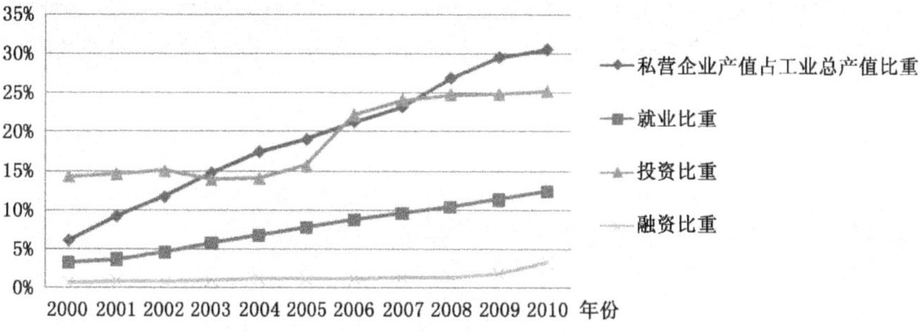

图 5－3　私营企业融资比重与贡献比重差异图

资料来源：中国统计年鉴（2001—2011）.

在正规金融资金供给不足的前提下，社会民间融资给了中小企业很大的金融支持，民间资本流转进入中小企业带动了中小企业数量的扩张和工业产值的上涨。如图 5－4 所示，从 2006 年以来，社会融资规模不断扩大，其中民间融资也是逐年上涨，其增长趋势与中小企业数量的增长趋势以及中小企业工业产值的增加趋势是同步的。民间资本以其自身广泛活动性和渗透性弥补了正规金融资金供给不足的缺陷，缓解了中小企业的融资压力，促进了中小企业的发展，同时开辟了民间资金进入实体经济助力中小企业发展的途径，提高了民间资金的使用效率，促进中小企业不断成长与创新。

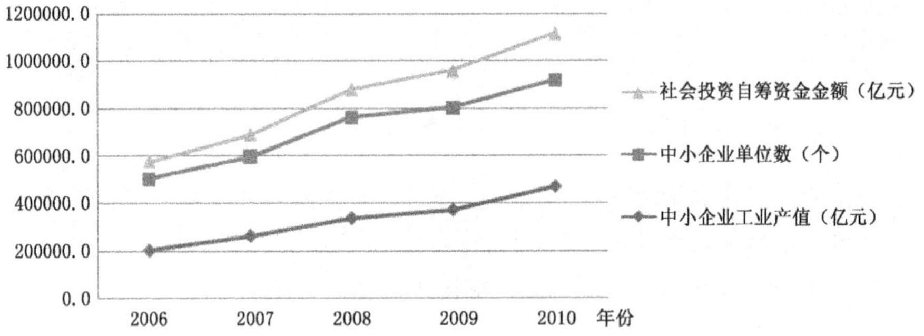

图 5－4　社会民间融资与中小企业数量、工业产值的关系图

资料来源：中国统计年鉴（2006—2011）.

总体来说，中小企业民间融资的渠道不畅通、对接性不强，在有形无形之中阻碍了民间资本与中小企业有效的结合。企业缺钱、民间借贷缺路，陷入“资金洼地，民间借贷凹地”的困境。民间借贷能有效地帮助中小企业融资，弥补资金供给不足的缺口，因此民间借贷能有效地解决中小企业对于正规金融资金供给不足时资金需求，说明了民间借贷的有效性。

第 6 章

民间资本支持中小企业发展实证分析

6.1 民间投资最优经济增长模型

探讨民间资本作用，首先要分析民间资本投资，即民间投资及民间投资在什么条件下能够使边际产出达到最大？在产出最大化条件下，民间投资和国有投资如何配置？

假定：（1）全社会固定总投资只包含民间投资（I_p）和国有投资（I_g）两部分，即 $I = I_P + I_g$。

（2）部门投资主体只运用资本这一种投入要素，暂时不考虑劳动等要素替代，而且生产能力得到充分利用，投资均转化为资本存量。

（3）规模经济保持不变，技术进步中性，资本与劳动力等其他要素的配置总处于最优状态。

基于这些假定，如果进一步对经济增长中劳动力施加容量限制（Parente 和 Prescott，1911），则在资源约束条件下，社会总产出便取决于社会总资本在民间部门和国有部门之间分配。即存在生产函数：

$$Y = F(K_P, K_g) \tag{1}$$

$$K = K_P + K_g \quad (2)$$

其中，Y、K_P、K_g、K 分别表示总产出、民间资本、国有资本和总资本。由于规模经济不变且资本具有是同质性，则实际产出函数是一个齐次函数，则式（1）可变换为：

$$Y = K_g \cdot F(K_p/K_g, 1) \quad (3)$$

令 $y = Y/K_g$，表示产出与国有资本存量之比；$k = K_p/K_g$，表示民间资本存量与国有资本存量之比，式（3）则可进一步变换为：

$$y = Y/K_g = F(1, K_p/K_g) = f(K_p/K_g) = f(k) \quad (4)$$

$$Y = y \cdot K_g = f(k) \cdot K_g \quad (5)$$

对式（5）中 K_p 和 K_g 分别求偏导，得：

$$\partial Y/\partial K_p = f(k) \quad (6)$$

$$\partial Y/\partial K_g = f(k) - k \cdot f'(k) \quad (7)$$

假定资本边际产出递减，由式（6）和式（7）可知：当 $f'(k) > 0$，表明产出是民间资本存量与国有资本存量之比的增函数；当 $f'(0) = \infty$，即民间资本存量与国有资本存量之比很小时，民间资本存量的边际产出很大；当 $f'(\infty) = 0$，表明民间资本存量与国有资本存量比很大时，民间资本存量的边际产出很小。

进一步看，以 $Y = F(K_P, K_g)$ 为等产量线，$K = K_P + K_g$ 为预算约束线，横轴纵轴分别表示民间资本存量 K_P 和国有资本存量 K_g，则可形成民间投资的最优配置状态，如图 6－1 所示。

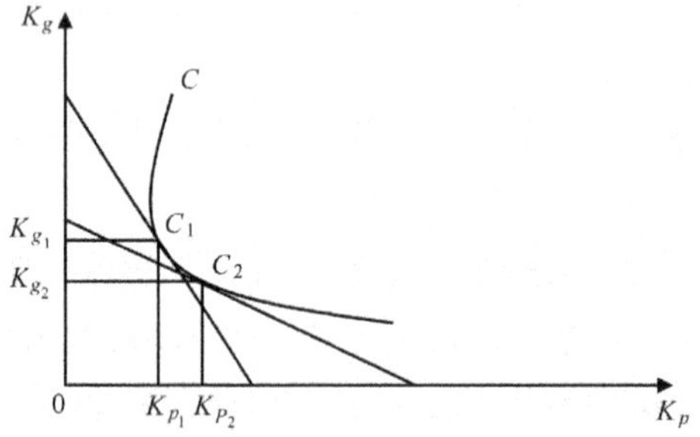

图 6－1　民间投资的最优配置图

假定预期经济增长所需产出水平为 Y，图中表示为等产量线 C，起初在点 C_1 处，国有资本存量水平、民间资本存量水平分别为 K_{g_1}、K_{p_1}，后期随着国有投资的减缓，国有资本存量下降为 K_{g_2}，民间投资形成的资本

存量上升为 K_{p_2} 才能保证既定的产出水平。由于国有投资并非完全由市场决定，政府往往根据经济发展计划来对投资进行决策，特别是在需求不足情况下通过额外增加投资来保持经济正常增长（钞小静、任保平，2008①），因此国有投资可以看作一个外生变量，而民间投资往往是企业基于自身经济利益进行活动的结果，可视为内生变量。所以为保持既定经济增长需要民间投资的活跃，只有民间投资进一步发展才能使经济增长由外生政策主导过渡到内生可持续增长状态。

6.2 民间投资推动经济增长效应实证

6.2.1　模型设定和数据来源

传统经济增长理论认为，资本、劳动和技术进步是一个国家或地区经济增长的动力源泉，若假设技术进步是希克斯中性的，生产函数会有下面的形式：

$$Y = AF(K,L) \tag{8}$$

进一步，将形成资本存量的投资主体区分为国有投资 I_g 和民间投资 I_p，有

$$Y = AF(K_g,K_p,L) \tag{9}$$

其中，Y、A、K_g、K_p、L 分别表示产出量、技术水平、国有资本量、民间资本量和投入的劳动。在不存在规模经济的情况下，式（9）可写成相应的柯布—道格拉斯（C-D）生产函数：

$$Y = AK_g^{\alpha}K_p^{\beta}L^{\gamma} \tag{10}$$

其中，α、β、γ 分别表示国有资本、民间资本和劳动的产出弹性。

在实证中，为了考察民间投资对总产出的影响，更好的反映各变量之间的弹性系数，以及消除非平稳时间序列的异方差性，我们将式（10）

---

① 钞小静、任保平. 经济转型、民间投资成长与政府投资转向——投资推动中国经济高速增长的实证分析［J］. 经济科学，2008（2）.

变形为：

$$\ln Y = c + \alpha \ln K_g + \beta \ln K_p + \gamma \ln L + \varepsilon \tag{11}$$

其中，c 代表常数项；ε 为模型的随机扰动项，在一定程度上反映了省略变量影响。

实证分析选择的时间段为 1978 年至 2009 年，共 32 个样本，均采用年度数据。这里对模型中所涉及的变量进行进一步说明：①总产出 Y：采用年度 GDP 作为衡量经济增长的指标，并以 1978 年为基期进行价格调整。②国有资本存量 K_g：国有经济单位固定资产投资所形成的资本存量，国有单位投资数据 I_g 可以直接从《浙江统计年鉴》中得到。③民间资本存量 K_p：民间部门固定资产投资所形成资本存量，民间投资 I_p 是全社会固定资产投资除去国有投资和外商及港澳台投资部分。对于民间投资和国有投资所形成资本存量 K_p 和 K_g，用 Goldsmith（1951）"永续盘存法"估算，公式为：

$$K_t = I_t + (1 - \delta) K_{t-1} \tag{12}$$

上式中，K_t 表示当年的资本存量，K_{t-1} 表示上一年的资本存量，I_t 表示当年的固定资产投资额，δ 表示固定资产折旧率，δ 一般被认为是一个固定值，这里我们取值为 6%（Yong，2000）。④劳动 L：用年度就业人数表明劳动在经济活动中的投入状况，该数据也可直接从《浙江统计年鉴》中得到。至此，形成了四个时间变量数据，即不变价格的生产总值 Y、民间资本存量 K_p、国有资本存量 K_g 和就业人数 L。

为了避免模型出现伪回归的情况，先进行变量的平稳性检验，对于非平稳的变量进行差分处理，使之成为平稳序列。如果该模型的各个变量均服从相同单整阶数的单位根过程且残差序列是平稳的，则说明各变量之间可能存在协整关系。进一步的可以通过 Johansen 协整检验法检验民间投资和经济增长之间的长期稳定关系。式（10）中 α、β、γ 的正负反映了各变量在长期内对经济增长的作用方向，若为正，则说明该变量长期内对经济增长具有促进作用，反之，则说明对经济增长有阻碍作用。

6.2.2 实证结果及分析

（1）单位根检验

采用 ADF 检验对各变量进行单位根检验，滞后阶数的选取按照 AIC 和 SC 最小原则来选择，结果见表 6－1、表 6－2 的检验结果可以看出，各序列水平值不能在 10% 的显著水平上拒绝有单位根原假设，而一阶差分在 10% 的显著水平上拒绝了有单位根原假设，因此它们均为 1 阶单整。

表 6－1　　各变量的平稳性检验结果

变量	t 统计量	平稳性	变量	t 统计量	平稳性
$\ln GDP$	－0.2368	不平稳	$\Delta\ln GDP$	-3.40578^{**}	平稳
$\ln K_P$	－1.221	不平稳	$\Delta\ln K_P$	-3.05264^{***}	平稳
$\ln K_g$	－1.3056	不平稳	$\Delta\ln K_g$	-5.32130^{*}	平稳
$\ln L$	－0.6854	不平稳	$\Delta\ln L$	-4.29268^{*}	平稳

注：*、**、*** 分别表明 t 统计量小于置信水平在 1%、5%、10% 下的临界值，Δ 表示对变量进行 1 阶差分处理。

（2）协整检验

由上面分析可知，各变量的时间序列均是同阶单整的，可以进行协整检验以观察各变量之间是否存在着长期均衡关系。采用 Johansen 极大似然法来检验这些变量之间协整关系，得到 Johansen 协整检验结果如下表。

表 6－2　　变量的协整检验结果

零假设	迹统计量	10% 临界值	特征值	概率
$r=0^{***}$	77.88837	54.6815	0.793664	0
$r\leqslant 1$	32.1191	35.45817	0.546376	0.2065
$r\leqslant 2$	9.194969	19.93711	0.204594	0.3477
$r\leqslant 3$	2.556777	6.634897	0.08439	0.1098

注：r 表示协整关系的个数，最大滞后期参考 AIC 和 SC 准则，结合 LR 检验进行选取。*** 表明在 10% 的显著水平下有意义。

结果表明，在 10% 的置信水平下，总产出与国有资本存量、民间资本存量和就业之间存在着一个协整关系，即各变量之间存在着长期稳定的关系。将协整关系写成方程式，并令其为 ecm，得到

$$ecm = \ln GDP - 0.355\ln K_p - 0.151\ln K_g - 0.27\ln L - 2.75$$

对序列 ecm 进行单位根检验，发现是平稳的，可知上述协整关系式成立。因此，总产出与民间资本存量之间的长期均衡关系为：

$$\ln GDP = 2.75 + 0.355\ln K_p + 0.151\ln K_g + 0.27\ln L$$

从上述协整方程可以看出，总产出与民间资本存量、国有资本存量和就业均呈现正向相关关系。从投资拉动浙江经济增长的角度看，民间投资所形成的民间资本存量对经济增长的正向促进作用大于国有投资所形成国有资本存量作用。具体来说，形成1个单位的民间资本存量能拉动0.355个单位GDP增长，而形成1个单位国有资本存量只能拉动0.151个单位的GDP，可见，民间投资对经济增长产出性更好。从劳动对经济增长的作用看，劳动能形成人力资本，提高生产效率，劳动就业率每提高1个百分点，能促进经济增长约0.27个百分点。

（3）格兰杰因果检验

一个经济变量对其他变量有依存关系，但这并不一定表明该经济变量与其他变量间必然存在着因果关系。对于民间投资与经济增长之间的关系，究竟是民间投资促进了经济增长，还是经济增长导致了民间投资的发展？这需要通过Granger因果关系检验进一步进行分析，结果如表6-3所示。

表6-3　格兰杰因果检验结果

原假设	F统计值	概率P
民间投资不是产出的Granger原因	15.3882	0.00238*
产出不是民间投资的Granger原因	1.39589	0.12135
国有投资不是产出的Granger原因	8.21797	0.01219**
产出不是国有投资的Granger原因	3.68094	0.07306***

注：*、**、***分别表示检验值大于在1%、5%和10%置信区间下的临界值。

根据Granger因果检验结果，我们发现，在10%的置信水平下，拒绝了“民间投资不是产出的Granger原因”，接受了“产出不是民间投资的Granger原因”，即民间投资促进了经济的快速增长，而经济的增长却并未带动民间投资的发展，可见，民间投资与经济增长并未形成“良性的互动”，只是一种单向的关系。反观国有投资与经济增长的关系，在10%的置信水平下，国有投资是经济增长的Granger原因，经济增长也是国有投资的Granger原因，可见，国有投资与经济增长之间的互动已经形成，是双向的关系。

通过实证检验，我们发现从长期来看，经济增长（产出增加）与民间投资形成的民间资本存量和国有投资形成的国有资本存量之间存在着稳定的正向关系。具体来说一个单位的民间资本存量能拉动产出增加 0.355 个百分点，而同样条件下的国有资本只能拉动产出 0.151 个百分点。因此，考虑到民间资本存量的“高产出”特性，后期经济增长的动力急需从国有投资向民间投资转向，一方面可以缓解国有投资的压力，另一方面可以将民间资本的潜力真正发挥出来。政府应在控制国有投资规模的同时鼓励民间投资。另一方面，从民间投资与经济增长的 Granger 因果关系看，民间投资是浙江经济增长的 Granger 原因，而经济增长并不是民间投资的 Granger 原因，可见浙江民间投资与经济增长并未形成“良性的互动”，只是一种单向的关系，民间投资所具有的乘数—加速效应并未得到完全的发挥，而相比较之下，国有投资与经济增长形成了相互的因果关系。民间投资在浙江存在着某种意义上的“政策失灵”，即政府出台了一些促进民间投资的政策措施，但并未显著影响民间投资，探究浙江民间投资发展态势及特征更有意义。

6.3 民间资本促进产业发展的实证

这部分我们将采用灰色关联度分析[①]民间投资在三大产业中的作用，采用此分析方法可以克服本研究中样本量由于统计口径不同样本量不多的不足，并且使用这些动态的数据来分析所包含的现象，分析中采用的是绝对关联值的计算方法。

---

① 灰色关联度分析是一种多因素统计方法，以各因素样本数据为依据用灰色关联度来描述因素之间的强弱、大小和次序，与传统的多因素分析法相比，其对数据要求较低且计算量较小，客观性较强，可以克服模糊综合评价中有些白化值经特征化处理后信息丢失的弱点，广泛应用于有关领域的综合评价。

(1) 指标选取与计算步骤

1) 在数据源中选取参考数列和比较数列，并对其进行标准化（无量纲化）处理，比较数列为

$X_i = \{x_i(k) \mid k = 1,2,\cdots,n\} i = 1,2,\cdots,m$；参考数列为 $X_o = \{x_o(k) \mid k = 1,2,\cdots,n \mid\}$。

本研究以按行业分布的民间投资作为比较数列及子因素，以产业产值作为参考数列即母因素来进行分析。

2) 应用公式需要值产生对应差数列表，内容包括：与参考数列值差（绝对值）、最大差、最小差。ρ 为分辨系数，$0<\rho<1$，这里取 $\rho=0.5$。

3) 计算灰色关联系数公式，为

$$\varepsilon_i(k) = \frac{\min_i \min_k |X_0(k) - X_i(k)| + \rho \max_i \max_k |X_0(k) - X_i(k)|}{|X_0(k) - X_i(k)| + \rho \max_i \max_k |X_0(k) - X_i(k)|} \tag{1}$$

4) 计算灰色关联度公式，为

$$R_{0i} = \frac{1}{n}\sum_{k=1}^{n} \varepsilon_{0i}(k) \tag{2}$$

公式（2）中，R_{0i} 为第 i 个被评价对象对理想对象的灰色加权关联度。

5) 比较各关联度大小，值愈大，关联度越高。也就是说此次得出的值越大，那么所对应对象的对经济发展的贡献度就越高。

我们根据灰色关联分析复杂系统方法判断民间投资的各个子因素对经济增长的影响程度。首先指定参考数列和比较数列，参考数列 $X_0 = \{X_0(k), k = 1,2,\cdots,N\}$，$X_0(k)$ 是 X_0 在第 k 时刻的值，比较数列 $X_i = \{X_i(k), k = 1,2,\cdots,M\}$。则在第 k 时刻，比较数列 X_i 对参考数列 X_0 的关联系数为：$\zeta_{ij} = (\Delta\min + \rho\Delta\max)/(\Delta ij + \rho\Delta\max)$。

式中 P 为分辨系数，可在 0.1—1.0 间选取，通常取 0.5。由于浙江是民营经济相对发达的省份，同时又是民间资本存量较大的省份，特选取浙江为样本进行分析。选取 2005—2009 年浙江 17 个行业非国有经济投资的分布数据（见表 6－4）。

表 6－4　　2005—2009 年浙江 17 个行业民间投资额　　单位：万元

浙江省及行业＼年份	2005	2006	2007	2008	2009
浙江地区生产总值	134176800	157184700	187537300	214626900	229903500
农、林、牧、渔业	82578	87599	100934	114378	213727
采掘业	71672	88319	94845	86647	168750
制造业	21370047	25213213	28630774	32019812	33924374
电力煤气及水生产和供应	1069508	1373324	856896	822972	761396
建筑业	77459	137950	92851	148956	174097
交通运输、仓储及邮政业	1017646	546759	679727	840930	1032819
信息传输、计算机服务和软件业	146299	125780	131971	146098	269167
批发和零售业	365021	734946	1067346	1173227	1376838
住宿餐饮业	385551	530297	735969	669843	973362
金融业	15369	20456	25180	35365	89586
房地产业	12749170	13740424	16461600	18606809	21246586
租赁与商务服务业	258020	376398	384228	444666	662302
科学研究、技术服务与地质勘察业	32511	59732	49214	130885	108809
水利、环境和公共设施管理业	672368	804412	672519	816014	851308
居民服务及其他服务业	53773	24713	32318	21755	58128
教育	108821	94224	96130	101759	176047
卫生、社会保障和社会福利	68948	133286	95443	121151	82970

6.3.1 数据无量纲化

以按行业分布的民间投资作为子因素，以浙江省地区生产总值作为母因素，将数据无量纲化，结果见表 6－5。

表 6-5　2005—2009 年浙江地区生产总值和 17 个行业民间投资无量纲化

浙江省及行业＼年份	2005	2006	2007	2008	2009
浙江地区生产总值	1	1.1714745	1.397688	1.5995828	1.713437
农、林、牧、渔业	1	1.0608031	1.2222868	1.3850905	2.5881833
采掘业	1	1.2322664	1.3233201	1.2089379	2.3544759
制造业	1	1.1798389	1.3397619	1.4983501	1.5874731
电力煤气及水的生产和供应	1	1.2840708	0.8012058	0.7694865	0.7119124
建筑业	1	1.7809422	1.1987116	1.9230302	2.247602
交通运输、仓储及邮政业	1	0.5372782	0.6679405	0.8263483	1.0149099
信息传输、计算机服务和软件业	1	0.8597461	0.9020636	0.9986261	1.8398417
批发和零售业	1	2.0134348	2.9240674	3.2141356	3.7719419
住宿餐饮业	1	1.3754263	1.9088759	1.7373655	2.5245999
金融业	1	1.330991	1.6383629	2.3010606	5.8290064
房地产业	1	1.0777505	1.2911899	1.4594526	1.6665074
租赁与商务服务业	1	1.4587939	1.4891404	1.723378	2.566863
科学研究、技术服务与地质勘察业	1	1.8372858	1.5137646	4.0258682	3.3468365
水利、环境和公共设施管理业	1	1.1963865	1.0002246	1.2136419	1.266134
居民服务及其他服务业	1	0.4595801	0.6010079	0.4045711	1.0809886
教育	1	0.8658623	0.8833773	0.9351044	1.6177668
卫生、社会保障和社会福利	1	1.933138	1.3842751	1.7571358	1.2033707

再根据公式（2）计算 $|X_0(i) - X_j(i)|$ ，所得结果即浙江 17 个行业灰色关联度（见表 6-6）。

表 6－6　　　　2005—2009 年 17 个行业灰色关联度

行业＼年份	2005	2006	2007	2008	2009	min	max
X_1	0	0. 110671	0. 175401	0. 214492	0. 874746	0	0. 874746
X_2	0	0. 060792	0. 074368	0. 390645	0. 641039	0	0. 641039
X_3	0	0. 008364	0. 057926	0. 101233	0. 125964	0	0. 125964
X_4	0	0. 112596	0. 596482	0. 830096	1. 001525	0	1. 001525
X_5	0	0. 609468	0. 198976	0. 323447	0. 534165	0	0. 609468
X_6	0	0. 634196	0. 729747	0. 773235	0. 698527	0	0. 773235
X_7	0	0. 311728	0. 495624	0. 600957	0. 126405	0	0. 600957
X_8	0	0. 84196	1. 526379	1. 614553	2. 058505	0	2. 058505
X_9	0	0. 203952	0. 511188	0. 137783	0. 811163	0	0. 811163
X_{10}	0	0. 159516	0. 240675	0. 701478	4. 115569	0	4. 115569
X_{11}	0	0. 093724	0. 106498	0. 14013	0. 04693	0	0. 14013
X_{12}	0	0. 287319	0. 091452	0. 123795	0. 853426	0	0. 853426
X_{13}	0	0. 665811	0. 116077	2. 426285	1. 633399	0	2. 426285
X_{14}	0	0. 024912	0. 397463	0. 385941	0. 447303	0	0. 447303
X_{15}	0	0. 711894	0. 79668	1. 195012	0. 632448	0	1. 195012
X_{16}	0	0. 305612	0. 514311	0. 664478	0. 09567	0	0. 664478
X_{17}	0	0. 761664	0. 0113	0. 157553	0. 510066	0	0. 761664

关联矩阵见表 6－7。

表 6－7　　　　17 个行业关联度系数表

行业	关联度系数					
X_1	1	0. 948963	0. 921457	0. 905605	0. 701709	0. 895547
X_2	1	0. 971305	0. 965121	0. 840451	0. 762475	0. 90787
X_3	1	0. 995952	0. 972621	0. 953112	0. 942318	0. 9728
X_4	1	0. 948121	0. 775274	0. 712559	0. 67263	0. 821717
X_5	1	0. 7715	0. 91183	0. 864168	0. 793914	0. 868283

续表

行业	关联度系数				
X_6	1	0.764413	0.73821	0.726871	0.746572	0.795213
X_7	1	0.868442	0.805897	0.773969	0.942127	0.878087
X_8	1	0.709643	0.574132	0.560347	0.499913	0.668807
X_9	1	0.909825	0.801015	0.937245	0.717261	0.873069
X_{10}	1	0.928058	0.895289	0.745773	0.333333	0.780491
X_{11}	1	0.956438	0.950793	0.936244	0.977703	0.964236
X_{12}	1	0.877481	0.957449	0.943254	0.706848	0.897007
X_{13}	1	0.75554	0.946604	0.45891	0.557486	0.743708
X_{14}	1	0.988039	0.838117	0.842069	0.821442	0.897933
X_{15}	1	0.742969	0.7209	0.63262	0.764909	0.77228
X_{16}	1	0.870689	0.800042	0.75591	0.955574	0.876443
X_{17}	1	0.729854	0.993524	0.928881	0.801365	0.890725

6.3.2 各指标比较分析

因为 $R_3 > R_{11} > R_2 > R_{14} > R_{12} > R_1 > R_{17} > R_7 > R_{16} > R_9 > R_5 > R_4 > R_6 > R_{10} > R_{15} > R_{13} > R_8$，根据这个关联序浙江民间投资各行业对生产总值的影响程度如下：

制造业＞房地产业＞采掘业＞水利、环境和公共设施管理业＞租赁与商务服务业＞农林牧渔业＞卫生社会保障和社会福利＞信息传输计算机服务和软件业＞教育＞住宿餐饮业＞建筑业＞电力煤气及水的生产和供应＞交通运输仓储及邮政业＞金融业＞居民服务及其他服务业＞科学研究技术服务与地质勘察业＞批发和零售业。

第一，从以上关联序可以看出，在民间投资的 17 个行业中，制造业的投资对生产总值的影响最大，房地产业居后，这说明浙江省的民间投资在近年主要的投向用于制造业及房地产业。

第二，民间投资在环境、水利、公共设施管理业以及仓储、邮政业、交通运输和住宿餐饮业中投入对经济增长影响也较大，随着近些年来政府引导及投资环境的改善，民间资本的投资领域获得不断拓展。

第三，民间在服务行业如金融业、租赁与商务服务业、教育、居民服务和其他服务业等等的投入较少，其对经济增长的影响较小，这也说明这些行业可能存在不同程度行业垄断，民间投资介入程度不足，投资环境还需要进一步改善。

6.3.3　民间资本作用于第三产业的实证

下面采用灰色关联度的分析方法来判断第三产业民间投资与经济增长的数值关系。根据已经得出了灰色关联系数值，来参照计算步骤 4 和 5，先从表 6 - 4 中选取每行的最大值作参考数列，再以每列的作比较数据，并取 $\rho = 0.5$ 为分辨系数，得出最终结果为：

$r_{01} = 0.44218, r_{02} = 0.90886, r_{03} = 0.85707, r_{04} = 0.61581,$

$r_{05} = 0.43742, r_{06} = 0.61994, r_{07} = 0.60947, r_{08} = 0.39378,$

$r_{09} = 0.44052, r_{10} = 0.37241, r_{11} = 0.38361, r_{12} = 0.36485,$

$r_{13} = 0.55741, r_{14} = 0.36184, r_{15} = 0.40917$

即 $r_{02} > r_{03} > r_{06} > r_{04} > r_{07} > r_{13} > r_{01} > r_{09} > r_{05} > r_{15} > r_{08} > r_{11} > r_{10} > r_{12} > r_{14}$

我们需要分析的是在第三产业中民间投资趋势，得出贡献度排名就是：房地产业 > 水利、环境和公共设施管理业 > 交通运输、仓储及邮政业 > 住宿餐饮业 > 科学研究及技术类行业 > 电力煤气业 > 批发和零售业 > 土地矿产开发业 > 金融业 > 计算机软件及电子商务业 > 租赁与商务服务业 > 卫生、社会保障和社会福利 > 教育。

(1) 数值的比较分析

为了更直观地了解灰色关联度分析的意义，我们列出表 6 - 8 来比较各个行业投资的绝对数值与它们对经济贡献度的贡献值，即灰色关联度的数值。由于每年民间资本投资于各个行业的数量是不同的，为了保证数值的均一性，这里选取的是 2008 至 2009 年的投资平均值来作为一个投资的绝对数量值。

从表 6 - 8 中我们可以看到，各个行业的平均投资数值的排名与各自对经济贡献度的排名是不一致的，除了制造业与房地产业的排名是一致的之外，其后的排名先后呈现出不同程度的不一致。如平均投资数值排名第三的批发、零售业对经济的贡献度只排到第九，而科学研究及技术类行业，民间投资对它的投资相对来说比较少，但是它本身对经济发展却做出了较明显的贡献。因此，绝对投资数量上的优势并不代表同等的效益。对经济的贡献除了投入总量的考察外还有其他影响因素，但投资数量多也说明该行业的投资价值及发展空间。

表 6－8　民间投资于各个行业的资金数与经济增长的灰色关联度

行业	平均投资额（亿元）	资金数与经济增长的灰色关联度
农、林、牧、副、渔业	12.5	0.44218
制造业	2994.25	0.90886
房地产业	1751.5	0.85707
交通运输、仓储及邮政业	77	0.61581
批发、零售业	108.25	0.43742
水利、环境及公共设施业	78.5	0.61994
住宿餐饮业	73	0.60947
金融业	4.25	0.39378
电力、煤气业	78	0.44052
租赁、商务服务业	46.75	0.37241
计算机软件及电子商务业	16.75	0.38361
卫生、社会保障及社会福利业	11.25	0.36485
科学研究及技术类行业	8.75	0.55741
教育业	12	0.36184
土地矿产开发业	11.25	0.40917

（2）实证结果

1）民间资本投资于第三产业的情况中，房地产业对经济发展的贡献度是最高的，反映出民间资本的逐利性与投机性。

2）民间资本投资于水利、环境和公共设施业、交通运输、仓储及邮政业、住宿餐饮、科学研究等领域对经济增长的贡献也比较显著，这说明民间资本也逐渐拓展投资领域。

3）民间资本投资在电力煤气、金融业、计算机软件开发和卫生、社会福利以及教育业等行业量少，且没有发挥出显著的作用。除国有资本的垄断外，民间资本的自身实力也很欠缺。

在三次产业中，民间资本投资于第二产业所占的比重最大，而第二产业目前对经济发展的贡献也是最大的，从之前分析中也可以看到其中的制造业对经济发展的贡献最大，制造业主要是传统的劳动密集型产业，主要是中小企业为主，作为工业尤其制造业是一国经济的根基，发展水平直接影响一国经济整体增长和国家的实力，民间投资于该行业比重高贡献大直接就反映出民间资本作用于中小企业的效果与意义。

6.4 民间资本支持中小企业发展——模型实证分析

民间资本投资于中小企业在一定程度上促进了中小企业的发展，缓解了其资金压力。但民间资本投入对中小企业的发展究竟有多大的贡献，我们将通过实证检验中小企业的经济增长与民间资本投入之间的关系。

6.4.1　变量的选取及说明

衡量中小企业经济效益的指标有销售收入、利润总额等，在这里我们选取中小企业总产值指标来反映中小企业的经济效益，因为其直接反映了其生产经营的总水平，并更具直观性。所需数据根据《中国统计年鉴》、国泰安数据库整理后得出。

由图 6 - 2 可知，除 1996、1997 年外，中国中小企业生产总值占 50%—70%。近年占比达 65% 左右。考察中小企业贡献，采用此变量能较好反映中小企业的作用。资金来源选取国家预算内资金、国内贷款、利用外资和民间资本。民间资本的数据难以准确统计，可获得性较差，所以在实证过程中，我们采取近似值来表示。民间资本数据用《统计年鉴》“全社会固定资产投资”下的自筹投资和其他资金来源这两部分来近似表示。

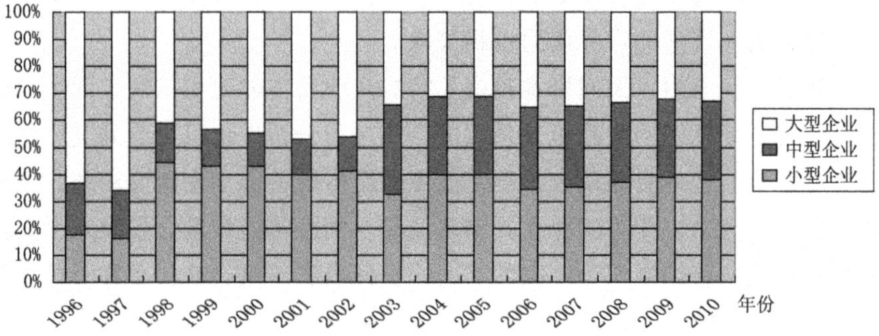

图 6－2　1996—2010 年中国不同规模企业生产总值比较

6.4.2　数据选取及其来源

表 6－9　1995—2009 年我国不同规模企业生产总值　单位：亿元

年份	小型企业	中型企业	大型企业	中小企业（Y）
1995	29427.87	10225.26	24587.76	39652.76
1996	10988.00	12134.2	39732.90	23122.20
1997	11161.86	11961.45	45229.38	23123.31
1998	30184.82	9574.71	27977.61	39759.53
1999	31267.59	9857.18	31582.19	41124.78
2000	36680.57	10689.76	38303.15	47370.33
2001	38090.54	12542.38	44815.97	50632.92
2002	45458.91	14189.14	51128.22	59648.05
2003	46291.64	47065.17	48914.13	93356.81
2004	70620.72	632340.63	68760.64	132961.35
2005	100664.40	72312.68	78641.91	172977.08
2006	108865.76	95383.50	112339.38	204249.26
2007	142619.92	121699.00	140857.80	264318.92
2008	188333.84	149809.89	169304.02	338143.73
2009	207351.64	162419.16	178540.62	369770.80

资料来源：历年中国统计年鉴、国泰安数据库，经整理后所得。

表 6-10　　1995—2009 年我国中小企业的主要资金来源　　单位：亿元

年份	国家预算内资金（X_1）	国内贷款（X_2）	利用外资（X_3）	民间资本（X_4）
1995	319	2158	1180	51615
1996	373	2711	1628	9162
1997	457	3102	1761	11214
1998	718	3326	1570	11616
1999	3141	9726	3394	34346
2000	3079	9765	2453	32807
2001	3716	10595	2552	38606
2002	3755	10568	2468	36855
2003	2624	11693	2510	40211
2004	2937	12349	2937	48529
2005	3067	12058	2927	51647
2006	2535	10723	2340	49392
2007	3235	12689	2820	64194
2008	4137	13949	2790	75324
2009	4622	15026	2801	79156

资料来源：历年中国统计年鉴、国泰安数据库，经整理后所得。

6.4.3　模型建立及分析

模型中被解释变量是中小企业总产值 Y，影响中小企业总产值因素很多，这里主要研究资金条件，选取以下指标作为解释变量：国家预算内资金（X_1）、国内贷款（X_2）、利用外资（X_3）、民间资本（X_4）。我们将模型简单的设为 $Y = \beta_0 + \beta_1 X_1 + \beta_2 X_2 + \beta_3 X_3 + \beta_4 X_4 + u$（$u$ 为随机误差项）。然后根据表 1 和表 2，采用 Eviews 软件进行回归分析。

首先，对模型残差进行分析。由于一些偶然因素的或其他因素的影响，会出现异常数据，即使通过了 F 检验或相关系数表明模型可靠，并不能肯定数据的可靠，需要进行残差分析。

通过图 6-3，我们可以看出，除个别年份的残差在区域外，其他各年的残差都位于合理的区域内，没有太大异常数据，因而模型较为可靠，可以进行相关分析。

obs	Actual	Fitted	Residual
1995	39652.76	129144.92	-89492.16
1996	23122.2	-30965.24	54087.445
1997	23123.31	-23584.33	46707.648
1998	39759.53	-17670.80	57430.334
1999	41124.78	44818.538	-3693.758
2000	47370.33	83167.905	-35797.57
2001	50632.92	96579.997	-45947.07
2002	59648.05	92108.965	-32460.91
2003	93356.81	165057.41	-71700.60
2004	132961.35	180166.09	-47204.74
2005	172977.08	180877.05	-7899.971
2006	204249.26	186613.15	17636.10
2007	264318.92	238598.47	25720.448
2008	338143.73	277257.42	60886.303
2009	369770.8	298042.27	71728.526

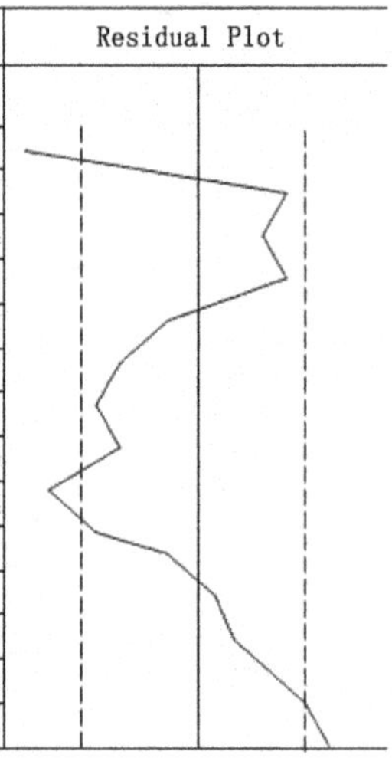

图 6－3 残差序列图

以下我们分析解释变量间的多重共线性。检查解释变量的多重共线性时，一般称 $1-r^2$ 为容忍度，它的倒数称方差膨胀因子（VIF），即 $VIF=1/(1-r^2)$。其中，当 $r^2=0$ 的时候，表示自变量完全不共线，当 $r^2=1$ 的时候，则表示自变量完全共线。但通常，当 $VIF\geqslant 10$，即 $r^2\geqslant 0.9$ 的时候，就表示自变量多重共线性的可能性非常大，以至于会影响到普通最小二乘法的估计值。下面我们就根据 r^2 值的大小来判定自变量之间是否存在多重共线性。

X_1 与其他变量进行多重共线性检验时，通过了拟合优度检验（R－squared）、F 检验（Fstatistic）和 T 检验（t－Statistic），表明统计显著性检验成立，因为 R－squared 为 0.898352，小于 0.9，所以 X_1 与其他变量不存在多重共线性。见表 6－11。

表 6－11 X_1 与其余变量的多重共线性检验

variable	参数估计值	参数标准误差	t 统计量	Prob
C	－580.8316	754.4350	－0.769889	0.4576
X_2	0.292657	0.096605	3.029428	0.0115
X_3	0.195878	0.508861	0.384934	0.7076
X_4	－0.001183	0.011401	－0.103785	0.9192

续表

variable	参数估计值	参数标准误差	t 统计量	Prob
可决系数	0.898352	被解释变量的均值		2580.902
调整的可决系数	0.870629	被解释变量的标准差		1428.715
回归标准差	513.8821	Akaike info criterion（AIC 准则检验）		15.54504
残差平方和	2904823	Schwarz criterion（SC 准则检验）		15.73386
对数似然估计值	-112.5878	F 统计量		32.40539
DW 统计量	0.985357	F 统计量的概率		0.000009

X_2 与其他变量进行多重共线性检验时，通过了拟合优度检验（R - squared）、F 检验（F - statistic）和 T 检验（t - Statistic），表明统计显著性检验成立，但是 R 值大于 0.9，所以 X_2 与其他变量存在多重共线性，应该将 X_2 剔除。见表 6 - 12。

表 6 - 12　　X_2 与其余变量的多重共线性检验

variable	参数估计值	参数标准误差	t 统计量	Prob
C	-1979.541	1682.036	-1.176872	0.2641
X_1	1.554164	0.513022	3.029428	0.0115
X_3	2.159887	0.984648	2.193563	0.0507
X_4	0.050307	0.021468	2.343292	0.0389
可决系数	0.941275	被解释变量的均值		9362.512
调整的可决系数	0.925260	被解释变量的标准差		4331.666
回归标准差	1184.221	Akaike info criterion（AIC 准则检验）		17.21474
残差平方和	15426164	Schwarz criterion（SC 准则检验）		17.40355
对数似然估计值	-125.1105	F 统计量		58.77168
DW 统计量	1.614067	F 统计量的概率		0.000000

X_3 与其他变量进行多重共线性检验时，通过了拟合优度检验、F 检验和 T 检验，表明统计显著性检验成立，且 R - squared 为 0.809088，小于 0.9，X_3 与其他变量不存在多重共线性。见表 6 - 13。

表 6-13　　X_3 与其余变量的多重共线性检验

variable	参数估计值	参数标准误差	t 统计量	Prob
C	1352.833	203.5105	6.647487	0.0000
X_1	0.067855	0.176277	0.384934	0.7076
X_2	0.140893	0.064230	2.193563	0.0507
X_4	-0.010362	0.005942	-1.743853	0.1090
可决系数	0.809088	被解释变量的均值		2408.623
调整的可决系数	0.757022	被解释变量的标准差		613.5900
回归标准差	302.4560	Akaike info criterion（AIC 准则检验）		14.48493
残差平方和	1006276	Schwarz criterion（SC 准则检验）		14.67374
对数似然估计值	-104.6370	F 统计量		15.53942
DW 统计量	2.418161	F 统计量的概率		0.000286

X_4 与其他变量进行多重共线性检验时，通过了拟合优度检验（R-squared）、F 检验（Fstatistic）和 T 检验（t-Statistic），表明统计显著性检验成立，且 R-squared 为 0.682802，小于 0.9，所以 X_4 与其余变量间没有多重共线性。

表 6-14　　X_4 与其余变量的多重共线性检验

variable	参数估计值	参数标准误差	t 统计量	Prob
C	32818.23	17922.01	1.831169	0.0943
X_1	-0.826742	7.965944	-0.103785	0.9192
X_2	6.618806	2.824576	2.343292	0.0389
X_3	-20.90056	11.98528	-1.743853	0.1090
可决系数	0.682802	被解释变量的均值		42311.56
调整的可决系数	0.596293	被解释变量的标准差		21378.47
回归标准差	13583.44	Akaike info criterion（AIC 准则检验）		22.09427
残差平方和	2.03E+09	Schwarz criterion（SC 准则检验）		22.28308

续表

variable	参数估计值	参数标准误差	t 统计量	Prob
对数似然估计值	-161.7070	F 统计量		7.892880
DW 统计量	1.330559	F 统计量的概率		0.004364

通过上述分析，我们可知 X_1、X_3、X_4 三个解释变量间不存在多重共线性，而 X_2 与其他3个变量间存在多重共线性，所以 X_2 要被剔除，这样模型的线性相关分析结果方能成立。

见表6-15可以发现在显著水平为95%的情况下，R-squared = 0.762538，表明回归模型的拟合优度是好的。因为 F-statistic = 11.77437 > F（3，11）= 3.59，表明模型通过了F统计检验。此外，X_4 的系数为4.675420，表示我国民间资本与中小企业的发展的关系是正相关的，即民间资本对中小企业的发展有比较大的支持作用。且中小企业获得的民间资本只要增加1元，中小企业的生产值就增加4.675420元，而中小企业获得的国家预算内资金增加1元的话，产值仅增加0.983337元，而利用外资增加1元，产值会增加4.443475元，都没有民间资本所带来的增加值多，所以民间资本为中小企业提供信贷支持会加快其发展。见表6-15。

表6-15　　去除多重共线性后的模型统计结果

variable	参数估计值	参数标准误差	t 统计量	Prob
C	-84384.05	91569.52	-0.921530	0.3765
X_1	0.983337	27.92876	0.035209	0.9725
X_3	4.443475	53.60392	0.082895	0.9354
X_4	4.675420	1.168732	4.000421	0.0021
可决系数	0.762538	被解释变量的均值		126680.8
调整的可决系数	0.697775	被解释变量的标准差		117269.0
回归标准差	64468.60	Akaike info criterion（AIC 准则检验）		25.20892
残差平方和	4.57E+10	Schwarz criterion（SC 准则检验）		25.39774
对数似然估计值	-185.0669	F 统计量		11.77437
DW 统计量	1.116626	F 统计量的概率		0.000928

6.5 民间资本支持中小企业发展——调查问卷分析

中国整个金融体系对资金的供应呈现相反的“扭曲”状态，对经济增长贡献不到30%的国有经济部分，获得的贷款资源却占金融机构贷款总量70%以上，而对经济贡献高达70%的中小企业，只能获得30%的贷款。就此而言，可以说，如果没有民间借贷等“灰色金融”发展，就没有中小企业为主的民营经济的发展。由于民间借贷是特殊群体，对经济贡献目前还尚未有绝对客观与公正的评价。国内的文献也还没有对中小企业民间借贷需求定义达成共识，缺乏一个能够有效识别、衡量信贷需求的分析框架。① 目前还没有广为接受成熟衡量方式，以至于无法有效而具体描述民间借贷对经济增长的贡献，并以此考核其成效。我们试图以民间借贷活动比较多的浙江地区为样本，从中小企业信贷需求角度，在二元金融结构市场非均衡条件下，通过民间借贷提供中小企业资金需求，建立实现产出增加的分析框架，通过大样本问卷实证探讨民间借贷对中小企业增长的相关性，分析中小企业增长背后的原因及民间借贷的贡献，诠释信贷配给与信贷约束下中小企业信贷需求及满足信贷需求的现实选择和制度安排。

6.5.1 理论模型与研究假说

就一般发展中国家而言，经济发展的障碍或瓶颈主要有以下两个：①存在大量的剩余劳动力。过剩的劳动力使得单位劳动力拥有的生产资料相对稀少，收入水准也就长期处在一个较低的水准；②缺乏资本的投入，使得生产技术不能够得到有效的改进，导致生产率很难提高。我们根据索洛经济增长模型：$Y = F(K,L)$（K 表示资本，L 表示劳动），在规模收益不

① 刘西川等. 贫困地区农户的正规需求：直接识别与经验分析 [J]. 金融研究，2009 (4).

变假设前提下，生产函数表示为：$y = f(k)$，k 则是人均资本存量。人均资本存量作为关键变量决定经济增长。本研究就是建立在一个充分竞争不存在技术进步和规模经济改变的情况下，根据索洛模型，分析产出的主要因素，即总产出主要依靠资本 K 投入，当资本投入大时总产出就大。很多文献表明，由于交易成本原因，目前在中国大多数地区的中小企业，借贷更加倾向于依赖民间借贷，信贷需求依然是从民间借贷渠道获得。在中国中小企业信贷市场上，民间借贷形成了对正规金融的替代。由于我国中小企业面临着市场约束和具有的资源禀赋特征，融资成为发展的重要手段之一，通过融资扩大生产规模，增加产出，增加信贷供给可以显著增加其经济动力，借贷多少对其发展具有显著作用。基于上述研究架构，我们认为浙江民间金融发展是为克服金融抑制下的资金短缺而由民间自发创造，旨在改变原有资金流动格局并促进中小企业经济发展的一项制度供给，探讨浙江民间金融对中小企业产出增长的影响效果。在此基础上提出研究假设：浙江地区民间借贷在一定秩序框架下与中小企业产出增加具有正相关性。

6.5.2　研究变量与操作性定义

我们从中小企业信贷需求的角度，根据索洛经济增长模型建立在二元金融结构市场非均衡前提下，通过民间借贷提供中小企业信贷需求，解决中小企业融资难实现产出增长的理论分析模型，探讨民间借贷对中小企业产出的影响效果。以浙江地区问卷调查数据为依据，实证检验民间借贷与中小企业增长相关性。由于民间借贷主要表现为资金供求者之间直接完成或通过民间金融中介机构间接完成的债权融资关系。[①] 据此，民间借贷可以定义为一种资金活动，是指民间金融机构或个人为满足中小企业生产经营正常运行以及进一步发展的需要，所进行的不断提供资金的活动。中小企业信贷需求可定义为企业对民间金融贷款产品的有偿还能力的借款意愿。由于经济增长核算通常是依靠 GDP 等统计，将中小企业经济增长定义为产出增加，用产出量衡

① 江曙霞、秦国楼（2001）认为，民间金融活动（或组织）是一种复杂的现象，它既包括直接融资类型的活动，也包括金融中介类型的组织；既包括保障性质的互济互助，也包括商业性质的资金融通。

量中小企业经济增长。

6.5.3 研究方法与信效度检验

作者采用问卷调查方法。由于缺少一个现成的被广泛使用的民间借贷相关问题量表供参考，作者只能通过大量阅读文献和访谈，设计一个调查问卷，经过相关专家修改后使之具有专家效度。通过对典型中小企业的走访，进行施测。对问卷存在的问题，通过对原有量表中金融服务需求等进行删除，经过修改得出正式量表，即得到正式调查问卷。通过预试修改问卷后，确定了比较有代表性区域作为调查对象，2011 年在浙江余姚、象山等四个地区进行抽样调查，采用基本统计、方差分析和回归的统计方法对调查结果进行定性和定量分析。分别选择制造业、服务业、种植业为对象的企业，锁定企业老板、财务人员、业务人员，其原因在于这些人员对企业的资金运用状况了解程度最高。采用分层随机抽样调查方法，发放 250 份问卷，实际有效问卷回收 129 份，有效回收率为 51.6%。

研究使用 Cronbach's Alpha 一致性检验，信度检验发现四个维度 Alpha 系数分别为 0.788，0.688，0.782，0.797，每个维度问卷的信度都比较好，都高于 0.6，所以本问卷具有较好的信度，可以用来作为本研究的正式问卷。

表 6－16　各维度信度分析

维　度	克朗巴哈 α 系数	标准化的 α 系数
第一维度	0.788	0.809
第二维度	0.688	0.625
第三维度	0.782	0.700
第四维度	0.797	0.688

为了保证问卷结构效度，我们采用主成分分析法对问卷的各项目进行因素分析。KMO 值为 0.834，表示适合进行因素分析。此外，从 Bartlett's 的球形检验的卡方值为 707.188，并达到显著水准，代表母群体的相关矩阵间共有因素的存在适合进行因素分析。

表6－17　Bartlett's 检验

KMO 效度检验		0.834
Bartlett 球形检验	近似卡方	707.188
	自由度	300
	显著性	.000

根据旋转前的特征值和解释量，四个共同因子的解释量达到67.897%，能够解释问卷所要表达的维度特征。依据 Kaiser 的准则，共抽取四个共同因素，旋转后因子分布情况，特征值大于1的因素一共有四个，即“民间借贷需求”、“正规金融供给不足”、“民间借贷特征”、“民间借贷的效应”，根据旋转后的因子分布情况，所有项目在各自负荷的共同因数上都有较高的负荷量，因此本问卷有很好的结构效度。

6.5.4　实证结果与分析

作者在本部分运用描述性统计方法对实证结果进行分析。

描述性统计分析详见表6－18、表6－19、表6－20、表6－21、表6－22。

表6－18　描述性统计分析

		频数	频率	有效百分比	累计频率
有效数据	1	49	35.8	38.6	38.6
	2	29	21.2	22.8	61.4
	3	9	6.6	7.1	68.5
	4	40	29.2	31.5	100
	合计	127	92.7	100.0	
缺失数据		10	7.3		
合计		137	100		

表 6－19　　描述性统计分析

		频数	频率	有效百分比	累计频率
有效数据	1	72	52.6	57.6	57.6
	2	8	5.8	6.4	64.0
	3	45	32.8	36.0	100.0
	合计	125	91.2	100.0	
缺失数据		12	8.8		
合计		137	100.0		

表 6－20　　描述性统计分析

		频数	频率	有效百分比	累计频率
有效数据	1	41	29.9	31.8	31.8
	2	62	45.3	48.1	79.8
	3	2 1	15.3	16.3	96.1
	4	5	3.6	3.9	100.0
	合计	129	94.2	100.0	
缺失数据		8	5.8		
合计		137	100.0		

表 6－21　　描述性统计分析

		频数	频率	有效百分比	累计频率
有效数据	1	72	52.6	56.3	56.3
	2	39	28.5	30.5	86.7
	3	16	11.7	12.5	99.2
	4	1	0.7	0.8	100.0
	合计	128	93.4	100.0	
缺失数据		9	6.6		
合计		137	100.0		

表 6－22　　描述性统计分析

		频数	频率	有效百分比	累计频率
有效数据	1	52	38.0	40.9	40.9
	2	59	43.1	46.5	87.4
	3	15	10.9	11.8	99.2
	4	1	0.7	0.8	100.0
	合计	127	92.7	100.0	
缺失数据		10	7.3		
合计		137	100.0		

通过描述性统计分析发现“现阶段影响企业发展的主要因素”，分析结果表明，38.6%的企业选择了“资金不足”，由此发现，资金不足是众多影响企业发展因素中一项最主要的因素。调查“企业最想得到的金融服务”，分析结果表明，57.6%的企业选择了“资金需求”，由此发现，企业最希望得到的金融服务是资金服务。调查“企业生产经营在什么时期对资金需求最强烈”，分析结果表明，41.8%的企业选择了“成长期”，由此发现，处于成长期的中小企业对资金需求是最强烈的。调查企业借款的渠道，30.5%的企业会向亲戚朋友借款，12.5%的企业会向民间金融机构借款。企业借款的用途46.5%用于资金流通需要。

根据样本资料可计算出借贷量与产出之间的 Pearson 样本相关系数为 0.998，在1%的显著水平下表明两者高度正相关，验证了假设一，具体的 SPSS13.0 结果输出如表 6－23 所示。

表 6－23　　相关分析结果

		借贷量	产出
借贷量	Pearson 相关系数	1	.998（**）
	双侧检验	.	0
产出	Pearson 相关系数	.998（**）	1
	双侧检验	0	.

注：（**）表明在1%水平下显著。

假设获得了支持，显示浙江地区中小企业通过民间借贷，产出提高，两者显著相关，样本资料计算出借贷量与产出之间的 Pearson 样本相关系数为0.998，在1%显著水平下表明两者高度正相关，验证了假设。为进一步说明借贷量对产出的影响，得到的样本回归方程为 $Y = -60481.71 + 1.34X$，在1%的显著水平下通过T检验与F检验，结果表明借贷量每增加1个单位，会引起产出平均增加1.34个单位。与罗丹阳研究结果[①]吻合。

研究结果表明中国信贷配给与信贷约束下的中小企业信贷需求由于金融供需结构性失衡，中小企业寻求民间借贷是现实环境与制度环境下不得已的选择，中小企业通过民间借贷突破了信贷约束。因此在金融需求多维度多层次情况下，应该构建多元化和竞争性金融体系，发挥市场在资源配置中作用。

① 罗丹阳（2006）认为，民间借贷有助于克服中小企业的弱质性，民间借贷不仅有助于克服中小企业的融资约束，同时也克服了中小企业的融资需求约束，促进了中小企业发展和壮大。

第 7 章

民间资本支持中小企业发展政策与实践

民间资本对于促进中小企业发展具有不可替代的优势，2012 年 2 月 21 日，最高人民法院发布的《关于人民法院为防范化解金融风险和推进金融改革发展提供司法保障的指导意见》[①] 从法律意义上肯定了民间借贷的积极作用，强调保障民间借贷对正规金融积极作用，表明民间借贷具有制度层面合法性。健全民间融资体系，才能真正有效地对民间资本进行引导和利用。只有对民间资本进行规范化制度安排，才能使中小企业的融资缺口得到稳定的补充和发展，为中小企业服务。完善融资制度，对当前的金融制度进行改革和创新，促进民间资本制度安排的转变。融资制度创新的目标便是通过选择适合中国经济发展的融资制度模式，有效的积聚资本、分配资本和使用资本，解决资本经济发展过程中的资金短缺，不断提高资本效率，为中国经济发展提供动力。

---

① 指导意见提出了五项措施保障金融市场协调发展。①保障信贷市场规范健康发展。依法承认民间金融的法律地位，妥善处理民间借贷等民间金融案件。维护合法民间融资，提高资金使用效率，保障民间金融对正规金融积极补充作用。②保障证券期货市场稳定发展。③依法保障保险市场健康发展。④促进金融中介机构规范发展。⑤完善金融企业市场退出机制。

7.1 “非公36条”与“新36条”的实践

1978年党的十一届三中全会提出在以公有制为主体前提下多种经济成分共同发展的指导方针。由于非公有制经济的逐渐壮大和市场经济体制的建立，中国不断补充和完善非公有制经济方面的法律，特别是不断明确非公有制经济的地位和作用，并从法律上对非公有制经济加以确认并给予保护。1988年第七届全国人民代表大会第一次会议通过的《宪法修正案》，用国家根本大法形式把私营经济地位确定下来。这之后，1999年《宪法修正案》明确提出了非公有制经济①的概念，2004年《宪法修正案》将“对非公有制经济的引导、监督和管理‘改为’鼓励、支持和引导”。2005年2月国务院颁布了《国务院关于鼓励支持和引导个体私营等非公有制经济发展的若干意见》（以下称“非公36条”），是中国第一部以促进非公有制经济发展的政府文件。“非公36条”最大突破是第一次明确提出允许非公资本进入垄断行业和领域，石油、铁路、电信等传统垄断行业“非公”准入门槛首次被打破。2010年5月国务院又发布《国务院关于鼓励和引导民间投资健康发展的若干意见》（以下称“新36条”），成为改革开放以来第一个专门关于促进民间投资健康发展的文件。2013年7月，国务院发布《关于金融支持经济结构调整和转型升级的指导意见》，明确提出“尝试由民间资本发起设立自担风险的民营银行”。

“新36条”中再次扩大了民间资本准入的领域、明确了政府投资范围、提出了民间资本进入的具体途径和方法。主要有：项目业主招标、承包、租赁、产权或经营权转让、参与国企的改组改制等。在国企的改制重组中，民间资本也被鼓励参与其中。民间资本参与国企重组的方式多样，如参股、控股、收购资产等。与此同时完善了支持民间资本发展的措施，

---

① 在法律规定的范围内，个体经济、私营经济等非公有制经济是社会主义市场经济的重要组成部分。

不利于民间资本发展的有关规定先后被废除和修正，合并对民间资本的审批程序、政策等，简化了民间资本审批的程序，减少了民间资本程序准入障碍。同时，“新 36 条”还提出要推进体制、机制改革，完善对民营企业的收费制度，为民营企业提供相应的优惠补贴和支持，保障民间资本的顺利进入，为民间资本的市场准入扫清壁垒。

“新 36 条”允许民间资本参与中小金融机构①，提出了一系列放宽民间资本准入金融机构的政策，使民间资本的成本和风险都有所降低。对小贷公司的有关农业方面的业务实行财政补贴，并且在补贴程度和政策上，享受与村镇银行同等的待遇。这使得小贷公司迅速发展。

从表 7－1 中我们可以看出小贷公司的机构数量 2011 年上涨 63.8%，从业人员数量上涨 68.9%，实收资本增加 1537.73 亿元，贷款余额上涨 198.2%；2012 年小额贷款公司的机构数量上涨 42.0%，从业人员数量上涨 49.4%，实收资本增加 1828.31 亿元，贷款余额上涨 151.3%。

表 7－1　　全国小额贷款公司情况统计表

年份	机构数量（家）	从业人员数（人）	实收资本（亿元）	贷款余额（亿元）
2010	2614	27884	1780.93	1975.05
2011	4282	47088	3318.66	3914.74
2012	6080	70343	5146.97	5921.38

资料来源：2013 中国区域金融运行报告。

以上分析可以看出“新 36 条”公布以来，对民间资本产生了一定的影响，促进了民间资本进入民间金融机构，有利于为民间资本市场准入扫除障。为民间资本进行投资提供了一个稳定的投资渠道。同时由于小贷公司对应的是以小微型民营企业为主的中小企业，小贷公司的增加，将有利于解决中小企业融资困难问题，为中小企业的发展提供了一个新的契机。

---

① “新 36 条”再次提出要“允许民间资本兴办金融机构”，其中第 18 条明确指出：“支持民间资本以入股方式参与现有商业银行增资扩股，参与农村信用社、城市信用社改制”、“鼓励民间资本发起或参与设立村镇银行、贷款公司、农村资金互助社等金融机构”、“支持民间资本发起设立信用担保公司”、“鼓励民间资本发起设立金融中介服务机构，参与证券、保险等金融机构改组改制”等。

7.2 民间资本发展现实困境与制度摩擦

尽管“新36条”实施后产生了一定的积极影响，但是效果不尽理想，民间资本作用并没有得到充分发挥。2010年6月浙江省工商联在《关于国务院“非公经济36条”和省政府“非公经济32条”贯彻落实情况的调查问卷分析报告》中指出，非公企业对国务院“老36条”执行情况不满意率高达21.4%，报告还显示：在这次接受调查的800家企业中，已经进入到垄断行业、基础设施领域及公用社会事业领域的企业不到10%。只有5.8%的受调查企业认为基本没有“玻璃门”现象，而认为遭受“玻璃门”现象比较严重和非常严重的比率却高达63.9%，民间投资依然遭受“两门”[①] 的制约。

“新36条”提出“允许非公有资本进入金融服务业”，其中“允许非公有资本进入区域性股份制银行和合作性金融机构，符合条件非公有制企业可以发起设立金融中介服务机构。允许符合条件非公有制企业参与银行、证券、保险等金融机构的改组改制。”但现实中政策与政策执行明显脱节，“新36条”内容并没有得到实际落实。对民间资本开放也没有取得什么进展，民间资本在金融领域仍然无法突破。

① “两门”指的是“玻璃门”和“弹簧门”。“玻璃门”指的是政策上已经对民间资本开放的行业，实际限制的现象。“弹簧门”是指民间资本花了不少心血进入了垄断行业，但是随时都会被非市场因素“弹”出。

7.3 民间资本发展障碍

由于经济不确定性增加，宏观与微观层面经济的差异性大，当政府需要刺激经济的时候，往往是国有资本一次次的扩张，但这都很难传递和影响到中小企业，经济复苏的前景不明朗、市场信心低迷等使得民间资本缺乏投资信心，经济发展的内生动力不足成为制约经济稳定增长的瓶颈，民间资本发展存在着体制障碍、政策障碍、经济障碍、自身障碍，从投资方面看，目前主要涉及市场准入、行政审批、公平竞争三个方面。

(1) 行业准入——经济性进入障碍（规模经济）

从 2001 年之后，国有资本几乎就没有进入到食品饮料、纺织服装、家用电器等行业中。当今国有企业集团聚集在少数上游产业，并逐渐形成了寡头垄断的地位，其数量在逐渐减少，但是盈利能力则迅猛增加。数量巨大的民营资本被限定在下游产业之中，“名义开放、实际限制”的“玻璃门”现象十分严重。

投资领域分为竞争性投资领域、基础性投资领域和公益性投资领域。[①] 目前民间投资主要集中在前一个投资领域，政府投资集中在后两个投资领域。民间资本在行业准入方面长期以来存在着许多壁垒，特别是在传统垄断行业和领域。目前民间资本主要在制造业、批发零售业、住宿餐饮业等领域投资占比较大，垄断行业中民间资本进入的比重不到 20%。根据有关方面的统计，在全社会 80 多个行业中国有资本可以进入的有 72 个，外资可以进入的有 62 个，而民间资本可以进入的只有 41 个，民间资

① 竞争性投资领域包括工业（不含能源）、建筑业、批发和零售餐饮业、仓储业、服务咨询业、金融保险业等；基础投资性领域包括农林牧副渔水气象基础设施、能源、交通邮电通讯、地质普查和勘探业等；公益性投资领域包括科、教、文、卫、体、环保等设施，公、检、法、司等设施，政府、社会团体、国防实施。

本的不公平待遇在此显而易见。[①] 而且允许民间资本进入的行业和领域都存在着激烈的竞争，比如工业制造业和第三产业中的一般商业服务业，这些行业大部分已处于产能过剩和市场饱和状态。这些行业和领域对民间投资主体缺乏吸引力，民间资本不愿在这些行业中投资。浙江省工商联针对近800家企业的调查显示，浙江民间投资已经进入到垄断行业、基础设施领域及公用事业领域的企业还不到10%，民间投资受到很大的限制，行业垄断的后果是民间资本只能在充分竞争领域内流动。[②]

国家统计局划分的20个行业中，其中，邮政、电信、航空、铁路、电力、自来水为自然垄断行业，这些垄断行业的存在有其必然性，因为存在规模效应、外部效应和进入门槛。“新36条”首次提出，“明确界定政府投资范围”，政府的投资将主要用于关系国家安全、市场不能有效配置资源的经济和社会领域，投资重点应该放在关乎国民经济命脉的重要行业和关键领域。2006年出台的《关于推进国有资本调整和国有企业重组的指导意见》对这些行业做出明确定义，即军工、石油石化、煤炭、电网电力、电信、民航、航运七大行业。除了这七大行业其他行业均属于一般竞争性行业。而2005的“非公36条”第一次明确提出允许非公资本进入垄断行业和领域，铁路、电信、石油等传统垄断行业，“非公”准入的门槛首次宣告打破。“新36条”由2005年“非公经济36条”的7个方面细化为电信、交通、能源、市政公用事业、基础设施、国防科技工业等6大领域16个方面，范围更具体。因此，目前国有投资面已经基本覆盖了国民经济的各个领域，除了传统的基础设施领域和公共设施管理业外，房地产等充分竞争领域的国有资本比例也在大幅攀升。

①国企垄断权的排斥。竞争性领域应遵循市场规律，放开竞争。但国企的垄断权是靠行政权力获得的，逐步形成了垄断利益，垄断利益具有排他性，排斥竞争者的进入。对民营资本的诸多限制并不是从社会、公众的利益出发，而是从垄断利益出发。有些国有企业长期垄断经营的领域，到了无利可图和亏损之时，才让民营企业参与。开放竞争性产业的关键在于废除垄断权利，但这似乎并不是某一地方政策可以解决的，还需要相关法

---

① 王元龙. 民间资本的发展及其金融选择［J］. 武汉金融，2011（2）.

② 投资结构调整与经济结构变迁. http：//news. 10jqka. com. cn/20120521/c527736873. shtml.

律的配合。

②公权力的滥用。目前中国的国企政企不分问题依旧严重，国有企业本身就是政治分配的一种资源，有可能会出现一些国有企业管理层利用公权力打击民营竞争对手的现象，譬如国有企业高管和行政部门官员交叉任职，民间资本的合法权益得不到充分保障。导致政府在在履行其弥补市场缺陷职能的同时，难免会出现滥用权力的行为和决策的随意性。

③民企自身实力的障碍。民企自身实力的障碍也可称为“资本金的准入壁垒”。目前影响民间投资的因素并不完全是国家政策和法规、国企排斥，也存在民营企业自身实力的障碍。民间资本难以走出投资困局有着自身的因素。首先，民间资本具有分散性。民间资本虽然总量巨大，但极为分散，对于单个拥有者而言数额有限，不具有规模效应。分散的民间资本因无法构造投资组合而面临着极高的投资风险，因此相当大部分的投资者不能采取直接投资方式。其次，民间资本具有盲目性。一般民间投资主体对政策信息不敏感，投资决策水平普遍偏低，很难准确把握宏观经济形势和市场变化，缺少必要投资理性。最后，民间资本具有过度的“逐利”本性，期望短期获得巨大利润。民间资本的这些特性大大制约了其发展，在利用民间资本的时候需要考虑其固有的本性，只有这样才能使民间资本真正发挥作用。民间资金必须改变原来“小而散”的局面，进行规模化投资。同时，要不断提高民间投资的能力和质量。

(2) 行政审批——制度性进入障碍

民间资本市场进入的制度性壁垒包括内在制度壁垒与外在制度壁垒。其中“内在制度壁垒包括习惯形成的进入壁垒，内化规则形成的进入壁垒，习俗形成的进入壁垒，正式化内在规则形成的进入壁垒。”① 习惯形成的进入壁垒主要是民众的选择性偏好、商业操作习惯等形成的民间资本进入障碍；内化规则形成的进入壁垒主要是传统道德、社会意识形态、人们的价值观等形成的壁垒；习俗形成的进入壁垒主要是社会信息控制系统如政府主导下的公民社会、“情法共治”习俗等形成的进入障碍；正式化内在规则形成的进入壁垒包括行业协会、中介组织等形式。外在制度壁垒主要包含以下三种：由各种法律等的禁令规则所构成的阻碍导致的外在行

---

① 杨永忠. 民营经济进入垄断行业的制度性壁垒. [M]. 经济管理出版社，2010.

为规则壁垒；由各种部门法规、政策等具有特殊目的的指令构成的阻碍；由政府的行政诉讼机制限制民间资本的进入。

虽然要求国有资本从一般竞争性行业逐渐退出，把市场还给民营资本，但现实是依然存在很多无形的“行业准入限制”。我国投融资体制的根本性制度是审批制度。政府资本即使在一些竞争性领域也能保持垄断，排斥民间资本，这往往不是依靠法律法规，而是依靠审批。可以说是所有制歧视的进入壁垒，主要是民间资本受到歧视性的进入壁垒，通过行政性准入管制对民间投资的进入壁垒，在准入条件上对国内民间资本存在着明显的歧视，这种以审批为基础的对民间资本的排斥，不同于国外以法律为基础的政府资本的垄断，为“行政性垄断”。虽然准入，但设限严格，门槛非常高。

如对投资规模超过一定限额的项目和一些实行宏观调控的产业建立了以投资项目审批为主要内容的准入管制。这样不仅使一些产业的新厂商进入受到限制，即使在位厂商只要投资项目规模超过限额也必须获得政府的审批，从而造成了较大的进入壁垒。因此有些领域虽然开放了民营企业投资经营，但与国有企业和外资企业相比，民营企业投资经营面临更多的前置审批，在项目审批、土地征用等一系列环节上，形成了对国内民间资本无形的进入壁垒。

除了这些明确的限制外，由于政企、政事分开尚不到位，有关主管部门往往以各种比较隐蔽的方式对民资、民企设限，审批程序复杂，进入条件苛刻，致使民间投资可望而不可及。有关方面对一些民间投资项目审批慢、手续复杂、过程冗长，造成民间投资的成本高、周期长，从而也降低了民间投资的效率与信心。

（3）公平竞争——环境障碍

计划经济时期的投资管理体制，其负作用非常突出：一是对经济活动构成直接的干预，扭曲了正常的经济行为；二是保护了垄断利益，阻碍了有效竞争；三是产生了扭曲的进入激励，甚至一些企业以获得“稀缺政策”为目的，使得一些企业依靠“壳”资源生存；四是行政审批实际上是为企业开具了政府信用证明，少数企业可借此谋求投资和银行贷款；第五是不可避免地出现权力寻租。所有的这一切都导致对公平竞争的背离，破坏了公平竞争的环境。民间资本即使能与国有资本进入同一个领域，也无法与国有资本享受同等待遇。从国家的政策看，政府希望通过进一步拓宽民间投资领域与范围，并积极采取措施。但真正吸引民间投资进入，还需要坚持“让利于民”的原则。在现有的市场规模下，应该让民间资本进入利润丰厚的行业，而不仅仅是进入一些产能过剩的、不获利的行业。

1）民间资本在参股的重要行业没有公平的财产分享权。民间资本进入铁路领域没有控股权，进入小额贷款领域一旦升级为村镇银行就要由国有商业银行控股，进入航空领域则有国有航空公司的航线、航班的制约。没有公平的财产分享权，没有起码的股东权益，民间资本观望等待成为了最好的选择。“新 36 条”中规定了如电信、石油等领域，民间资本只能以参股，而不能成为与国资平等的市场主体。“参股不控股等于做贡献。”这也是许多民营企业所担忧的问题。

2）融资机制不健全，融资难这一问题不但没有得到缓解反而是难上加难。融资问题仍然是当前民营经济所遇到的最核心问题，它并没有随着中央出台的相关政策而有缓解的迹象，民营企业依然游离在主流融资体系之外，而其他的融资渠道的供给及服务功能有限。多层次资本市场体系尚未健全，这使得民间资本难以转化为民间投资，也使得民营企业缺乏资金支持。在金融危机影响下，出于防范风险的原因，信贷资金更多地投向大项目和大企业，又比如目前的并购贷款，由于风险较高，银行在开展并购贷款业务时均较为谨慎，且偏好比较明显。对于信誉很好的国有大型企业，通常只要国资委下发并购批文，银行甚至可以提供无抵押物的信用贷款资金，作为并购贷款发放下去。甚至国企可能享受相关贷款利率下浮 10% 的优惠，而民企的利率可能上浮 10%。民营企业融资难的问题更加突出，尤其是中小企业。

3）投资服务体系不完善，经营环境的不平等。民资、民企难以在众多行业取得发展的关键原因是不公平竞争，不仅是市场准入的不公平，还有价格管制、政府补贴等行政干预造成经营环境上的不平等。民企面对强大的垄断力量，缺少公平竞争的环境。同时，政府对民间投资存在监管多、服务少的问题，缺乏产业政策支持和投资信息指导，商会和行业协会对民间投资的支持作用不够，同时缺乏系统、专业的社会中介服务，民间投资风险较大。

第8章

民间债务风险与风险控制

既然民间借贷已经成为中国金融生态中长期存在的事实，在有效利用并发挥其作用的前提下，民间融资方式的活跃和自由，适应了中小企业资金需求额度小、期限灵活、频率高、地域性强的特点，但由于民间借贷的自发性、分散性、隐蔽性、盲目性、规模小、不规范和利率高等特征，加之其不受法律约束，游离于政府监控体系之外，潜伏着极大的风险。当大量风险聚集时则很容易爆发，尤其是在当前实体经济不振、经济投机和炒作，使得民间借贷超越了安全边界，放大了民间借贷风险。因此，有必要对民间借贷行为进行规范及纳入监管，控制其风险。

8.1 民间债务风险及存在的问题

民间借贷规模的扩张、利率高企、信息不畅和声誉不良是导致民间借贷危机爆发的重要原因。从内在机理来看，民间借贷基于地缘、血缘关系等熟人社会存在，使得民间放贷者对中小企业的信用、经营能力、经营状况、项目盈利状况等信息有较充分的了解，也就是说在一定程度上，软信息使得放贷者能够了解借款者的偿还能力，这也使民间借贷成为中小企业融资重要渠道。但这种软信息优势会伴随民间借贷规模和边界的扩大而降低，信息不对称问题又会显现。因此，规模巨大的民间借贷都存在相当大的信息不对称问题。当信息不对称加剧，超出一定界限，声誉信息无法传递，导致借款者放弃声誉收益，民间借贷风险就会爆发。

8.1.1　民间债务风险产生的原因

（1）法律缺失导致民间借贷合法地位不明确

中国目前没有关于民间借贷的专门法律制度，只能依据合同法、民法、行政法规等法律来约束民间借贷行为，因此中国民间借贷缺乏应有的法律地位、法律保障和法律约束①，这使得合法民间借贷与非法集资及“高利贷”难以划清界线。这不仅不利于民间资本的生存和发展，还容易产生金融风险。中国多起民间借贷债务危机很大部分原因就是没有专门的民间借贷法律规范。然而，因为民间借贷有较高的利息收入，在缺乏有效投资渠道的情况下，低存款利率和高利率收入的诱惑，吸引了大量的社会资本。但是高利息就代表着高风险，大量风险的集合则很容易变成“非法集资”等行为（见图 8－1）。

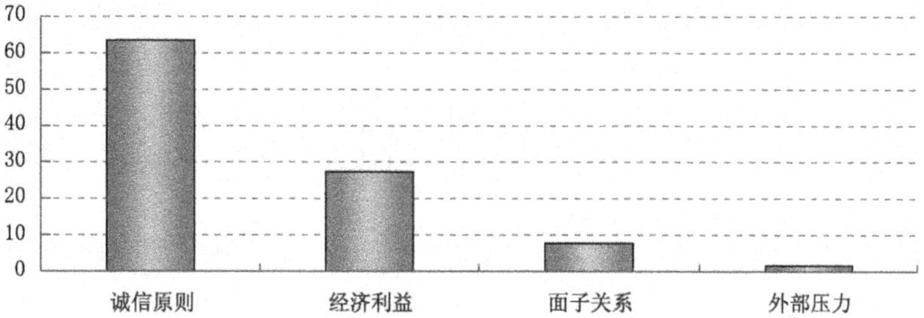

图 8－1　民间借贷信用基础

资料来源：吴景颐．小额信贷与农村经济发展研究［D］. 中南民族大学，2009.

（2）监管缺位导致民间借贷不确定性增加

民间借贷机构的管理不仅没有一个统一法律政策，同时也没有统

① 张成翠，韩颖慧. 论民间金融及其规范化发展［J］. 经济问题，2008（12）.

一的监管主体。民间金融以其信息、融资成本等优势经久不衰，但由于其未被纳入到国家金融监管体系，再加之民间金融的高风险、隐蔽性强等缺点，很容易累积风险，且难以有效控制。据吴景颐调查表明，民间借贷很大一部分的还款基础建立在双方的信任上，暴露出了其还款风险。①

由于民间借贷本身的缺陷，违约事件、债权债务不断发生纠纷。在这样的基础上，又缺乏规范的法律保护和监管，各种纠纷层出不穷。许咏梅（2004）通过研究表明民间金融游离于国家政策法规之外，缺乏制度保障，风险的不确定性增加，当事人利益无法真正得到保障，这也是近年来非法集资、合会“倒会”事件频发的一个主要原因。由于我国经济实践中长期将借贷融资的规制和监管的标准建立在主体资质判断上，忽略了民间资本积累的快速发展和经济实力的日益增长，从而对金融监管与规制的理解出现了误差，错误地将资金来源于私人的借贷与融通认为是“本身违法”的，并以其实质上不规范、不正式、缺乏现代化管理而形式上未经国家审批而设立为理由归类为不合法借贷方式。民间融资体现出的不正规性和未经审批很大程度上源于现有的监管制度并未给予其正规化的途径，缺少管理、未经批准等仅是民间融资的外在表现，其核心仍然是没有纳入正规的风险规制和金融监管制度下。特别规制和金融监管制度的设立既是金融现代化的基础又是金融制度化的标志，在完善市场经济建设的过程中，规制与监管制度是正规化的保障，代表了金融系统健康化发展的可能性。资金的来源并不先天的决定借贷行为的经济风险，民间借贷问题归根到底，并不是“民间”的问题，而是“借贷与金融”本身的问题。

（3）范围和规模界限控制导致民间资本突破约束边界

民间借贷依赖的“共同体内部信任”是存在边界的，民间借贷合约履行的道德机制或双边（多边）声誉机制是依赖于特定血缘、地缘和亲缘等社会关系。但随着目前流动性的提升，一旦突破特定区域进行经济活动，就极易出现违约风险。史晋川（2011）认为，目前和过去相比，民间借贷发生了变化。原来曾经在民间借贷中发挥过重要作用的合约执行机

① 吴景颐.小额信贷与农村经济发展研究［D］.中南民族大学，2009.

制已经不能有效地保障借贷合约有效履行，导致民间借贷市场风险不断集聚，甚至会引发民间借贷风险。[①] 杜朝运（2001）指出，基于传统的诚信理念之上的民间借贷，只适合于具有道德良好、彼此熟络、规模较小的团体，靠信任和声誉维持其正常运行。然而经济的发展使融资范围不会仅局限于小团体内部，范围的扩大可能会导致民间金融全面崩溃。张杰也持有这样观点。[②] 民间借贷组织规模、发起者承诺的利率、收益率、参与者合约执行成本、发起者违约惩罚贴现值等成为了民间金融组织风险产生的重要影响因素。民间借贷通常用于弥补短期的资金缺口，供给和使用的前提是依赖于民间借贷的短期经济关系之上，缺乏对市场的长期预测。资金链随时破裂，因而不利于企业自身与地方经济的长期发展。许国平、陆磊（2001）从信贷市场角度，对金融体系的道德问题运用不完全合同理论进行了深入研究，指出道德风险是形成金融风险的重要因素之一。[③] 徐联初、肖晓光（2001）认为，由于银企之间的信息不对称，商业银行需要更多地借助信用担保、履约声誉和多次重复博弈等手段加强对信用风险的管理。[④]

8.1.2　当前民间借贷存在的问题

1）大量的民间借贷流向了房地产等投资领域，随着房价波动，依靠高利贷维系的资金链很容易出现断裂的风险。

2）民间借贷高利贷化，民间借贷长期处于灰色地带，当货币紧缩民间借贷高利贷[⑤]化的趋势会非常明显。不仅在温州，在全国很多地方都是

---

① 民间资金用途由消费和小本的商业经营转而变为民营中小企业流动资金周转和固定资产投资等生产经营活动，使得民间融资规模迅速扩展，单笔融资规模越来越大，资金参与人数也迅速增加，血缘、地缘关系越来越松散，甚至资金最终使用者和放贷者之间甚至没有什么关系，资金使用者通过会首筹集到所需金。

② 张杰认为其具有封闭性，资金的运行和管理主要在血缘、人缘、地缘的小团体里进行，依靠信用和名誉维系，一旦突破此范围，就会变成毫无保障的高风险投资，甚至变成纯粹的欺诈活动。

③ 许国平，陆磊不完全合同与道德风险：90 年代金融改革的回顾与反思金融研究［J］. 2001 年（2）.

④ 徐联初，肖晓光. 信息不对称条件下的银企关系问题与产权因素［J］. 金融研究，2001 年（8）.

⑤ 高利贷是指索取特别高额利息的贷款。它产生于原始社会末期，在奴隶社会和封建社会，它是信用的基本形式。由于高利贷在很多地区是非法或受很大的法律限制，非法的高利贷借款契约不受法律保护。

如此。

3）中小企业也卷入了“炒钱”游戏。在民间借贷利率不断创新高的情况下，中小企业通过民间借贷获得的资金如投资实业只能是亏损，有一些中小企业只能将获得民间借贷资金再次高利贷出去，以钱炒钱，成倍放大风险，使得以前主要为中小企业提供资金的民间借贷逐渐脱离实业，进行“以钱炒钱”投机活动。如果说金融抑制滋生高利贷，中小企业产业空心化和投资炒作无疑使风险更大。

8.2 民间债务风险特征

8.2.1 直接借贷关系发展为中介人借贷关系

无论什么形式的民间借贷都有着特定的信息获取方式与合约实施机制，其共同的特征是依靠资金供求双方的人缘、地缘和血缘等社会关系获取相关“软信息”，从而使得民间借贷可以克服中小企业“硬信息”不足的弊端，依靠“软信息”有效配置资金。而信任与人缘、地缘关系等社会关系有着千丝万缕的联系。基于血缘、地缘等社会关系的特殊信任，使民间借贷往往带有很强的社会功能，违约成本高，违约率低。胡必亮（2004）通过对温州项东村合会的实地调查后发现会员组织或参与合会的主要目的都不是为了获利，失信率不到1%，即使在这1%的失信人群中，也没有一个人完全是因道德原因引起的故意违约行为。而且最近几年，失信率已经达到了零水平。但当中小企业普遍存在自身积累不足、外源资金渠道有限，资金缺口巨大时，在企业创建和发展的过程中对民间借贷都具有较强的依赖性。而相对于企业的投资回报周期，民间借贷往往是短期融资。这两方面因素都导致民间借贷规模具有扩张的内在动力机制。当单个放贷者的资金供给显然无法满足巨大的资金需求时，直接的借贷关系必然向中介人借贷关系发展，以中介人为桥梁的借贷关系，随着借贷链条的扩展，借贷行为完全是出于获利的目的，信任结构向逐利借贷转化，风险逐渐累积。

当前实体经济不振，即使中小企业将筹借的民间资金投入实体经济，但在成本上升、原材料价格上涨、需求下降的环境下，利润微薄甚至亏损。当高企的利息和微薄的利润差距越来越大，加之民间借贷较短还款期限，中小企业将无法通过利润还贷，在内外部压力共同作用下中小企业只能选择借新贷还旧贷，从而面临资金链断裂的风险。经济的繁荣掩盖潜在的风险，高额的利息会吸引更多参与者，最终产生民间借贷泡沫，而紧缩的货币政策则更加剧了市场的波动性。由此可见，民间借贷风险的累积是逐利结构不断扩展的结果。

8.2.2　单个借贷链演变为相互交叉借贷网

单个中小企业的借贷，某一个或某一些放贷者可能会向不同借款人放贷，而一些参与者或机构既是借款者又是放贷者，既是债务人又是债权人，这样交错信用“债权—债务”关系便产生，单个借贷链条相互交叉为一张借贷网。如果当经济波动某个信用关系出现问题，就会很快传播到其他部分，造成信用关系的扭曲错位，当众多交互错综的资金链断裂，严重的甚至会引发局部金融风险。赵凡繁认为合会规模越小，整体风险也就越小。因此合会健康运行也就越容易控制。但这样又可能限制合会资金聚合能力而使借款人不得不通过多个合会才能完全满足资金需求，而这样形成合会链存在巨大关联风险，一旦有人出现现金流障碍就会发生连锁倒会。

8.3 民间借贷风险模型构建

刘民权、徐忠、俞建拖（2002）在对台州合会调查的基础上分析合会存在的潜在风险，即关联风险、合会的蔓延性、利率和资金规模无法控制。赵凡繁（2003）对合会的利率和风险进行了理论分析和实证研究。[①] 我们借鉴 Hoff and Stiglitz 在 Moneylenders and banks：price - increasing subsidies in a monopolistically competitive market 关于农村金融市场监督成本和声誉有关假定，根据博弈论解释民间借贷规模、利息、信息成本（合约成本）、声誉导致民间借贷风险的过程。

（1）假设条件

1）模型前提假设是存在一个资金需求者，即借款人（中小企业或民间借贷中介高息集资者），N 个资金供给者（居民等）即放贷人，借款者将筹集的资金投入 ζ 项目，项目收益率为 λ。

2）假定需求者和供给者都是理性经济人，放贷者基于借款者的承诺利率参与借贷，期望获得高息。虽然民间借贷具有信息优势，但是这里假定放贷者对借款者存在监督。同时，假定借款者违约惩罚和放贷者的监督努力程度有关。借款者监督越严格，放贷者逃离借款者的监督越困难，彼此都会付出更大的成本。为了便于研究，假定两个成本相同，均用 e 表示。需要指出的是，对于放贷者来说成本在任何情况下都存在，对于借款者只有在其违约时才发生。借款者违约还要受到自身声誉损失的惩罚，该惩罚量化后用 l 表示。

3）构建模型分两个阶段，第一个阶段：借款者寻找放贷者并获得资金投入到项目运行；第二个阶段：项目运营阶段。这个阶段借款者策略是：遵守承诺、放弃声誉；放贷者策略是：继续投资、放弃投资。

（2）基于监督成本和声誉约束的民间借贷放贷者和借款者的合作博弈

图 8 - 2 是借款者和贷款者轮流进行策略博弈动态图。假设二者之间博弈次数为有限次，比如 50 次。假定借款者和放贷者基于可预期长期利益在开始阶段选择合作，数次博弈之后，假装选择合作策略借款者会获得较好的声誉，其从中获取利益远高于一次性博弈，这使得借款者在一定条件下选择合作策略。但当借款者放弃声誉价值获取收益大大高于损失时，

① 发现合会规模越小，整体风险也就越小，从而合会健康运行也就越容易控制；但另一方面它可能限制合会资金聚合能力而使借款人不得不通过多个合会才能完全满足资金需求，而这样形成合会链存在巨大关联风险，一旦有人出现现金流障碍就会有连锁倒会的危险。

就会选择违约。也就是说借款者有偿还贷款和违约两种类型，而放贷者并不知道借款者类型，只能通过观察借款者行动推断，或者修正对借款者类型先验信念，然后做出选择，继续投资与放弃。当借款者意识到这点，就会设法隐瞒真实信息传递对自己有利的信息。

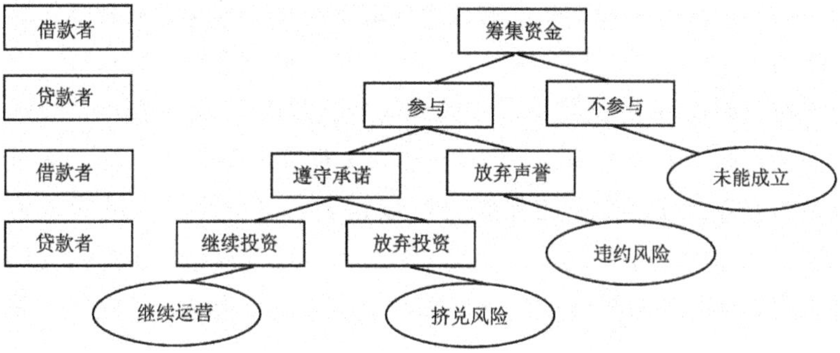

图 8－2　借款者与贷款者动态博弈图

这里选取数次博弈之后一次合作和背叛进行分析。放贷者基于借款者声誉和高息参与借贷活动中，当贷款者投资借款者项目时，如果借款者遵守承诺按期偿还贷款，那么贷款者获取本金和利息为 $\zeta(l+i)-e$，借款者获得的回报为 $\zeta(\lambda-i)$，这意味着借贷活动正常运转；如果借款者放弃声誉不偿还贷款，放贷者的损失为 $-(\zeta+e)$，借款者获得的回报为 $-\zeta_i$，这种情况意味着借款者的违约风险。

当放款者放弃投资借款者项目时，如果借款者遵守承诺按期偿还贷款，那么贷款者获取的本金和利息仍然为 $\zeta(l+i)-e$，借款者获得的回报为 $-\zeta_i$，这种情况意味着放贷者的挤兑风险；如果借款者放弃声誉不偿还贷款，民间借贷活动不成立。支付矩阵表示见表 8－1。

表 8－1　　　　支付矩阵表

		借款者			
放		遵守承诺		放弃声誉	
贷	继续投资	$\zeta(l+i)-e$	$\zeta(\lambda-i)$	$-(\zeta+e)$	$\zeta\lambda-e-l$
者	放弃投资	$\zeta(l+i)-e$	$-\zeta i$	0	0

根据支付矩阵，$\zeta\lambda-e$ 假设借贷活动为一次，即声誉贴现值 l 为 0，那么放贷者监督成本会远高于其借贷利息，即 $[\zeta(\lambda-i)-(\zeta\lambda-e)]>$

$0 \Rightarrow e > \zeta i$，这时放贷者不会进入民间借贷市场。

假设借款者和贷款者只考虑本期利益最大化，不考虑下期情况。如果放贷者率先行动，那么他将不会考虑借款者的声誉情况，在借款者遵守承诺的情况下，放贷者继续投资和放弃投资的收益相等，即 $[\zeta(\lambda+i)-e] = [\zeta(\lambda+i)-e]$，而在借款者放弃声誉的情况下，放贷者放弃投资的收益大于继续投资的收益，即 $0 > -(\zeta+e)$，这时放贷者将放弃投资，也就是说在没有声誉约束的情况下，（放弃投资，放弃声誉）为博弈的纳什均衡。如果借款者率先行动，只要 $l > \zeta i - e$ 借款者就不会违约，这时借款者策略为遵守承诺，放贷者策略为继续投资，也就是说（继续投资，遵守承诺）为博弈的纳什均衡。$l > \zeta i - e$ 也可以说只要借款者违约受到的惩罚大于借款者付给放贷者的利息，民间借贷活动就会运行下去。

（3）民间借贷风险的影响因素

借款者在一期违约后会受到下期的惩罚，假定借款者生命是无限期的，其后期借贷行为带来效用的时间贴现系数 $\beta \in (0,1)$。无论借款者是违约还是守约，一期结束后，放贷者都会有一部分退出借贷市场，假定这个比例为 b。由于信息流动问题，借款者在违约后没有被其他放贷者知道的概率用 π 表示。

在上面支付矩阵中，设本期借款者遵守承诺获得回报为 $u^r(\zeta,i)$，本期放弃声誉获得的回报 $u^d(\zeta,i)$，并且假定 $u^d \in (u^r,\infty)$，这样可得 $\frac{\partial}{\partial z}\{u^d - u^r\} \geq 0$，$\frac{\partial}{\partial i}\{u^d - u^r\} \geq 0$，也就是说借贷规模越大、利率越高，借款者违约的可能性越大。

假设有一个信用记录较好的借款者，其还款率较高。在生命限度内借贷行为产生的总共期望效用的折现值为 $W^r = u^r + \beta(1-b)W^r + \beta^2 bW^r$。

而一个过去有违约记录借款者，目前放贷者甄别为将来可以偿还贷款，其以后效用贴现值为 $W^d = \beta\pi W^r + \beta(1-\pi)W^d$。

借款者是否放弃声誉不偿还贷款取决于两个因素：A 放弃声誉获得的本期违约收益，B 未来放弃声誉获得的违约收益贴现值。只有当 $B > A$ 时，借款者会遵守承诺，不会违约。所以借款者偿还贷款的充分条件为 $W^r \geq u^d - e + \beta W^d$。

从上述三个关系式可以得到具有较好信用记录的放贷者遵守承诺的最优决策为：

$$e^{*} \equiv e + l \geqslant u^{d} - u^{r} - \beta u^{r}\left\{\frac{1 - b + \beta(b - \gamma)}{1 - \beta(1 - b + b\beta)}\right\} \rightarrow \gamma \equiv \frac{\pi}{1 - \beta(1 - \pi)}$$

从上式可以得出 $e^{*\prime}_{(b)} > 0, e^{*\prime}_{(\pi)} > 0, e^{*\prime}_{(\beta)} > 0$，这意味着放贷者继续参与借款的概率 $(1 - b)$ 越大，e^{*} 越小。而 b 负相关于 λ，所以借款者经营项目的收益率 λ 越高，e^{*} 也越小；而借款者违约后不能及时被知道的概率 π 越大，e^{*} 越大。折现因子 β 越大，e^{*} 越小。越小意味着借款者违约的可能性越低。当 e^{*} 是一定值的时候，e 和 l 则是此消彼长的关系，l 越大意味着借贷双方之间的关系越紧密，借款者违约造成的损失也会越大，这时需要的监督努力 e 越小，这是民间借贷的性质决定的。

（4）完全信息条件下，民间借贷运行条件

假设 $\pi = 0$，也就是说信息足够畅通，借款者违约信息成为共识。假定 u^{r}，u^{d}，b 任意给定，且 $u^{d} - u^{r} > 0$，$0 \leqslant b \leqslant 1$。存在 β 使得 $e^{*} > 0$，并且放贷者向信用较好借款者放贷时是有利可图，也就是 e^{*} 是 β 严格单调递减函数，即 $e^{*\prime}_{(\beta)} < 0$，由公式 $e^{*} = e + l \geqslant u^{d} - u^{r} - \beta u^{r}\left\{\frac{1 - b + \beta(b - \gamma)}{1 - \beta(1 - b + b\beta)}\right\}$ 可以推导出 $\beta \rightarrow 1$ 时，$e^{*} \rightarrow -\infty$；$\beta \rightarrow 0$ 时，这必然存在 $\bar{\beta}$ 使得 $\beta = \bar{\beta}$ 时，$e^{*} = 0$。这时借款者还款意愿与放贷者监督无关，因为随着 $\beta \rightarrow 1$，与一次违约获得回报相比，借款者违约损失声誉价值极大。当 $\beta < \bar{\beta}$ 时，$e^{*} > 0$，随着 β 远离 1 逐渐下降，放贷者需要付出监督努力也越大，放贷获利越来越小。当 $\beta \rightarrow 0$ 时，放贷将无利可图。因此必定存在一个 $\underline{\beta}$ 使得 $\beta \geqslant \underline{\beta}$，在这个条件下放贷者希望贷款只发放给信用较好的借款者，另外 $\underline{\beta}$ 还受 l 的影响，即使 $\underline{\beta} = 0$，社会关系带来的声誉对借款者的约束足够强，放贷仍然可以盈利。总之，$\beta \in (\underline{\beta}, \bar{\beta})$ 放贷者只向信用较好的借款者放贷，$\beta > \bar{\beta}$，放贷者在不需要监督的情况下，就可以放贷盈利。这可以看出，民间借贷发生在小范围关系圈内具有较高的偿还率，因为小范围关系圈内部成员比较了解，放贷者可以较好甄别借款者信用情况，以便筛选出合格借款者。

因此借贷规模越大、承诺利率越高、违约贴现值就越小，放贷者付出监督成本和退出借贷市场比例越大，民间借贷风险就越大。而借款者经营项目收益率越高、放贷者退出借贷市场比例越小，民间借贷风险就越小。在完全信息条件下，小范围关系圈内民间借贷则具有较高的运行效率。放贷者监督成本很小，甚至不需要监督，依靠信任结构和社会关系约束就可以保证民间借贷高效率运行。

刘民权、徐忠、俞建拖（2002）对合会进行调查之后提出了合会风险的三种内部管理机制，包括会头负责制、契约化机制、顶会和退会的规定。此外，他们还提出社会抵押机制、充分的信息采集和交流、私人借贷市场的存在、融资金额的大小、利率与期限、机构和集体义务等都是合会稳定运行的重要影响因素。赵凡繁（2003）在分析合会的优劣之后提出这样一个建议：积极开发小额信贷是合会的出路所在。胡必亮（2004）在对温州市项东村标会参与观察分析之后建立了“村庄信任”的理论分析框架。周激（2007）认为轮会的规模、基金的规模以及参与者经济实力等都是影响轮会安全性的重要因素。李学兰（2008）通过对浙江地区发生过大规模的合会倒会风波进行研究提出有必要从法律上对民间合会的性质予以界定，以防范金融风险。袁琳翕（2010）从对民间金融组织（抬会、合会以及地下钱庄等）自身发展路径分析其风险控制机制。

纵观各地合会的倒会事件，其原因基本上都是合会性质的异化，即互助性转变为牟利投机性。近年来，在福建、江苏、浙江等地利用合会名义进行非法集资、诈骗以至倒会事件屡有发生，波及范围之广、卷入资金之多都是前所未有的。无法纳入监管体系的合会，一旦发生倒会崩盘事件，便会扰乱当地金融秩序，同时，还会助长人们投机心理。因此，政府或金融当局（人民银行、银监会）首先依法宣传建立正确的金融投资意识。建立在血缘等关系上的资金互助，则是法律允许的，但以投机、欺诈为目的的合会当然是违法的。其次，政府或金融当局要尽快建立合会的信息采集机制，通过地方监管组织定期采集合会的有关数据，重点监测合会规模（会员人数与会金的大小）、会员间关系、会息、会金用途及合会运转的风险状况等，建立起有效的监测，一旦发现有投机倾向的应即刻取缔。最后，监管当局应对合会风险的内控机制进行审查，形成有效的风险监督机制，并相应建立起合会的风险预警防范及倒会后的化解与救助机制，降低合会的风险及倒会后合会参与者的经济损失。

第 9 章

民间资本支持中小企业发展的路径选择

许多研究结果表明，中小企业融资难是从银行贷款难。然而从融资结构理论来看，现实中的中小企业融资难本质上反映的是融资结构失衡和融资渠道不畅通，中小企业的发展得不到其所需求的资金供给，造成了资金供求的严重失衡。从本质上说，中小企业融资是资金需求的表现，更是资金使用权定价和资金优化配置的过程，是以余补缺的一种经济行为。而因此当民间资本和中小企业两者在供需求上有着一致的发展目标以及超强匹配性与互补性，规范民间资本作用的金融机制，在满足中小企业的融资需求基础上民间资本自身得到规范发展十分重要。

9.1 民间资本支持中小企业发展定位

一直以来，民间借贷都是中国资本市场不可忽视的力量，民间资本存在的基础在于中国金融的脆弱性、金融约束以及中小企业发展信贷需求等，中小企业融资结构的内生性引致融资结构失衡，在财务结构脆弱困境夹击下，通过民间资本支持中小企业发展的选择无外乎两条途径：一是如何从制度上突破由于金融脆弱实施的金融约束，二是如何改变中小企业失衡的融资结构，增加多层次融资渠道，实现融资结构的优化。

因此，我们就应该在战略上重视民间投资优势定位，在政策上放宽民间投资的准入领域，在金融上改善民间投资的融资环境，在方式上创新民间投资的投资方式，在配套上完善民间投资的服务体系。

中国金融体系所缺乏的并不仅仅是民间银行，而是一个多层次、能够为中小企业融资服务的资本市场。我们应该充分发挥民间借贷市场有效机制，使资金供需达到均衡和有效利用。融资渠道的突破，可以解决目前民间资本投资无组织的个人借贷、无机构的民间合会和标会、隐蔽性不合规的私人钱庄等模式，走向以私募股权投资、天使投资、产业投资基金、公共投资基金融资等模式。发展建立中小型的金融机构以完善间接融资市场，促进民间资本与中小企业的有效对接。发挥融资渠道的作用，形成民间资本与中小企业融资的结合环境，建立完善、高效的民间融资体系，形成民间资本作用于中小企业经济的融资体系。

9.2 完善投资制度保障实现民间金融制度创新

由于民间资本自身所具有的内在缺陷，随着市场经济的发展，只有进行民间资本制度改革才能跟上经济发展的脚步。这是民间资本的问题所在，也是促使其改革的内在动因。为了解决金融信贷供给与中小企业融资需求的脱节，应该在内生于中小金融制度安排经济合理性理论框架下，谋求金融制度创新。

9.2.1 强化法律保障引导并规范民间借贷行为

政府首先应该将民间借贷纳入法制的轨道，制定民间借贷制度的相关法律，给民间借贷提供一个合法的活动平台。制定法律并非将非正规金融纳入政府部门的监管范围，而是以法律形式提供一种交易双方应遵循的规则，合法或不合法，给予交易双方一个稳定预期。通过法律允许非正规金融的有序发展，鼓励其由低级形式向高级形式转变，最终将民间借贷纳入正规金融制度体系。

1999 年 4 月中国台湾地区通过立法确立合会在“民法”框架内依“法”发展，在依“法”保护合会投资者利益基础上，力求解决中小企业融资难，成为一种低风险民间金融服务工具。大陆继上届政府的铁道部、交通部、卫生部、国资委、证监会等部门发文支持民间资本进入相关领域以后，2011 年 2 月银监会发布《关于鼓励和引导民间资本进入银行业的实施意见》，鼓励支持民间资本进入银行业。明确表示“对于民间资本进入银行业，没有任何歧视性的条例，也不存在政策障碍。同时，我们也鼓励和引导民间资本进入到银行业”。[①] 2014 年 3 月 1 日《温州市民间融资管理条例》实施，宣告民间借贷的合法化，规定民间借贷包括合会、企业内部集资、农村资金互助会资金互助等等，并对合会[②]进行界定，对长期处于灰色地带的民间借贷行为，给予规范。合法化即可以减少民间借贷在逃避管制中发生的成本，也可以减少民间借贷带来危害。同时，民间借贷的合法化可以通过降低民间借贷利率，增加二元金融体系所能融通的资本形成数量。

9.2.2　完善间接融资渠道及相应政策演化

（1）新型金融机构贷款及相应政策演化

为了从制度安排上解决中小企业融资难，解决金融信贷供给与中小企业融资需求的脱节，在内生于中小金融制度安排经济合理性理论框架下，谋求金融制度创新，2006 年中国开始发展村镇银行等新型金融机构的金融增量改革。新型金融机构包括村镇银行、小额贷款公司以及资金互助社。截至 2011 年，全国范围内 242 家金融机构共设立了 786 家新型金融机构，其中包括 726 家村镇银行，10 家小额贷款公司，以及 50 家资金互助社，各项贷款余额 1316 亿元，其中包括 620 亿元的中小企业贷款。在 726 家村镇银行股权结构中，民间资本占比超过 82% 。[③] 新型金融机构尚

---

① 银监会. 关于鼓励和引导民间资本进入银行业的实施意见.

② 合会指会首邀集二人以上为会员，以互助为目的，互约交付会款及标取合会会金活动. 参见温州市民间融资管理条例.

③ 银监会网站. http：//www.cbrc.gov.cn/index.html.

处于起步阶段，能够吸收到的资金不够多，能够贷给中小企业的资金也不多。国家对新型金融机构主要政策及其演化情况见表9-1。

表9-1 国家对新型金融机构的主要政策

时间	主要政策
2004年	中国人民银行实行再贷款浮息制度时，规定支农再贷款的利率低于普通流动资金的利率
2006年	银监会发布《关于调整放宽农村地区银行业金融机构准入政策，更好支持社会主义新农村建设的若干意见》，鼓励各类资本设立村镇银行、贷款公司和资金互助合作社
2007年	财政部和国家税务总局发布《关于金融企业涉农贷款和中小企业贷款损失准备金税前扣除政策通知》，规定自2008年1月1日起至2010年12月31日，对金融企业涉农贷款及中小企业贷款损失准备金实施税前扣除
2008年	财政部对符合条件的新型农村金融机构给予费用补贴，减轻其财务压力，并发布《关于农村金融有关税收政策通知》，规定自2009年1月1日至2013年12月31日，对农村信用社、村镇银行、贷款公司、农村资金互助社、法人机构所在地在县及以下地区农村合作银行以及农村商业银行按3%税率征收营业税
2009年	财政部出台《中央财政新型农村金融机构定向费用补贴资金管理暂行办法》，对达到条件的机构给予补贴
2012年	银监会《关于鼓励和引导民间资本进入银行业的实施意见》，明确民间资本进入银行业与其他资本遵守同等条件，支持民间资本参与村镇银行发起设立或增资扩股，并将村镇银行主发起行最低持股比例由20%降低到15%

国家对新型金融机构政策的演化过程表明了国家积极鼓励民间资本进入新型金融机构，不断地推出扶持新型金融机构发展的政策，并通过政策减免新型金融机构的税收或给予一定的补贴，这使得新型金融机构可以降低经营，从而成本可以降低中小企业利率，这些无疑都有助于中小企业的发展。但是由于中国新型金融机构处于起步阶段，目前还存在许多问题。但我们相信，通过不断实践与改进能够解决这些问题，更好地为中小企业服务。

（2）城市商业银行贷款及相应政策演化

城市商业银行的定位就是为中小企业提供金融支持，促进地方经济的发展。城市商业银行成为中小企业获得民间资本的有效途径，目前城市商业银行支持中小企业信贷方面成效也非常明显。但从城市商业银行最初的定位，中小企业本应可以获得更多的资金支持，但城市商业银行在发展的过程中出现了一些问题：①市场定位还不够清晰，定位发生偏移。当初设立城市商业银行是为了服务于中小企业以及地方经济发展，但随着城市商业银行业务的不断拓展，它开始与国有商业银行争夺贷款客户。②竞争同质化，客户资源不够稳定。目前城市商业银行没有形成稳定的客户群体，没有与客户建立长期的关系，为了扩大规模而采取的相互挤压，中小金融机构之间同质化竞争问题严重。③经营管理水平落后，产品创新缺乏深度。与大型国有商业银行相比，城市商业银行的管理水平以及员工素质都比较低，从而无法形成良好的经营模式，产品创新也不够。但从为中小企业服务角度来看，还有很大的挖掘空间。国家对城市商业银行的主要政策的演化情况见表9－2。

表9－2　　国家对城市商业银行主要政策演化过程

时间	主要政策
1979年6月	国家设立了中国第一家城市信用社。
1989年7月	中国人民银行对城市信用社进行清理整顿，历时两年多，于1991年宣告结束。
1995年9月	国务院下发《国务院关于组建城市合作银行的通知》，明确了在35个大中城市开展城市合作银行组建工作有关原则。
1996年3月	中国人民银行下发《关于在西安等19个城市开展城市合作银行组建工作的通知》，对组建的程序进行了规范。
1998年3月	中国人民银行与国家工商局联合发文将“城市合作银行”更名“城市商业银行”。

国家对城市商业银行政策的演化进程揭示了国家将城市信用社整改成城市合作银行，再统一更名为城市商业银行，并颁布相应政策整顿规范，从而使得城市商业银行更加正规化，进而明确其市场定位，即主要为中小企业以及地方经济服务。城市商业银行的不断规范发展将对解决中小企业融资难问题意义重大。

(3) 风险投资资本及相应政策演化

创业风险投资主要投资于处在创业期、具有高成长性中小企业。由于其评估企业标准与商业银行不同，这将限制中小企业获得融资的机会。由于民间资本是风险投资的最主要来源，吸引风险资本也成为中小企业间接吸收民间资本的一条有效途径，尤其是对那些有发展潜力的科技型中小企业。国家对风险投资的主要政策的演化情况见表9－3。

表9－3 国家对风险投资主要政策演化过程

时间	主要政策
1985年	中共中央发表《关于科学技术体制改的决定》一文，提出对于风险较大的高科技行业，给予设立创业投资的支持，这一政策为风险资本投资高新技术行业提供了政策支持
1996年	颁布《中华人民共和国促进科技成果转化法》规定：国家鼓励设立科技成果转化基金或者风险基金，其资金来源由国家、地方、企业事业单位以及其他组织或个人提供，用于高投入、高风险、高产出科技成果转化，加速重大科技成果产业化
2001年	国家设立的“第十个五年计划”提出，要大力推进发展高科技行业的风险投资，以此推动科技成果的产业化

国家对风险投资政策的演化说明了国家鼓励设立风险投资公司或基金，以促进中国的高新科技行业的发展，助力高新科技行业的中小企业。风险投资公司或者风险投资基金的建立，对于中小企业而言，多了一种融资方式。虽然这一方式在我国发展不是很成熟，但国外成功经验告诉我们，风险投资对于科技型中小企业是融资的有效途径。

(4) 产业投资基金及相应政策演化

产业投资基金①作为一种金融创新工具包括风险投资基金和私募股权投资基金，起源于创业投资，在其发展早期主要以中小企业创业和扩张融资为主，因此创业投资在相当长一段时间内成为私募股权投资的同义词。

① 产业投资基金在国外通常称为风险投资基金与私募股权投资基金。一般指具有高增长潜力未上市企业进行股权或准股权投资，并参与被投资企业的经营管理，以期投资企业发育成熟后通过股权转让来实现资本增值。主要以产品或服务为投资对象，通过企业经营获利的一种投资基金。

产业投资基金作为直接投资基金的一种，已经成为发达国家金融体系的核心，在中国产业投资基金起步比较晚，最早是从设立境外产业投资基金开始的，但发展速度很快。2006 年 12 月，经国务院批准的第一只真正意义上的产业投资基金——渤海产业投资基金在天津设立。近年来，随着《中华人民共和国信托法》的颁布和《中华人民共和国公司法》、《中华人民共和国证券法》的修改以及《中华人民共和国合伙企业法》的修改，产业投资基金设立与运作的法律体系已经逐渐完善。当前，相关部门应尽快制定规范产业投资基金活动的法律法规的实施细则，使产业投资基金发展更加顺畅。

9.2.3 拓展直接融资渠道及相应政策演化

（1）民间借贷及相应政策演化

通过以上的讨论，可以得出结论：中国民间借贷作为中小企业首选的融资方式，也是民间资本进入中小企业最常见的途径。但是由于民间借贷不完善的一面，国家迟迟不鼓励大力推进民间借贷的开展。其原因在于，首先，民间借贷方面的法律法规还不健全，很容易引起民事纠纷。虽然民间借贷的风险控制能力较强，但是一旦违约发生，由于相关的法律法规不完善，贷款者无法得到法律保护，从而引起民事纠纷甚至刑事案件。其次，民间借贷利率较高，影响借款的中小企业正常生产活动，甚至借高利贷，以至于无法承担过高的利息，最终破产，严重影响中小企业的长期发展。最后，民间借贷不利于监测，潜在的风险过大。由于民间借贷的行为范围广而且比较分散，同时具有隐蔽性，这给监管带来了很大的难度。近几年国家对民间借贷的主要政策见表 9－4。

表 9－4 国家对民间借贷的主要政策

时间	主要政策
2010 年 5 月	国务院出台“新 36 条”，鼓励民间资本发起设立金融中介服务机构等
2011 年	中国人民银行实施了两轮民间融资现状摸底调查，并肯定民间借贷具有制度层面的合法性，是正规金融有益和必要的补充
2012 年 2 月	最高人民法院连续两次下发妥善处理民间借贷案的意见，要求各级法院发挥职能全面助推金融改革
2012 年 3 月	温家宝在政府工作报告中明确表态上半年必须出台“新 36 条”的实施细则

民间借贷的政策演化过程告诉我们，近几年国家开始肯定民间借贷的合法性，民间借贷以后将为中小企业融资提供更大的帮助，并且随着改革的推进，民间借贷将规范化，从而有利于监管部门的监控，并更加有效地运行。这对于难以获得银行贷款的中小企业而言，具有重要意义，中小企业可以在相对安全的民间借贷环境进行融资，这对于中小企业的长久发展无疑是重要的保障。

（2）私募股权投资及相应政策演化

由于中小企业达不到主板上市门槛条件，直接融资中私募股权投资[①]则是中小企业很好的选择。私募股权投资是一种非上市企业通过私募的形式进行融资的方式，中小企业可以有效的利用这种方式。在资金募集上，主要通过非公开方式面向少数机构投资者或个人募集，而这些资金主要是由民间资本组成。因此私募股权投资对于中小企业是一种很有效的吸收民间资本的途径。私募股权在中国的发展历史不是很长，近几年国家开始对它进行一些政策上的扶持。国家近几年对私募股权投资的相关政策见表9－5。

表9－5　国家对私募股权的主要政策

年份	主要政策
2008	《国务院办公厅关于当前金融促进经济发展的若干意见》中指出，出台股权投资基金的管理办法，同时完善工商登记、机构投资者投资、证券登记以及税收等政策，从而促进股权投资基金行业的健康发展，鼓励支持私募股权资本发展
2009	《国务院批转发展改革委关于2009年深化经济体制改革工作意见的通知》提出，要加快股权投资基金制度的建设，尽快出台股权投资基金的管理办法
2014	《国务院发布《国务院关于进一步促进资本市场健康发展的若干意见》，债券、私募、期货等非股票的证券市场要素被放到了更重要的位置

国家对私募股权的政策演化过程告诉我们，国家推出相应的政策来鼓励建立私募股权投资基金，并且要求加快相关制度的完善，以发展中国的

① 是指通过私募基金对非上市公司进行的权益性投资。

私募股权投资基金。私募股权投资基金的发展将给中小企业的股权私募带来巨大的支持力量。2014 年“新国九条”对培育私募市场作出了明确部署，新政鼓励私募基金发展，鼓励民营资本进入资本市场，放宽私募门槛，在条款中有“鼓励和引导创业投资基金支持中小微企业”的明确表述。

(3) 创业板上市及相应政策演化

创业板上市对于中小企业而言，有利于拓宽直接融资渠道。中小企业如果能在创业板上市，就将获得较上市前更多的资金来发展其业务。在创业板上市的中小企业普遍是业绩稳定、拥有成熟创新技术产品的企业。创业板市场挂牌条件相对上海、深圳证券交易所要低一些，应该可以成为许多中小企业融资的主要渠道。国家对创业板的主要政策的演化情况见表 9－6。

表 9－6　　国家对创业板的主要政策

时间	主要政策
1998 年 1 月	国家决定由国家科委组织有关部门研究建立高新技术企业风险投资机制总体方案进行试点
1998 年 8 月	党中央、国务院出台了《关于加强技术创新，发展高科技，实现产业化的决定》，指出培育出对高新技术产业发展有利的资本市场，在合适时候在上交所或者深交所专门设立高新技术企业板块
1999 年 3 月	证监会第一次明确提出可以考虑在上交所和深交所设立科技企业板块
2003 年 10 月	党的十六届二中全会通过决议，将推进风险投资和创业板市场建设
2004 年 5 月	证监会批准在深圳证券交易所设立中小板，作为创业板过渡
2007 年 8 月	国务院批复以创业板市场为重点多层次资本市场体系建设方案
2008 年 3 月	创业板的《管理办法》发布
2009 年 3 月	证监会发布《首次公开发行股票并在创业板上市管理暂行办法》
2009 年 7 月	证监会发布《创业板市场投资者适当性管理暂行规定》
2011 年	扩大中关村试点范围、建设统一监管的全国性场外市场，即“新三板扩容”

从国家对创业板的政策演化过程可以看出，国家非常看重创业板的推出，不断出台扶持政策，希望有更多的企业能够得到资金支持。这样一来中国资本市场主要由主板（包括中小板）、创业板及三板组成。主板市场

主要是吸纳发展比较成熟、规模比较大的企业；创业板主要吸纳成长型的创新企业，引导风险投资等产业资本进入企业发展各个阶段；三板主要吸纳成长性较高、具有发展潜力国家级科技园区非上市股份有限公司。构建和完善多层次资本市场主要是基于多元化投融资需求和风险分层管理，其本质主要是当前为了解决中小企业特别是科技型中小企业股权融资与资本形成的需求。目前创业板和中小企业板上市公司数量分别为355家和701家，数量均与上年持平。分地区看，东部、中部、西部和东北地区境内各上市公司数量占全国的比重分别为65.1%、14.7%、14.7%和5.5%，与上年基本持平。“新三板”市场挂牌企业数量明显增加。2013年末，“新三板”市场挂牌企业356家，同比增长78%。①

9.3 多层次融资体系与民间信贷市场构建

中国金融改革的方向是有利于资本市场充分有效竞争，打破垄断和信贷市场进一步放开，民间借贷的存在是中小企业发展的内生需求，也是民间资本在经济发展过程中为降低金融交易费用所进行的一种制度创新。中小企业的融资渠道不畅通，即使存在充足的民间资本供给和融资需求，也无法促进资金有效地对接，难以服务于供求双方。因此加快发展多层次融资体系体系，健全支持中小企业多元化融资的渠道和机制，大力发展多种融资渠道方式，拓宽多元化融资渠道，进一步促进民间融资规范发展。

中小企业的发展需要多层次的融资体系主要有三方面的原因：其一，多层次的融资体系才能满足处于不同发展阶段中小企业的融资需求。其二，多层次的融资体系有助于优化融资结构。其三，多层次融资体系有利于中小企业的持续发展。

1）在有效防范金融风险前提下，通过向民间资本开放市场建立完全不同于现有模式地区性中小金融机构，为中小企业发展提供金融服务。通

① 中国人民银行货币政策分析小组.2013年中国区域金融运行报告.2014.

过鼓励民间资本参与中小金融机构重组改造，积极推动商业银行增强资本实力及分散股权为目的增资扩股，使城市商业银行与中小企业成为利益共同体。

2）建立多层次的、专门为中小企业服务的中小资本市场中小企业融资服务体系。规范的产权交易市场、投资发展基金等内容，可以为中小企业的融资提供多元化渠道。中小资本市场包括以下两个层面：二板市场及区域性小额资本市场。就其分工来看，二板市场主要解决处于创业中后期阶段中小企业融资问题，区域性资本市场则主要为达不到进入二板市场资格标准中小企业提供融资服务，包括为创业初期的中小企业提供私人权益性资本。

9.3.1 调整商业银行制度安排发展地方性中小金融机构

金融体系最重要的功能是资金配置功能，缺乏有效的金融机构服务，是阻碍经济增长的重要原因之一。根据中小企业的特点，建立专门中小金融机构[①]，是许多市场经济国家所普遍采用的一种金融手段，近年来许多国家金融机构发展呈“两头大”即大银行和小银行同时增长的态势。与大银行的经营取向不同，中小金融机构比较愿意为中小企业提供融资信贷服务。中小金融机构所内含的“关系型融资制度”性质，决定了其对中小企业服务先天优势及契合度。

（1）“小银行优势”假说与关系型信贷

中小金融机构除了因为资金少、无力为大企业融资外，主要是由于中小金融机构在为中小企业提供融资服务方面拥有信息成本优势和代理成本优势，即“小银行优势”假说。[②] 地方性中小金融机构拥有人缘、地缘和网点优势，加之能够充分利用当地的信息存量，即“软信息”，有效缓解银企间的信息不对称，是一种关系型贷款模式，也是社区银行重要的贷款

---

① 在中国中小金融机构一般主要指相对于国家独资或国家控股大型金融机构外的规模小、门类多、彼此独立多种小型金融机构，以中小企业和居民作为其主要投资和服务对象的一类金融群体，包括小型股份制商业银行、城市商业银行、城乡信用社、中小型信托投资公司、保险公司、证券公司、典当行等。

② 小银行比大银行更加倾向于向中小企业提供贷款，由此产生了所谓的“小银行优势”，信息成本优势和代理成本优势，由此明确了中小金融机构发挥比较优势的市场定位选择。

模式，特别是针对中小企业，发挥的作用比抵押贷款、信用评级贷款更大，这种贷款模式是基于长期积累和多种渠道接触的关于借款人的相关信息，包括个人品行、信誉和发展潜力。这类信息的来源多样，除了从借贷者直接接触和信息分析获得，还可以从借款人的利益相关者那里收集。Harhoff 和 Korting（1998）的研究显示，德国的大部分中小企业只向一家或者至多两家银行进行长期的借贷，大量中小企业贷款总额的三分之二以上只从一家银行获得。企业贷款的可得性与银企中间借贷关系的持续性呈现正相关关系，这种持续性与银行的抵押要求程度呈负相关关系；贷款可得性与借贷银行的数量呈负相关，借贷银行数目越多，银行所提的抵押要求越高；在融资成本上，具有密切银企关系的要比那些关系不密切的贷款利率平均要低 0.48%。① Perterson 和 Rajan（1994）的研究也得出类似的结论。②

地方性中小金融机构具有其地域性和社区性的特性，可以通过长期与中小企业保持密切近距离接触来获得所需的各种非公开关联信息（软信息），因此可以在向信息不对称的中小企业发放关系型贷款上拥有优势。③而这种的“小银行优势”本质上是一种竞争优势中小型金融机构主要面向中小企业，实行小额、不定期贷款和关系型贷款，适应中小企业融资数额小、时效性强、高频率的贷款要求，关系型的贷款和本地域的贷款，可以减少信息成本、交易成本和监督成本，使其具有明显的成本优势。由于中小金融机构专门把服务对象定位于中小企业，能够全面深入了解和掌握企业的运营情况，特别是通过长期的合作，两者建立较为稳定的关系，彼此之间也会实施有效自我监督，共和之前分析的“长期互动”假说和“共同监督”假说。因此与大银行相比，其在信息、成本等方面都具有得天独厚的优势，这些优势实际上就是中小金融机构的比较优势（见图 9-1），而大银行为中小企业提供服务上则不具有比较优势，以债券融资为主的直接融资为中小企业融资服务也不具有比较优势。因此就中国目前

① Harhoff. D., T. Korting. Lending Relationships in Germany: Empirical Evidence from Survey Data [J]. Journal of Banking and Finance, 1998 (22): 1317-1353.

② 小企业或中低收入的家庭，它们与银行合作时间与获得信贷支持呈正相关关系，这种关系有一定的排他性，就是应该与一家银行而不是许多家银行达到这种密切的银企关系更有助于获得良好的信贷支持。

③ Berger. A. N, udelL G F. The economics of small business finance: The roles of private eguity and debtmarks in the financial growth cycle [J]. Jonmal of Banking and Finance, 1998 (8): 22-25.

中小企业快速发展现状来说，中小金融机构立足于为中小企业服务具有相当的经济合理性。①

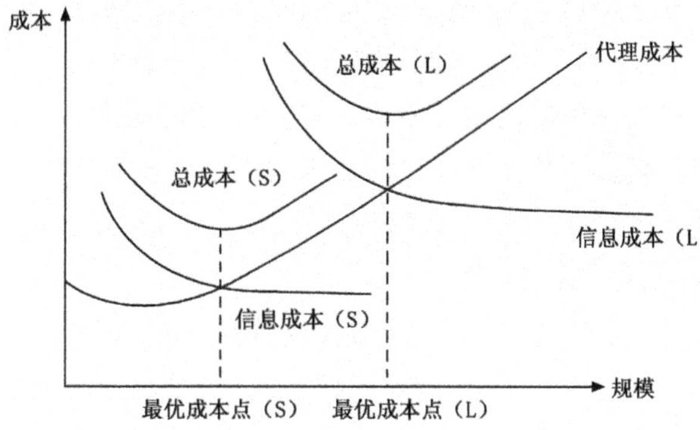

图 9-1　中小企业最优成本

所以发展中小金融机构即是资本市场专业化分工的客观结果，是基于“小规模优势”的中小金融机构的市场定位重点，同时中小金融机构的存在和发展也是我国经济金融二元体制结构格局下的必然选择，基于交易费用、有效地合约治理机制能够使得内生于民营中小金融制度安排的供给具有其经济合理性，因此在中国二元经济的大背景下，解决中小企业融资难有许多途径，但应该积极发展与中小企业金融服务需求相适应的中小型金融机构。只有建立和完善中小金融机构体系才可能从根本上解决或缓解目前中国中小企业的融资困难。但目前小型金融机构的最终受益者是中小金融需求者，还是投资者，小型金融机构如何在吸储难和风险盈利之间寻求平衡及发展都有待于进一步探索，能否真正发挥作用取决于融资市场是否存在充分的竞争。

（2）地方中小金融机构发展

中国中小股份制商业银行的发展在产权安排、机制运行、机构设置等方面更具有灵活性，市场意识强、经营效益好，在商业银行运作模式和管理框架下，成为中国金融体系中不可或缺的重要组成部分。但是它也同样面临国有银行面临的中小企业信息不完备、担保机制不健全、存在违约风险等，以及自身存在缺乏人才、业务水平不高、信贷风险控制力差、信贷

① 谢启标. 众筹融资与我国小微企业融资难问题研究［J］. 新金融，2014（6）.

制度不合理等缺陷，有必要逐步改变中小商业银行的股权结构，进一步实现中小商业银行股权结构的多元化。根据党的十八大关于加快发展民营金融机构的决策部署，放宽民间资本设立民营银行等金融机构的准入，这些小型金融机构的发展，可以突破了中国正规金融占垄断地位的局面，弥补正规大金融与民间小金融之间的断层，完善间接融资渠道，推动金融市场多元化、多层次发展，从而实现民间资本与中小企业融资的有效对接。

（3）新型金融机构[①]发展

中国将通过充分引进民间资本和适度引进外资来增强中小商业银行资本实力，鼓励民间资本参与发起设立村镇银行、贷款公司等股份制金融机构。银监会统计数据显示，截至2011年底，中国股份制商业银行、城市商业银行的总股本中，民间资本占比分别为42%和54%。[②]

2006年银监会发布了农村金融市场进一步开放、农村小型金融机构试点，拉开了新一轮农村金融改革的序幕。新一轮金融改革，跟以往政府主导下纯粹的自上而下仅限于对现有金融机构进行修补“存量”的改革模式有所不同，小型金融机构的产生是由政府主导进行的“增量”改革，是中国政府从农村经济的基本特征出发进行金融服务机构改革的一次尝试。政府希望通过加快体制外增量改革，以增量改革倒逼存量，通过两者之间的竞争和合作相互促进发展。从2006年，中央做出战略部署，12月银监会发布《关于调整放宽农村地区银行业金融机构准入政策更好地支持社会主义新农村建设的若干意见》，自此建立村镇银行等小型金融机构就成为解决中国现有农村地区银行业金融机构覆盖率低、金融供给不足、竞争不充分、金融服务缺位等“金融抑制”问题的具体举措，以此来促进投资多元、覆盖全面、治理灵活以及服务高效的新型金融体系的形成。这期间银监会、财政部、央行配套出台了多项政策。这一系列举措都有利于放宽准入、鼓励和引导民间资本进入金融领域，引导民间融资规范发展。2006年6省区试点和2007年全国推开金融市场准入后，在政策层面经历了首批试点、扩大试点及完善配套政策等三个阶段，之后不断得到快速发展。2013年末，全国各地区新型金融机构共计8872家，同比增长

---

① 新型金融机构指村镇银行、贷款公司、农村资金互助组、小额贷款公司。

② 银监会网站. http://www.cbrc.gov.cn/index.html.

28.2%，其中村镇银行及小额贷款公司数量占比分别为 10.9% 和 88.4%。东部地区村镇银行数量在全国占比最高，增长也最快（30.0%）（见表 9-7）。

表 9-7　　2013 年末新型农村金融机构地区分布　　单位：%

新型农村机构	东部	中部	西部	东北	全国
村镇银行	33.9	24.4	30.2	11.5	100.0
贷款公司	46.1	15.4	30.8	7.7	100.0
农村资金互助社	28.6	20.4	30.6	20.4	100.0
小额贷款公司	29.9	20.9	34.7	14.5	100.0

资料来源：《2013 年中国区域金融运行报告》。

如从贷款按行业分类，村镇银行授信承贷主体主要分布在中小企业集中的制造业、批发和零售业等。2012 年末这三类类行业贷款余额分别为 470 亿元、210 亿元和 177 亿元，在村镇银行各行业贷款占比分别为 21.3%、9.5 % 和 8.0%，合计占比 38.9%。[①] 而从贷款用途看，2012 年年末小额贷款公司的经营性贷款余额为 5820 亿元，占其各项贷款的 98.3%，全年的经营性贷款新增 1979 亿元，占其各项贷款增加额的 98.9%。贷款额度看，小额贷款公司单笔 50 万元以上贷款余额为 5111 亿元，占全部贷款的 86.4%，单笔在 10 万—50 万元的贷款余额 703 亿元，占全部贷款的 11.9%，而单笔 10 万元以下的贷款余额 10 亿元，占全部贷款的 1.7%。从贷款信用形式看，小额贷款公司保证贷款余额 3657 亿元元，占全部贷款的 61.8%，信用贷款余额 901 亿元，占全部贷款的 15.2%，抵质押贷款占全部贷款的 22.2%[②]，符合中小企业贷款抵押不足而未能贷到款的情况。

但据世界银行的统计分析，过去 40 多年在很多国家的政府在引导正规金融机构向民间提供贷款几乎都没有达到预期的效果。[③] 我们在对山东寿光、浙江象山进行中小企业融资问卷调查（山东寿光孙家集镇、大仓

---

① 中国金融年鉴 2013.

② 中国金融年鉴 2013.

③ 张汉亚. 迅速让地下钱庄合法化，2008 年 8 月 4 日，http：//www.eeo.com.cn/yanyu yanyu1/2008/08/04/109367.html.

村、马家村、刘旺村，共152份问卷；浙江象山下塘村、半岭村、横峙渔村、城北村，共计132份问卷，以上数量均为有效样本数）。山东属于农业大省基本以种植业、养殖业及农业为主的种植户、养殖户，是事实上的中小企业。象山样本地区基本上均为工商户，属于中小企业。调查结果显示，寿光超过90%中小企业贷款额少于5万元，受访企业中55.56%希望得到5万元以上贷款，而实际获得此贷款额的中小企业仅为7.14%。象山超过84%的企业实际贷款额度少于5万元，将近67.86%期望得到5万元以上贷款受访企业，只有15.38%得到了满足，期望贷款额度与实际得到贷款额度差距较大，实际得到额度较小，这些与张杰的研究结论相一致。[①] 同时我们在调查以村镇银行为代表的小型金融机构服务中，寿光受访中小企业及农户离寿光村镇银行直线距离1.5公里，但受访人群57.9%完全不知道有这类机构存在，剩余的42.1%的受访人仅限于知道其存在，但只有18.7%的小微企业（占总数的7.9%）与有过存款业务，发生贷款业务为6.3%（占总数2.6%），有近37.5%的受访人只是听说过小贷公司，发生业务关系为0。象山的国民村镇银行离绝大多数调研对象直线距离在1公里左右，有些甚至是必经之路，但仍有45.5%的受访对象对村镇银行一无所知，54.5%明确表示知道，其中占受访户总数的9.12%与村镇银行发生过存款的业务，只有3.03%的有过贷款业务，这表明目前中小企业从新型金融机构获得金融服务还是很有限的，因为中小企业高风险性与金融机构放贷审慎性原则是显著冲突的，这些金融机构同样是为了利润最大化诉求以及商业可持续性，会选择相对较大的平均贷款规模，倾向于为“规模较大”的企业服务，“放大不放小”现象依然普遍存在，中小企业的贷款依然有限，甚至改革陷入了“使命偏移”[②]，这一轮金融增量改革并没有达到预期效果。[③] 新型金融机构的最终受益者是中小金融需求者，还是投资者，小型金融机构如何在吸储难和风险盈利之间寻求平衡及发展都有待于进一步探索，这一切能否真正发挥作用取决于中小企业融资市场是否存在充分的竞争。

① 张杰. 对农户小额信用贷款政策调整，适应农村经济发展的调查与思考农村金融［J］. 2007（23）.

② 唐柳洁. 微型金融机构使命偏移研究［J］. 华东经济管理，2012年（6）.

③ 梁静雅，王修华，杨刚. 农村金融增量改革实施效果研究［J］. 农业经济问题，2012（3）.

目前农村中小金融机构整体股权结构中，民间资本占比已达 92%。[①] 从表 9－8 的数据中，我们可以看出民间资本入股新型金融机构已初具规模。

表 9－8　　2010 年中国民间资本在各类农村中小金融机构中的入股比例

农村中小金融机构	入股比例（%）
村镇银行	54.8
农村资金互助社	99.8
农村信用社	99.3
农村合作银行	95.8
农村商业银行	77.7

资料来源：中国银监会年报 2010.

9.3.2　创新新型直接融资渠道构建多元化资本市场体系

构建多层次资本市场是推动中小企业发展的根本出路。与间接融资相比，直接融资可以实现风险共担、利益共享，投资者在承担投资风险的同时可以分享中小企业快速成长的成果。同时由于定价市场化，企业的融资成本取决于投资者和市场对其发展前景和信用的判断，而且由于多层次市场服务，主板、中小板、天使投资、风险投资、私募股权投资、创业板、三板、四板、不同发展阶段的企业均可以从直接融资体系获得多层次金融服务和信贷支持，满足资金需求解决融资难、融资贵的问题并得以发展壮大。

中国的民间资本主要集中于商业银行或在民间流动，当这些企业不能够从商业银行获得更多的款，须将民间资本吸引到其他地方，如直接参与某中小企业的私募、或投资私募股权基金、风险投资基金间接参与私募，以及通过创业板参与公募等。多元化的资本市场对中小企业融资都将发挥极大的促进作用，推进资本市场创新，在不断完善主板市场和中小企业板市场的前提下，重点发展创业板市场和场外交易市场，加快推进与完善债券市场和票据市场建设，构建适应中小企业多种融资需求资本市场体系。

① 银监会网站. http：//www.cbrc.gov.cn/index.html.

创新中小企业融资模式，对于初创期的中小企业来说，可以考虑引进天使投资；对于成长期的中小企业来说，风险投资更具有优势；对于成熟期的中小企业，引进私募股权投资；对于具备了上市条件的企业来说，就可以通过境内外资本市场公开上市募集所需资金了。

（1）鼓励天使投资

天使投资是指个人或者家庭拥有一定的自有资金，而对于具有巨大发展前景和经营潜力的初创企业进行早期的原始资金支持的投资方式，是民间投资的一种重要渠道。这种投资方式往往是中长期的、直接的权益投资，以资本的形式进入和退出企业，从而在今后获得资本收益，资本增值性大。天使投资具有自发性、分散性、参与性和民间性的特点，十分适合民间资本参与。同时因为天使投资具有明晰、单纯的金融运行方式，投资者与企业之间只存在简单的代理关系，非常易于管理。

天使投资主要对象是具有高风险、高收益项目的企业初创时期，以及拥有高新技术和巨大发展潜力的中小企业早期。这不仅因为风险投资者具有冒险精神，还因为天使投资者追求高收益的资本增值目的。虽然天使投资风险大，但一旦投资正确，投资成功后的盈利潜力迎合了民间资本投资人追求资本增值和高效利用的目的。天使投资单笔资金数额小，但总量大，适应于中小企业初创时期或早期发展的资金需求，而天使投资多为就近地域投资或亲属朋友投资，可以有效缓解信息不对称，降低融资成本，有效弥补中小企业早期资金不足的缺陷。除此之外，天使投资还是参与性投资，多样化的投资人可以为刚起步的企业提供经营意见和管理经验，帮助企业多方面走向成熟。但是随着中小企业不断走过初创期，到达发展期，其资金总量又显现出不足，而天使投资总量达到一定程度，难以有所突破已不能满足企业发展时的资金需求。

当然，目前中国天使投资几乎是一种隐蔽性投资，处在非公开、无监管环境下，投资规模和方向难以监控和引导，存在着较大风险。所以，政府应不断完善天使投资的相关法律，降低投资风险，使之逐渐走上正轨。

（2）倡导私募股权

随着个人财富的积累及投资渠道的匮乏，中国私募行业在最近几年得到快速发展，注册私募股权基金数量及旗下管理资金规模大幅上升。2013

年末全国各地区共有基金管理公司89家，同比增加12家，共管理资产4.2万亿元。2013年，基金管理公司特定客户资产管理业务开始试点，基金管理公司子公司发展迅速，达到62家，同比增长超过4倍，其中上海、广东和北京三省（市）占比分别为41.9%、40.3%和17.8%。[①] 私募股权投资作为一种直接融资渠道，属于长线资本投资，其主要是面向少数的机构投资者或者个人进行资金的筹措，发行比较灵活且成本低，资金来源比较广，融资弹性比较强。私募股权投资主要面向具有强劲发展潜力、具有企业特色且经营良好、具有一定规模的发展期的成长型企业。在国外，私募股权投资发展十分迅速，规模远远超过风险投资，已经形成了小银行、大基金的金融体系。

中国民间资本分散、单体规模偏小，呈现“小而散”的局面，应该将分散的民间资本进行聚集变成有一定规模的资本，才能发挥更大的作用。而私募股权投资的私募性与广泛性，并通过非公开方式面向少数机构投资者或个人募集，非常适合民间资本选择。私募股权投资是一种集合投资方式，其能够使交易成本在众多投资者之间分担，同时投资者可以分享规模经济和范围经济，因此相对于直接投资，投资者利用私募股权投资能够获得交易成本分担机制带来的收益，提高投资效率，这是私募股权投资存在的内在根源。

同时私募股权投资基金作为专业化投资中介，能够有效地解决信息不对称引发的逆向选择与道德风险问题。其专业性管理具有较强信息搜寻、处理、加工和分析能力，作为特殊的外部人能最大限度地减少信息不对称，防止逆向选择。而且私募股权投资最常见的有限合伙公司制度安排也有利于解决信息不对称带来的道德风险问题。这样的制度安排可以有效地降低由于委托—代理问题产生的更多交易成本，使得私募股权投资得以快速发展。而且可以利用私募股权促进资本产业化，如浙江山南国际金融产业园一期就已经入驻了68家各类金融企业，具有了私募股权投资产业集聚效应。

（3）发展公共投资基金

发展公共投资基金有利于吸收聚集大量民间资本，减少居民个人手

---

① 中国人民银行.2013中国区域金融运行报告［M］.中国金融出版社，2014.

持现金的现象，促进资金的有效配置和充分利用。公共投资基金主要有三类：证券投资基金、风险投资基金和产业投资基金。发展证券投资基金，有利于完善中国的证券投资市场，促进民间资本走向金融投资领域，激活证券投资领域。但重要的还是推动风险投资基金和产业投资基金的发展。发展风险投资基金，有利于民间资本向高新科技产业投放，从而改善风险投资领域环境，促进受资企业的创新发展，也为风险投资提供有效的保障；发展产业投资基金能有效使民间资本转向产业投资领域，从而增加居民个人的投资额，拉动民间投资量，促进民间资本合理流向实体经济，有利于资本市场的稳定。发展这三大类公共投资基金是完善我国金融投资渠道的必然选择，也是民间金融渠道不断开拓的可行性方式。

另外购投资基金、重组基金和过桥基金等等私募股权基金是否能够有效整合民间资本，也成为中小企业信贷需求服务的新型融资方式。

（4）发展中小企业私募债

目前中小企业私募债试点扩展至28个省，全年发行中小企业私募债247只，募集资金310.9亿元。如浙江股权交易中心也成功发行国内首只纯信用小微企业私募债和小额贷款公司定向债，募集资金分别为2000万元和5000万元。新疆发行首单区域集优模式中小企业集合票据。[①]

（5）建立网上直接公开发行（DPO）

网上直接公开发行是不经过投资银行和证券公司，直接在网络上公布上市信息从而发行证券以达到融资的目的。最早出现在美国市场上并得到不断的发展。网上直接公开发行优势在于投资者范围广泛、办理手续简单且费用低、投资双方直接沟通，且利用网络公布企业信息和融资需求，能缩短配给时间，达到快速融资的效果。网上直接公开发行主要面向的就是规模较小中小企业。

9.3.3 推动产权多元化，发展民营金融机构

中国已全面明确金融市场化的改革方向，成立民营企业为股东的地方

---

① 中国人民银行. 2013中国区域金融运行报告［M］. 中国金融出版社，2014.

性商业银行将是金融“民主化”进程的重要步骤。民营银行[①]发展将成银行业的重要发展力量，民间资本如何利用好这一资本形式改造现有国内银行，促进中小企业融资发展。

在中国建立民营银行的目的主要是为了打破国有商业银行垄断，实现金融机构多元化，银行为中小企业、社区服务，专注部分熟悉的行业与领域，有利于加强风险鉴别与控制能力，有助于降低中小企业的融资成本。监管部门寄希望于民营银行与传统银行错位竞争，致力于解决当地企业与中小企业的融资困境。因此民营银行就有了市场的决定作用、特色化服务差异化经营、风险与收益自担、监管股东行为与防止关联交易试点银行成为股东的融资工具的典型特征。民营银行与国有银行相比具有两个特征：一是自主性，民营银行的经营管理权不受任何政府部门干涉和控制，完全由银行自主决定；二是私营性，即民营银行产权结构主要以非公有制经济成分为主，并以此来最大限度防止政府干预行为。作为金融市场重要组成部分，民营银行机制活、效率高、专业性强等优点，通过市场细分和传统银行展开差异化竞争，成为我国金融体制重要补充部分。

改革开放以来，中国从未正式开放过民营银行市场准入。1996 年 1 月，中国第一家以民营资本为主体发起设立的全国性股份制银行——民生银行成立，标志着中国民间资本进入银行业开始，但后来即使民间资本有在银行参股，只是仅仅在城商行中存在极个别民营银行，其话语权和决策权也受到一定限制，唯一可以由民营资本设立小额贷款公司转村镇银行，也无法吸收公众存款。2013 年来，关于允许民间资本发起设立金融机构的政策开始陆续出台。2013 年 6 月国务院常务会议提出探索设立民营银行，2013 年 7 月，国务院发布《关于金融支持经济结构调整和转型升级的指导意见》，提出由民间资本发起设立自担风险的民营银行等金融机构尝试。同年 11 月召开的党的十八届三中全会通过的《中共中央关于全面深化改革若干重大问题的决定》提出，在加强监管前提下允许具备条件的民间资本依法发起设立中小型银行等金融机构。2014 年 3 月作为金融

① 当前学术界对民营银行定义分为产权结构论、资产结构论和治理结构论三种。产权结构论认为由民间资本控股就是民营银行；资产结构论认为民营银行是主要为民营企业提供资金支持和服务银行；治理结构论则认为凡是采用市场化运作银行就是民营银行。本研究中民营银行以产权结构论主要指资本金主要来自民间的银行。

改革重要一环，10 家民营资本共同参加第一批 5 家民营银行的试点工作，包括阿里巴巴、腾讯等企业。之所以是这 5 家，主要就是考虑这些企业申办民营银行资质条件、抗风险能力、差异化市场定位和特定战略等。如果这些机构通过战略合作、并购等迅速做大资产端，通过互联网金融机构将会形成对传统金融机构全面竞争格局，尤其是互联网企业，作为一种新的企业形态，将为金融业注入互联网思维，因此民营银行设立对整个中国金融业金融体系改革意义重大。

中国金融改革方向是有利于资本市场的充分有效竞争，打破垄断和信贷市场的进一步放开，民间借贷市场并非一个统一的市场，不同的借贷活动在经济活动中的地位和作用都会不一样，因此采取区别对待是必要的。民间借贷中介机构发展非常迅猛。

9.3.4 打破传统融资，发展互联网金融模式

2013 年被称为是企业融资，特别是中小企业融资变革的元年，互联网的发展使得中小企业融资难题有了解决途径，互联网大数据与草根特性决定了互联网金融可以很好地为小微企业服务。2012 年互联网借贷网站兴起，PTP 借贷模式迅速得到发展，2012 年末 PTP 借贷服务平台超过 200 家，交易规模超过 100 亿元，投资人数超过 5 万人。① 浙江、广东、上海等省（市）以网络信贷、众筹融资为代表的互联网金融业迅速发展，并向小额信贷、资产管理、供应链金融等传统银行业务领域渗透。阿里小贷通过互联网交易进行高周转的小额贷款方式，提供小额贷款服务。从 2010 年至今，阿里小贷累计发放 1700 亿元贷款，仅 2013 年新增借款接近 1000 亿元。这千亿元是指累计发放的新增贷款，说明周转率高达 4 次以上。②

互联网金融作为传统金融行业与互联网结合而生的产物，在互联网技术和移动通信技术的支撑下，创造了许多新的商业模式，对传统金融行业产生了深远的影响。在利率市场化改革的背景下，随着贷款利率放开，银行客户出现了“下沉”趋势，即那些风险较大、规模较小的中小客户逐渐成为银行追逐的对象，融资单体成本高成为银行服务中小企业的一大阻

---

① PTP 公司网站.

② 中国金融智库. http://www.zgjrzk.com/news/201403/336166.html.

碍，但对其违约风险概率精准的分析和识别，需要在体制机制与技术上作出的相应改变与调整，而基于大数据的互联网金融模式则被认为也许可以突破性的解决这一难题，互联网金融的“大数据”，也许可以成功解决中小企业贷款征信成本高的难题，其为中小企业的融资服务上得天独厚的优势，阿里金融、P2P、众筹融资等互联网金融融资模式的出现，打破了传统的以资本市场直接融资与商业银行间接融资为主的融资方式，为中小企业的融资拓展了新的路径。

（1）信息不对称问题的解决

互联网金融模式所具备的大数据优势与移动通信技术使得中小企业融资中的信息不对称问题的解决成为可能。互联网金融的大数据具有获取能力与分析能力可以将中小企业的财务信息、经营信息及相关数据进行分析，可以降低融资交易成本，解决信息不对称问题，满足实现中小企业融资需求。

（2）信贷配给问题的解决

银行信贷配给根源在于信息不对称，大数据以及移动通信技术对于信息不对称问题的解决成为信贷配给问题解决的前提。如电子商务平台模式。在以阿里金融为代表以电子商务平台为基础的互联网金融模式，主要依靠建立的评价模型辅助以人工审核，对有贷款需求的中小企业进行流水线式的审批，那些中小企业能否获得贷款主要是基于数字定量化的模型来进行判断，依靠数据判断授信要求很难对企业进行差异化对待，实行信贷配给。又如 P2P 模式，网站所有借款人的信用、风险信息、愿意提供的贷款利率都公开透明，而资金供给方会在所能够承受风险范围内选择那些回报率最高的需求方，由于供求关系影响，以及信息公开透明，会使同一网站或同一融资方式范围内，相同风险及信用状况的资金需求者所能提供的资金回报率趋同，因此资金供方会在相同的风险下，依据贷款价格利率自动配比资金，完全不存在贷款配给。

（3）直接融资市场欠发达问题的解决

互联网金融的各种存在模式虽然并不完全符合直接融资市场的定义，无论是 P2P 还是众筹等模式都是在融资环节中充当中介，资金直接在资金需求与供给方双方间流动，提供的是中介平台，提供信息收集与披露。因此互联网金融之所以能解决直接融资市场不健全，就是因为互联网金融本身提供了多种形式的直接融资方式。

（4）多渠道聚合资本为中小企业提供充足资金

从实践来看，以阿里巴巴、京东商城等为代表的互联网金融企业盈利能力强，可以整合民间资本等多渠道资本，尤其是这些互联网金融企业掌控着短期资金，能够满足中小企业的资金需求。中国电子商务研究中心的报告显示，2010 年针对中小企业的 P2P 网络融资服务放款规模总额超过 140 亿元人民币。因此互联网金融不只是一种新类型的交易工具，作为承载资金流与信息流的网络，互联网金融模式的出现对现有的金融市场运行将会造成结构性的冲击，互联网金融能够利用“长尾”效应为原有体制无法覆盖的中小企业提供更为低成本的服务。所以互联网金融实现了碎片金融、平台金融、普惠金融和数据金融等传统银行难以覆盖的领域，可以有效整合金融碎片资源，聚合“长尾市场”，满足民间需求量巨大而又没有被传统金融满足的小额融资需求。互联网金融拓展了金融服务的边界，可以有效地减少信息不对称，降低交易成本。虽然互联网金融模式发展还有待于检验，但互联网金融能真正给中小企业提供融资便利是毋庸置疑的。

9.4 民间借贷市场发展实践——温州金融综合改革试验区

目前民间信贷市场发展正向规模化、组织化和资源效率不断提高的方向演变，为规范民间资本运作、为民间金融市场营造一个稳定与健康的发展环境，国务院将温州作为金融改革的试验区，开启了中国金融体制创新和金融市场深化的新一轮改革。2012 年 3 月，国务院决定设立温州市金融综合改革试验区，以此来解决民营经济发展中存在的突出问题，引导民间借贷规范发展，为全国金融改革提供实践经验。此次改革试点具有很强的针对性，不仅在银行业的间接融资渠道上为中小企业和小微企业开辟通道，降低融资的门槛和难度，并以此增加贷款的力度，同时在整个金融市场上拓宽中小企业和小微企业的融资途径，规范民间的投资方式，降低民间资本的投资风险。按照温州金融综合改革的蓝图，温州市将建设成为地方金融改革创新试验区、民间金融规范发展先行区、中小企业金融服务示范区。温州金融改革试验区如果能够实现预设的目标，对温州、对浙江省乃至全国的民营经济和民间借贷市场的良性发展都会具有重要意义。

9.4.1　温州金融改革试验区

金融综合改革最终目的是服务中小企业发展，解决“两多两难”的问题。如要解决这一难题最关键在于需要建立健全民间借贷信用体系和金融风险监管体系。温州金融改革共涉及十二项主要任务，共包括创建民间资本管理服务公司、民间借贷登记服务中心，发展地方中小额贷款机构和金融监管机构，促进温州民间资本的合法化以及合规化发展。

其中发展中小型金融机构包括建立中小型银行、中小额贷款机构、民间金融服务机构和民间借贷登记中心等。主要有：①引导民间资金进入金融服务领域，落实金融业对非公有制经济成分开放，鼓励民间资金设立村镇银行、贷款公司和农村资金互助社，以支持当地的经济发展，推动民间资金进入私募股权领域，为初创期的民营高科技企业提供资金支持，成立专业的资产管理公司，管理分散的民间资金。②深化地方金融机构改革，鼓励设立小企业信贷专营机构，积极探索符合小企业特点的金融产品，建立小企业保险市场和债券市场，开拓小企业的多元化融资渠道，解决温州小企业融资难问题，设立未上市小企业股权交易市场，提升小企业的经营活力。③阳光化民间资金，使民间金融活动自觉接受官方的监管，受到法律的保护。建立风险防范机制，界定地方金融管理的职责边界，强化和落实地方政府处置金融风险和维护地方金融稳定的责任等。

2012 年 11 月 23 日，温州通报金融综合改革试验区试验方案，并公布《浙江省温州市金融综合改革试验区实施方案》的 12 条实施细则。其中，规范发展民间融资成为亮点。2013 年 11 月，《温州市民间融资管理条例》通过，这是全国首部地方性金融法规、首部专门规范民间金融的法规，民间资本管理服务公司和民间借贷登记服务中心可以促进民间资本的合法化，使民间资本能通过服务公司找到对应的投资主体，达到快速、有效地资金对接，并进行民间资本投资走向、路径、规模的动态监测，降低民间投资的风险。截至2013年3月28日，温州共有4家民间借贷服务中心，借出登记额为20多亿元，成交额6.7亿元。18家P2P融资中介机构还推出6家民间资本管理公司，以及通过小额贷款公司主发起人招投标制度新增筹建了26家小额贷款公司。[①] 2014年3月1日《温州市民间融资管理条例》及实施细则正式实施。

（1）重塑银行的角色，民间资本纳入正规金融

温州金融改革的做法是，鼓励国有银行创新和扩展面向小微企业开展业务，从而参与到民间金融竞争当中，进而通过国有金融的制度优势弥补金融供给错位的缺陷，这样的措施不像立法那样强硬，而是通过引导，实现同样的目的。

（2）设立新型金融组织，拓宽融资渠道

除了对国有银行等机构的引导和改造，鼓励和支持民间资金参与地区金融机构改革也是温州金融改革的有效做法。通过设立或入股村镇银行、贷款公司、农村资金互助社等新型金融组织，将原来零散的、难以控制的民间借贷市场通过机构的整合，纳入到监管的框架之中。同时，村镇银行、贷款公司、农村资金互助社也为中小企业资金需求拓宽了融资的渠道。

（3）设置信贷专营机构

设置信贷专营机构也是温州金融改革的一大经验。主要是通过改革现有的地方金融机构或者国有银行和商业银行设置信贷专营机构，以及合作金融机构的股份化改制为低收入群体提供信贷资金。

（4）加强社会信用体系监管

温州拥有1200亿元左右的民间借贷规模，有效监管成为民间金融健康运作的保证。随着金融改革的逐步开展，温州的民间借贷综合利率也逐

---

① 温州民间借贷危机原因温州民间借贷利率走势. http：//news.949949.com/shwx/201402/17105562_2.htm.

渐回落，2012 年与 2011 年相比降低了 3 个百分点左右，利率整体下降。

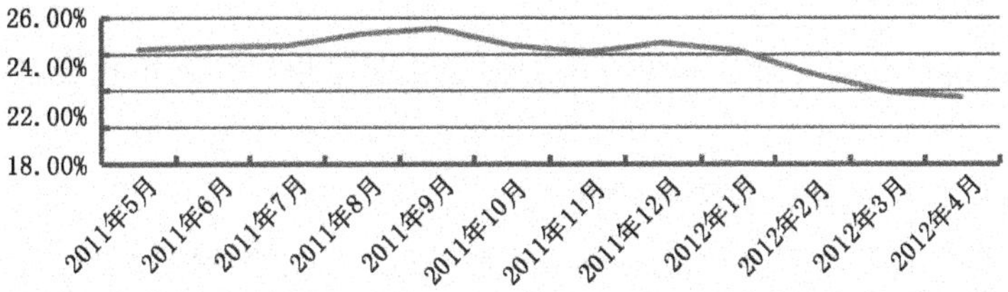

图 9－2　2011 年 5 月至 2012 年 4 月温州民间借贷综合利率走势图

资料来源：温州民间借贷网.

表 9－9　　温州民间借贷服务中心民间借贷利率指数

	2014 年 1 月	2014 年 2 月
汽车抵押利率指数	1.63%	1.61%
房产抵押利率指数	1.47%	1.20%

资料来源：温州民间借贷网.

9.4.2　温州金融改革的成效

（1）扩大融资渠道，创新金融业务，从根本上控制民间借贷风险

消除民间借贷负面影响，必须扩大其他融资渠道。主要是加强和完善正规金融机构的建设，创新金融业务。如银行委托贷款业务可发挥信用中介职能，为民间借贷的双方牵线搭桥。银行可根据委托人确定代为发放，监督使用，并协助收回贷款。通过委托贷款业务，资金出借者减少风险获得高回报，筹资者也得到发展所需资金，同时银行也增加了中间业务收入，实现了互利共赢。此外，还需进一步发挥小型金融机构的融资优势，从而增强其对民间借贷的替代作用。鼓励城市商业银行开展适应当地经济社会发展需要的业务创新。发展农村合作银行、村镇银行允许条件成熟的信用社组建农村合作银行。同时适度放宽城市商业银行、农村合作银行、农村信用社的入资条件，引导部分民间金融资本发展成为地方金融资本，壮大地方金融实力。

（2）引导民间借贷业务向正规金融业务发展

1）完善小额贷款公司和村镇银行的制度建设。

2）规范民间借贷机构，引导其分层次，有步骤地进入正规金融服务体系。

3）将自发设立且运作良好的农村合作金融组织纳入正规金融范畴。

（3）完善民间借贷政策法规

民间借贷的法规是民间借贷行为的准则，也是维护双方利益、规范民间借贷行为、打击和遏止"高利贷"和非法集资行为、合理引导社会资金有效流动的重要手段。首先《温州市民间融资管理条例》规定，单笔借款金额300万元以上、借款余额1000万元以上或涉及的出借人30人以上的，借款人应当自合同签订之日起15日内，向民间融资公共服务机构报备。不在备案要求的民间借贷，借贷当事人也可以自愿报送备案。涉及生产经营活动的额度较大的民间借贷是《温州市民间融资管理条例》调整的重点内容，通过建立民间融资公共服务机构和登记制度，有助于监管部门掌握大额民间融资的情况。为了让大额型、涉众型民间借贷备案制度落到实处，《温州市民间融资管理条例》作了正向鼓励和反向约束两方面的制度设计。将民间借贷活动纳入法制化轨道。首先，明确借贷主体双方的权利义务、交易方式、契约要件、违约责任和权益保障等内容，保障民间借贷在法律框架内规范运作。其次，明确界定非法集资与正常民间借贷的界限，促进正当民间借贷活动摆脱灰色金融身份，将一些不属于违法范畴的灰色金融规范化。这样既有利于企业自身的规范化管理，也有利于加大对恶意欺诈行为和恶意高利贷行为打击力度。

（4）对民间借贷行为加强监管，及时掌握民间资金的动向

1）明确监管主体与其职责。1998年颁布《非法金融机构和非法金融业务活动取缔办法》规定，人民银行享有民间金融的监管权，而后出台的《银行业监督管理法》明确将民间金融的监管权赋予银监会，这导致监管主体发生重叠，二者之间如何协调与配合，相应的法律法规没有作出明确规定。在对小额贷款公司的监管方面，《关于小额贷款公司试点的指导意见》指出，只贷不存的小额贷款公司无需接受银监会的审慎监管，可由省政府指定省金融办或相关机构负责对小额贷款公司的监督管理，并承担试点可能出现的风险。在这种情况下，各部门应建立畅通的协调联络机制，进一步明确监管职责，落实监管责任，确保小额贷款公司合规经营、稳健经营。在对民间借贷组织的监管上，以服务中介公司名义在工商部门登记的这些借贷机构并未纳入金融监管的范围，必须指定专门的监管机构对民间借贷组织进行监管，才能有效防范相关金融风险。

2）加强对民间借贷的日常监测工作。一是人民银行继续加强和完善对民间借贷的日常监测工作，及时掌握民间借贷数量、对象、利率、期限、信用等情况，并着重研究民间融资对宏观经济运行的影响。《温州市民间融资管理条例》施行首日，温州市当日共登记备案 67 笔、共计近 1.4 亿元。[①] 11 个县（市、区）和温州经济技术开发区（以下称经开区）均有市民登记备案。这样做有利于对民间借贷的监测，掌握民间金融活动及风险状况。

（5）建立信用中介系统，加强对民间信贷主体的信用规范建设

由于民间借贷市场是直接融资市场，市场的信息不对称等因素使得资金借贷的风险加大，民间借贷中介人就随之产生，可以搜集并提供民间借贷双方的信息，在借贷金额、借贷期限和借贷利率上匹配借贷双方的信息。建立信用中介系统，加强对民间信贷主体的信用规范建设。

① http：//www.zj123.com/info/detail－d263608.htm.

第 10 章

民间资本支持中小企业发展的政策建议

许多国家的实证研究表明：民间金融之所以能够产生并长期存在，就在于它能解决许多国有或正规金融难以解决的重要问题，如中小企业信贷需求问题。文献表明，在中国中小企业信贷市场上，民间金融形成了对正规金融的替代。民间借贷可以有效地解决中小企业的融资问题，促进经济增长。民间资本在发展中国家、经济转轨国家甚至在发达国家广泛存在，表明了其存在不受体制因素的制约，也与经济发展的阶段性没有直接联系，民间资本运行不应该是一种可有可无的融资安排，也非简单的是对中国金融的拾遗补缺，而是与正规金融并存的必要的融资方式。既然中小企业不断发展内生出对民间融资需求，因此，作为一种制度供给，体制外也就自然会不断产生并存在下去。所以从既有的金融改革过程来看，这些体制外金融制度安排的兴起本身对中国金融制度结构变迁具有特殊意义。无论短期还是长期，全面激活民间投资在很大程度上还取决于市场化改革的实际进程。解决问题的关键是跳出政策本身，政府要做的是如何运用体制机制保证经济的市场化进程。

我们应该着手构建与中小企业发展相适应的地方金融体系，引导民间资本沿着制度化的政策路径与资金需求方实现有效对接。提供多元化融资渠道以满足中小企业分阶段融资需求，充分依靠市场分散决策优势，满足金融工具创新效率和针对性。具体来说，包括：①放松管制，引导民间资本进入金融领域，培育新的增长点。民间借贷乱象背后说明只有市场才是完善中小企业企业融资体系的关键，只有进一步放宽民间投资的市场准入，才能激发民间投资的活力，破除民间投资政策性壁垒，构建推动民间资本与企业资金需求相匹配多渠道的融资体系，才能引导民间资本向产业资本转化。这样不仅可以优化金融机构的所有制结构和规模结构，而且借助金融机构的专业性，通过投资获得长期而稳定的回报，既解决了民间资本投资的出路问题，也增加了金融机构发展资金，增强其为实体经济服务能力。②打破垄断，禁止规模歧视、扩大中小企业市场准入范围。垄断行业改革应从增量突破，为民间资本“实体化”提供产业平台，向民间资本开放铁路、能源及医疗、教育等领域，引导民间投资参与重点项目，打破垄断，提高垄断行业的竞争水平，形成支持经济转型、结构调整的良性循环。③指导和调节缩小行业间收益差距，引导民间资本投向。目前实体经济发展环境恶化的导火线是行业间利润失衡，非实体经济部门与实体经济之间的利润有着巨大差异，导致民间资本“流向偏移”，要通过各项政策的支持与引导，改变实体经济与虚拟经济的收益差距。把更多的利润留在实体经济。同时吸收金融市场的流动性，让部分传统低端制造企业退出市场，培育利润高的领域吸引民间资本。④拓展多元化投资渠道，加快多层次资本市场建设。民间资本“脱实向虚”、偏好投机的一个重要原因是投资渠道狭窄。通过金融市场的发展和金融产品的多样化，来化解投机性资金，引导民间资本规范从事资金借贷活动，打破资金供求不平衡格局，满足社会多元化融资需求，实现民间资本投资制度安排。⑤实现利率市场化从根本上破解中小企业融资困局。

从根本来看，当商业银行没有对风险程度较高的中小企业提供资金支持的动力时，银行不会将有限的贷款额度给予中小企业。由于利率市场化程度不高，把贷款需求更为迫切的中小企业推到承担成本的第一线，导致现在民间高利贷猖獗，这就是为什么当前高利贷盛行的主要原因。如何让这些庞大资金用于真正需要的中小企业，长期来看利率市场化改革是破解困局的根本出路。中国金融体系的改革方向是进一步市场化，让更多金融资源通过市场进行配置。从国家政策层面看，政府希望采取积极措施进一步拓宽民间投资领域与范围。我们认为还需要坚持“让利于民”的原则，真正吸引民间投资进入，让民间投资进入利润丰厚的行业，而不仅仅是进入一些过剩或不获利的行业及领域。但解决中小企业融资困境的出路并不仅仅在于建立一些为中小企业服务的金融机构，而在于整个政策的设计和引导，进行可持续的制度安排。

在此基础上我们还应该从以下方面为中小企业发展提供更多的融资平台与通道。

10.1 构建中小企业互助担保体系

2000 年国务院办公厅下发《关于建立中小企业信用担保体系试点的指导意见》），从政策层面构建了中国“一体两翼三层”信用担保体系。实践模式具体包括政策性担保、互助性担保和商业性担保三种。[①] 2010 年 3 月银监会等七部委发布《融资性担保公司管理暂行办法》。截至 2010 年末，全国融资性担保法人机构共计 6030 家，融资性担保全行业资产总额达到 5923 亿元，净资产 4798 亿元，在保余额总计 1.15 万亿元。[②] 由于融资担保机构数量众多，质量参差不齐，所以自 2011 年开始，中国政府就开始对现存的融资担保机构进行规范整顿。相关数据显示，到 2011 年 5 月 31 日，全国融资担保机构已完成规范整顿的达到 8732 家，正在规范整顿中的为 326 家，尚未进行规范整顿的为 134 家。从这些数据可以看出，我国融资担保机构数量之多。

信用担保模式在我国包括：政策性担保模式、“直贷 + 担保”的“互助性担保”模式，民间借贷担保公司为典型的“商业性担保”模式。建立以财政为辅、民间投资为主的商业化运作担保机构。融资性担保机构有效发挥了为中小企业提供融资担保的作用。截至 2010 年年底融资性担保贷款余额 8931 亿元，为中小企业提供的融资性担保贷款余额 6894 亿元，

① 刘明德. 试析我国中小企业融资担保体系［J］. 社会科学论坛，2011（7）.

② 中国中小企业信息网. http：//www. sme. gov. cn/web/assembly/action/browsePage. do? channelID = 1285745330494&contentID = 1309164828753.

较上年增长 69.9%，占融资性担保贷款总额的 77.2%；为 14.2 万户中小企业提供了融资性担保，户数较上年增长 58.3%，占所有融资性担保贷款户数的 85.5%。① 随着融资性担保业务的蓬勃发展，融资性担保机构数量、注册资金总量正在迅速增加，相伴随的风险也在加大，如何掌握融资性担保行业真实的经营数据，持续跟踪监测融资性担保业务风险，促进融资性担保行业健康稳定发展，已成为各级监管部门最迫切解决的问题。2011 年 3 月浙江省公布《融资性担保公司管理试行办法》，之后建立了融资性担保机构在线监管系统。

10.1.1　联保贷款

Stiglitz（1981）② 对联保贷款提出假设——在监督和激励合约没有成本的前提下，借款人能够有效的解决道德风险问题，并将风险最小化开始。学者们从不同的角度对联保贷款模式进行了研究，从最初的农户联保贷款模式的运用，发展到联保贷款解决企业自身逆向选择和道德风险等问题，都已取得了较好的效果。联保贷款实践起源于尤努斯的格莱珉银行，由于小组成员的相互监督以及贷款风险的自我甄别成为联保贷款的最大优势，实现了较高的还款率和较强的扶贫效应。中国的银行在引入这种模式后，联保贷款业务一度成为银行贷款突破抵押物限制的一个重要尝试，成为解决中小企业融资难一个重要突破口。由于互保联保业务促使互相担保的企业主动择优组合，减少银行筛选企业的信息不对称性，联保贷款通过小组成员的共同监督和社会惩罚机制可以减少违约风险，银行也很欢迎这种风险可控的贷款模式。中小企业参与联保的面广，许多企业处在不同的担保链中，各个不同的联保组合因为含有相同的企业而形成联保贷款圈、联保贷款网，在浙江企业融资中通过互联担保模式的占比 50%—60%。③ 在整个经济环境发展良好时，企业都愿意采用这种模式进行贷款。但在经济形势不好时，这种错综复杂的互相担保关系在很大程度上加剧了联保贷

① 银监会：去年融资担保贷款余额 8931 亿. http://money.163.com/11/0616/09/76LLB7AQ00253B0H.html.

② Stiglitz, J. E., &Weiss, A., "Credit Rationing in Markets with Imperfect Information" [J]. American Economic Review, Volume 71, Issue 3, 1981: 393 -410.

③ 区域互保联保风险化解之道. http://finance.21cbh.com/2014/6 - 14/3NMDAzNzFfMTE5OTU3NA.html.

款风险，一旦某家或某几家企业出现资金链问题，就会使得大多承担联保责任的企业一损俱损，大多企业会因为这种连带责任而资不抵债，最终停产倒闭。我们可以在中小企业间建立创新型互助担保模式，以担保公司为基础实行直接融资或间接融资。

10.1.2 以互助担保公司为中心的中小企业融资模型

建立以互助担保公司为中心中小企业融资模型。其中中小企业是互助担保公司的主体，是担保基金主要出资者及融资需求者，互助担保公司是银行和民间资本、企业和政府中介。银行和民间资本是中小企业间接融资和直接融资资金提供者，企业作为出资人，地方政府给予政策支持。同时企业与企业之间也可以通过赊销、预付货款等实现类似银行同业拆借短期资金需求。如图 10－1 所示。

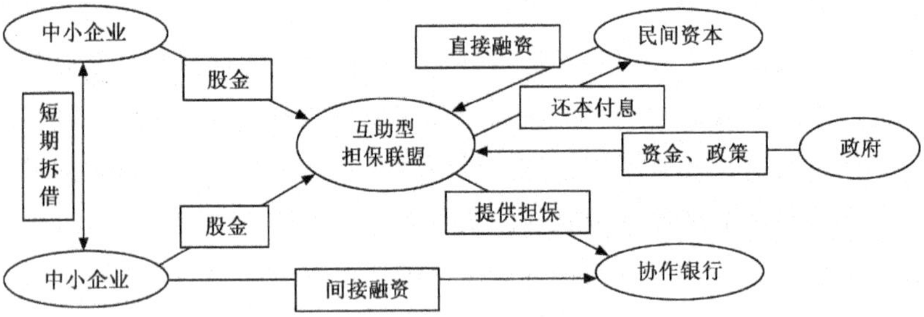

图 10－1 互助担保模式

政府通过减免税收、资金扶持等政策鼓励引导，以某行业的牵头企业为发起人，吸引关联企业自愿组建互助担保公司。互助担保公司首先以满足会员企业需求为主以外也可为会员外企业提供担保服务。互助担保公司资金来源主要有：政府提供启动资金扶持，企业缴纳股金、企业有效资产抵押折现。互助担保公司股东企业依托互助担保公司进行直接、间接融资或企业间赊销、预付货款等。也可以采用多种方式吸收民间资本，如企业的存货、原材料、出口协议、生产订单债券化等。如图 10－2 所示。

互助担保公司还通过制定一系列评审细则、监管管理规定、企业违规处罚条例等来规范互助担保公司的运作。在互助型担保模式中，担保公司将会与每家会员企业签订反担保协议，规定会员之间互相担保，企业共同承担风险。

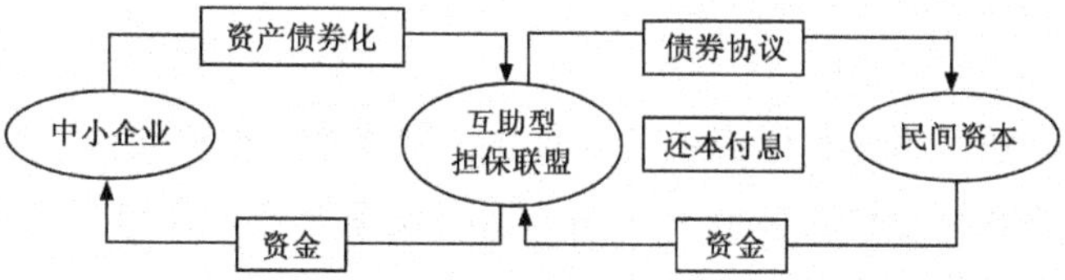

图 10－2　融资方式

10.1.3　互助担保模式成员企业分析

（1）均衡分析

如果企业加入互助担保公司，它会获得减免税收的优惠 T_i 和政府支持 g_i，而且还可通过融入担保组织加强企业间的联系，从而获得隐性收益 U_i。中小企业如果能够直接获得银行贷款，贷款率 r^* 相对较高。若有了担保公司的信用，银行的贷款利率 r 会相应降低。在过程中，企业信贷放大倍数 m_i 是关键，如果 $m_i \leqslant 1$，则互助担保公司基本上不存在风险，不过这样很难满足中小企业资金需求，会降低企业参加的动力。所以要按照企业资信，确立合理的信贷放大倍数，一般集中在 2—10 倍，不过这需要对中小企业进行经营指导，实行动态监管，从而减少和避免由于企业经营不善而引发无力还债的经营风险。

（2）代数分析

1）假设有 n 个企业参与互助型担保模式，每个企业违约的概率为 p。担保组织可以获得政府支持 g，成员企业可以获得税收的减免 T_i 且潜在收益为 U_i。成员企业需交纳股金（保证金）E_i 及企业一定比例的有效资产 C_i 作为抵押折现。

2）担保组织的担保率为 r_1，手续费率为 r_2，贷款利率 r。企业的贷款放大倍数为 m_i。假设企业 i 的贷款金额为 X_i，则企业 i 的一年期融资成本为：

$$cost_i = (r_1 + r_2 + r)X_i$$

式中，$(r_1 + r_2)X_i$ 表示企业贷款时支付给互助担保公司；rX_i 表示企业还款时支付给银行。

3）假设企业贷款期限为一年，一年底还本付息。互助担保公司承担部分比例 r_3 代偿风险，银行承担代偿风险比例为 r_4。

4）贷款到期时应还本付息：

$debt_i = (1 + r)X_i$

如果企业因为各种原因不还本付息，则该企业被迫偿债，并要求一定数额的罚款及其隐性名誉损失为 S_i，这将使企业难以在组织内继续存在。具体分为以下几种情况：

A. 若 $(1 + r)X_i \leqslant E_i + C_i$，则互助担保公司用该企业的保证金 E_i 及有效资产 C_i 抵押物偿债。

B. 若 $(1 + r)X_i > E_i + C_i$，则该企业首先被迫偿债 $E_i + rcC_i$，余下部分，先由互助担保公司代偿 $\min[r_3(1 + r)X_i, m_iE_i]$，即取事先规定的互助担保公司承担比例代偿风险与担保放大倍数 m_i，其中的较低者；超出 m_iE_i 的部分，由组织内部的其他成员企业按照各自的出资比例进行代偿：

$[(1 + r)X_i - E_i - C_i - m_iE_i] \times E_i \div \sum E_i$

但其他成员企业负有限责任，代偿的上限为各自的出资额 E_i；再不足的部分由银行承担 r_4 的比例，追偿后进行坏账处理。

5）企业获得贷款后：

A. 如果经营良好，则贷款资金的收益为 K_i：

若到期自觉还本付息，则企业的融资收益为 $income_i = K_i - cost_i$；

若到期不愿还本付息，则企业的融资收益为 $income_i = K_i - cost_i - S_i$。

B. 如果经营不善，则贷款资金的损失为 W_i：

若到期自觉还本付息，则企业的融资损失为 $loss_i = - W_i - cost_i$；

若到期不愿还本付息，则企业的融资损失为 $loss_i = - W_i - cost_i - S_i$。

（3）图形分析

将以上均衡分析和代数分析转化为图形（如图 10 - 3）分析，可以直观地判断中小企业采取不同行为将分别获得的收益与损失。

中小企业应该加强内部控制，完善互保、联保贷款的监管审核，在采取互保联保方式进行贷款时，要充分了解对方企业的信息，对互相担保的企业进行考察，识别对方企业的经营现状和担保链长度，保证互保企业经营状况良好，有效控制融资风险。尽量避开同行业企业和关联企业的联保贷款，建立识别联保风险的指标体系。实行联保贷款的前、中、后台隔离，共同防范和控制联保贷款风险。当企业陷入互保困境时，主动寻求自救，如对企业主业联系不大的资产的削减或通过引进战略投资者对企业进

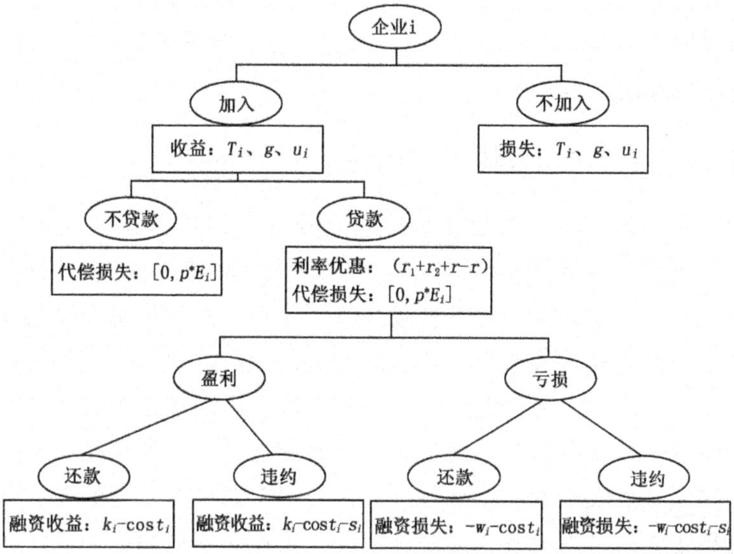

图 10－3 图形分析

行投资，实施战略重组等等，保证企业能够进行正常的生产经营活动。

10.2 提供投资机会引导民间资本流向实体经济

金融危机后经济震荡加剧，引发全球实体经济的回归。这次金融危机对中国经济的冲击表面来看是对经济增长速度的冲击，实质上是对经济发展方式的冲击。作为全球制造业大国，中国正在从工业化中期向工业化后期转变，由规模增长向价值增长过渡，但目前中国实体经济发展遭遇改革开放少有的困境，固定资产投资增速处于历史低位，制造业进入低增长或负增长阶段。当前融资难导致实业资本成为了稀缺资源，有限的资本因为产业不振甚至流出了实业经济，转化成金融资本的“热钱”，反过来又妨碍实体经济的进一步发展。坚持市场配置金融资源，通过制度创新激发经济增长的内生动力，使民间资本成为拉动实体经济的主导力量，实体经济回归与转型首先是资本回归，在市场配置金融资源的改革导向下，民间资本助力将成为实体经济回归与转型的关键，促进实体经济发展是摆脱危机和可持续发展的必然选择。

10.2.1 民间资本“去实业化”与产业发展“空心化”

2010年中国制造业产值在全球制造业总产值中占比达到19.8%[①]，已超过美国成为世界第一制造业大国。虽然中国是“制造业大国”，但在后危机时代，全球经济复苏缓慢并且不稳定，国际经济波动与中国经济发展长期趋势性因素交织在一起。自从改革开放以来，中国主要依靠要素投入、低成本、外向型经济带动经济增长，而不是主要依靠生产率以及科学技术自主创新能力的提高。但目前低廉成本要素供给替代开始削弱中国制造业发展的比较优势。当前资源要素制约日益趋紧，高成本运行使得传统经济发展模式受到挑战，一是以制造业为代表的中国传统劳动密集型产业获利空间十分狭窄，二是发达国家“再工业化”进行制造业回归，我们面临着既可能失去低端制造业又可能失去高端制造业的双重危机，需要进行“去产能化”和制造业转型的双重调整。但是很多制造业由于资金问题、技术问题使得产业升级困难重重，甚至出现制造业“空心化”困局，产能过剩危机和制造业危机使中国实体经济发展日趋困难。

由于制造业利润空间变窄，而资本逐利性却又导致大量资本从微利实体经济流出，偏离实体经济发展，资本抽离实体经济“去实业化”现象不断发生，加据了产业空心化。实体经济发展困境凸显了经济发展中的结构性矛盾，宏观与微观层面的经济差异性越来越大。当政府需要刺激经济时候，往往是国有资本的再一次扩张，政府大量投资集中在交通、铁路、城市建设等非生产性投资，很难传递到制造业为主的中小企业，实体经济能否顺利回归与转型，需要寻求更好的经济增长内生动力。目前政策层面都在鼓励民间资本进入实体经济，以期民间资本成为拉动经济主导力量，这既可以解决民间借贷纠纷频繁发生，也可以改变虚拟经济抽走大量民间资本导致中小企业资金结构性失衡状态。

① 2010年中国制造研究报告.

10.2.2　民间资本转化产业资本的路径选择

当前实体经济发展环境恶化导火线是行业间利润失衡，实体经济与非实体经济部门之间利润巨大差异，导致资本向非实体经济部门转移，转移到那些虚拟行业、资源型产业、部分垄断性企业等。相关数据表明，2005—2010 年中国工业行业平均利润率约为 6%—7%，而同期证券行业平均利润率高达 40% 左右，最低一年也有 28.9% 左右。[①] 工信部日前也提出要创造实体经济收益率与虚拟经济收益率大致相当的条件，这样就可以为引导规范民间资本以及民间投资创造有利环境，通过相关政策来调节缩小行业之间收益差距，把利润更多留在实体经济领域。如降低银行息差、调整贷款上浮比例，降低实体经济的融资成本，创新金融工具。不过这一切也只有在破除民间投资政策性壁垒，构建推动民间资本与企业资金需求相匹配多渠道的融资体系，进行金融体制创新，才能真正引导民间资本顺利转化为产业资本。

（1）放松管制，培育新增长点，引导民间资本通过金融平台进入实体经济

“温州乱象”背后说明只有市场才是完善中小企业企业融资体系的关键，只有进一步放宽民间投资的市场准入，才能激发民间投资的活力，发展民资为主小金融机构，以此来优化金融机构的所有制结构和规模结构，而且借助金融机构专业性，通过投资获得长期而稳定回报率，这样既可以解决民间资本投资的出路，同时也增加金融机构发展资金，增强其为实体经济服务的能力。

（2）降低准入门槛、打破经济垄断，吸收金融市场的流动性

向民间资本开放铁路、医疗、教育、能源等产业领域，为民间资本“实体化”提供坚实的产业平台，引导民间投资参与重点项目，培育利润高的领域吸引民间资本的投入，部分传统低端制造企业进行市场化退出，形成支持结构调整、经济转型的良性循环。

---

① 于良春. 行业垄断与居民收入分配差距的影响因素分析［J］. 产业经济研究，2013（2）.

(3) 加快国企股权多元化进程

国资委2012年年中发布《关于国有企业改制重组中积极引入民间投资的指导意见》，吸收民间资本等进入国有企业，通过外部股权约束及其压力，形成多元化股权结构，以此减少体制内风险以及提高专业能力，从根本上提高资本效率，助力经济转型。

(4) 搭建股权投资的平台、实现股权投资

提高中小企业直接融资比例，构建由股权投资、天使投资及风险投资等构成的多层次创业创新投资体系。由于中小企业发展面临着巨大的不确定性，而转移产业的决策风险也是传统金融机构所不愿意承担的，风险投资、股权投资形式可以参与提供资金，实现双赢。

(5) 加快多层次资本市场建设，逐步拓展多元化投资渠道

造成民间资本“脱实向虚”、偏好投机的重要原因就是投资渠道不畅。打破资金供求不平衡格局的路径之一就是推动多层次资本市场发展，发展多层次信贷市场，通过金融市场的发展和金融产品的多样化，引导规范民间资本投资行为，满足中小企业多元化融资需求。

另外，要在规范影子银行前提下尽量拓展非新增人民币贷款融资渠道，在加强监管前提下，发挥融资租赁、信托、典当等融资方式在中小企业融资中的作用。政府应致力于完善相关法律法规，构建民间资本进行投资的市场环境，利用市场手段构建风险控制机制，从而保护民间资本的投资利益。

10.3 优化民间资本运行的金融生态环境

2005年2月国务院颁布《国务院鼓励支持非公有制经济发展的若干意见》，即“非公36条”，成为国内第一个促进非公经济发展的系统性政策文件，2009 年 9 月《国务院关于进一步促进中小企业发展的若干意见》颁布，2010 年 5 月“新非公 36 条”的颁布，2012 年“新 36 条”实施细则等颁布，多项实质性措施出台将为中小企业发展注入动力，传递着政府重视中小企业的发展，鼓励和动员民间资本投入到经济建设中来。

10.3.1　搭建产业政策与民间借贷平台，合理引导民间借贷流向

1）构建通畅的信息交流和互动平台，引入较为专业的第三方参与信息征集调查、风险揭示和分类推荐，合理引导。

2）建立公开信用评级制度。良好的信用评级服务增强了投资者的信心，增加了民间借贷的需求，从而进一步刺激民间借贷市场的发展。

3）完善政府对民间借贷的信息披露制度。

10.3.2　强化服务和引导，优化民间资本投资环境

引导民间资本沿着制度化的政策路径与资金需求方实现有效对接，遏制民间资本盲目运作。

（1）适时制定民间投资促进法和民间借贷法

给予民间投资法律上的平等保护，从根本上保障民间资本的合法地位和资本权益，保障民间投资平等竞争。“非公 36 条”、“新 36 条”等只是政策意见，不能够司法申诉和裁决依据。

（2）修订政府核准投资目录

缩减核准范围①、下放核准权限，有利于扩大民间投资，并激发市场活力。在目录范围内逐渐由审批制向备案制过渡。政府适时发布方向性的产业战略和政策，创造有利于产业发展的政策环境。①以信息引导企业投资，避免盲目投资和过度竞争；②除了制定一般产业政策引导民间投资外，应制定特定产业政策，引导和促进产业的发展与转型。

---

① 国务院在《政府核准的投资项目目录（2013 年本）》基础上 2014 年再次修订政府核准投资目录。

（3）完善民间投资审批制度

放松管制，制定审批标准。下放审批权力并减少审批环节，清理并减少、合并行政审批事项。推行民间资本市场准入的审管分离制，出台引导民间资本发展的产业规划和投资目录。

（4）建立项目运作与民间资本对接的投资服务体系

培育服务民间借贷市场的服务中介组织，提高融资效率。①建立政府服务与社会化、市场化服务相结合的民间投资服务体系。②培育为民间投资服务的商会、行业协会等民间自律性组织。③发展为民间投资提供政策、法律、财会、技术、信息和管理等服务的市场中介。如 2013 年 4 月长沙民间借贷服务中心挂牌，成立全国首家民间金融商会长沙民间金融商会，是长沙市唯一一家实行政府引导和政策特许、企业化经营管理运行的金融改革创新。在长沙民间借贷服务中心，除了引进 4 家民间借贷中介机构、2 家担保公司之外，还配套了评估机构、公证处、仲裁委、律师事务所等服务机构。

（5）构建发挥民间投资积极性的政策体系

①实行统一的税费政策并降低各种费用，制止对民间投资主体不合理收费。完善个人所得税政策，以此鼓励民间资本再投资，以增强民间投资的集聚力及积极性。实行普惠制减税。结构性减税并不能解决问题，普惠制减税更为合理和有效。国家税务总局出台了鼓励和引导民间投资健康发展的多项税收政策①，政策涵盖了引导和鼓励民间资本进入基础产业和基础设施领域等六大类供给 33 项。营造公平竞争税收环境，对于民间资本和国有资本均享受税收优惠政策。②投入专项财政资金建立开放式补偿激励机制。通过专项财政资金设立投资基金，以财政补贴或转移支付方式、以补助、贴息、减税、政策性贷款等财政金融手段引导资金的流向，引导民间投资调整经济结构。③建立外部风险防御机制。如建立小企业贷款风险补偿机制、中小企业信用担保风险补偿机制等，还可以设立“投资补贴”、“投资基金”等引导民间资本投向急需

① 国家税务总局.鼓励和引导民间投资健康发展的税收政策（2012）.

投资的中小企业，以补贴投资收益。④建立事后需求侧激励机制。在民间资本投资于一些产业技术创新等领域时，政府还可以构建事后购买类的开放式补偿激励机制。如“需求侧激励”① “事后购买” 等一些国外创新机制政策。⑤强化政府采购机制。如出台《中小企业政府采购管理办法》以鼓励政府投资向中小企业倾斜，支持中小企业平等参与政府采购的公开竞争。

10.3.3　强化监控与管理，完善民间资本信用体系

(1) 建立以民间投资为主、财政为辅的商业化运作担保体系

可以降低民间投资风险，同时对民间投资运作在资金使用等方面进行适时的监督管理。

(2) 建立健全民间融资信息监测体系及备案登记制度

完善对民间资本的统计及风险监控方法，实施多层次动态监控，以解决民间融资制度基础性资料缺失问题。温州即将推出“温州指数”作为民间融资综合利率指数，以此实现民间融资动态跟踪及风险预警。

(3) 构建中小企业信用体系，推进社会信用环境改善

中国《征信业管理条例》已于 2013 年 3 月 15 日起正式实施，标志着中国征信机构运营全面规范，进入征信系统建设不断完善阶段。截至 2013 年末，金融信用信息基础数据库接入小额贷款公司和融资性担保公司 816 家，中征应收账款融资服务平台上线运行，为缓解中小企业融资难、融资贵问题提供有效渠道。中小企业信用体系建设稳步推进。截至 2013 年末，全国累计已有 35 万户建立了信用档案小微企业获得银行贷款。② 其中浙江省、湖南省、陕西省等地区开展小额贷款公司和融资性担保公司信用评级试点，促进银贷、银担合作和小微企业融资服务。

---

① 需求侧激励，一方面是购买企业的创新性产品，如政府在采购中买创新产品，或者是补贴。另一方面也可以是企业的创新技术，还没有产业化，但技术带有很强的社会效益、公共效益，通过政府购买获得技术专利权，然后将技术无偿转让技术转化公司进行转换生产，从而调动民间资本创新的积极性。

② 中国人民银行. 2013 年中国区域金融运行报告［M］. 中国金融出版社，2014.

表 10－1　　2013 年各地区支付体系建设情况　　单位：%

不同地区小额支付系统业务处理量占比	东部	中部	西部	东北	全国
笔数占比	66.9	14.3	14.6	4.2	100
金额占比	66.7	17.2	12.4	3.7	100

资料来源：中国人民银行. 2013 年中国区域金融运行报告［M］中国金融出版社，2014.

10.3.4　搭建共享信息平台，推进民间借贷规范运作

通过培育和发展服务于民间借贷市场的服务中介组织，提高融资效率。搭建政府、企业、金融监管机购、银行、民间借贷组织、中介机构共享的信息平台，在此基础上可以建设民间借贷网络信息平台，除了便于对民间借贷的监管外，引导借款人和放款人通过参与该平台交流借贷供求信息进行融资。P2P、阿里金融、众筹融资等互联网金融融资模式的出现，已经对传统以资本市场直接融资与商业银行间接融资为主的融资方式冲击，为中小企业拓展融资新路径。

以上我们梳理并明确了民间资本、中小企业、中小企业融资等概念的内涵，更从中小企业融资、民间资本两者相互作用的角度论证中小企业与民间融资的必要性和匹配性，证明两者有天然的契合度，两者互为依赖、互为支持。民间融资在一定程度上缓解中小企业资金供求矛盾，使中小企业获得足够资金实现自身发展，更有利于合理优化民间资本配置，发挥资金的有效性，使两者有机结合作用于国民经济，培养新的经济增长点。

但现实中资金供求的配给成功率并不乐观，同时融资规模也没有达到预期的配给效果。民间借贷的活跃说明其存在的合理性，但民间资本投资主体的趋利性或避险性、中小企业自身固有的缺陷和融资渠道的单一与不畅通、政府法律监督力度不足及对民间资本的限制，加之市场融资环境不良和投资体系不完善，即使存在充足民间资本，其作用发挥也是有限的。通过分析我们认为，民间借贷市场是一个“竞争性和灵活性的”有效率的市场，作为未来发展，尤其是中小企业的融资渠道，必须促使其制度安排的规范化和合法化。

如何进行规范与发展从本研究分析结果表明：应该从机构及市场两方面进行布局。一方面基于“小银行优势假说”发展中小金融机构、小银行来解决中小企业融资难问题；另一方面，在中国金融体系所缺乏的并不仅仅是民间银行，而是一个多层次、能够为中小企业融资服务的资本市

场。我们应该充分发挥民间借贷市场有效机制，使资金供需达到均衡和有效利用（樊纲，2000）①。众所周知，美国小企业的发展非常稳定，除了有较完备的政策扶持体系以及法律保护体系外，最重要的就在于美国所特有的融资体系为小企业提供了全方位融资支持与融资便利。基于此，必须对中小企业民间融资的渠道进行创新、疏导，开辟以天使投资、私募股权投资、公共投资基金融资和网上直接公开发行的新型直接融资渠道，弥补“麦克米伦缺口”，发展建立中小型的金融机构以完善间接融资，进行金融体系深化改革，从而推动民间资本与中小企业的有效对接，创建民间资本作用于中小企业的投融资结合体系。

一国的经济增长与一国的金融发展的整体水平相关，根据 Levine 结论②只要一国的法律体系及制度安排合理，能够保证投资者的利益，该国的金融体系就能合理地配置资源以刺激经济增长。随着改革的不断推进，政策制度的不断完善，我国的民间资本运行将加有效率，中小企业的融资环境也会变得更加完善，从而实现经济发展与增长。金融体系只是自动响应经济活动，金融发展作为经济增长的变量，只有发挥了金融体系作用的演化才能影响长期经济增长。

动员民间资本为中小企业服务，发展民间借贷市场，折射了中国金融未来的三大转变：一是要从间接融资绝对主导的金融体系，向直接融资和间接融资相平衡发展模式的转变。二是从大一统自上而下的金融发展模式，向地方金融市场有有自我发展空间模式的转变。三是从以国有金融机构占绝对主导，向以国有金融机构和民营金融机构共同发展的发展模式的转变。而这一切都需必须要通过加强监管，完善市场架构，提高市场效率，弥补市场缺陷来实现。从普遍意义上讲国有银行、外资银行，民营银行在经营机制和内部管理上，本质上都是一样的，在立法层面，也是一样的，同样通过存款保险制度和宏观审慎监管体系建设也是一样的，让所有的商业银行按照同一游戏规则运作。

市场化改革释放出强大体制活力，极大的促进了经济持续快速增长。改革开放 30 年的经验告诉我们：市场越开放，竞争越充分，经济越繁荣，

---

① 樊纲. 中国金融业生存空间很大. 国研网. http：//www. drcnet. com. cn/www/integrated/. 2000 -4 -20.

② Levine R. Financial development and economic growth：Views and agenda [R]. IMF Working Paper，1996（1678）.

百姓越受益，同时历史经验也表明，中小企业、民间资本的内在属性使得其在不利因素下生存下来的关键是给予良好的市场环境，其在改变自身的基础上，政策支持更加需要。但利用民间资本支持其发展并不意味着动用行政手段加以扶持，应推动机制体制改革，在创造民间资本与国有资本、地方金融机构与国有金融体系、中小企业与国有企业甚至外企同等待遇的公平地位基础上，获得法律保障、契约保障、资本权益保障等。所以，尊重民资、尊重民营金融机构才是最有利民间投资成长的根本。

附　录

附录一：浙江地区中小企业金融状况调查问卷

您好：本调查的目的在于了解浙江地区中小企业的信贷服务，属于不记名调查，对于您的回答，我们将严格保密。谢谢您的合作与帮助！

问卷编号：____________

调查时间：______年______月______日；调查地点______县______镇（乡）______村（居委会）

调查对象：中小企业

企业类型：____________

企业规模：资金________，人数________。企业建立时间：________

1. 现阶段影响该企业发展的主要因素是什么？

A. 资金不足　　B. 技术落后

C. 员工素质　　D. 管理体制

2. 该企业最想得到的金融服务是什么？

A. 资金需求　　B. 结算服务

C. 金融咨询方面

3. 该企业开始从事非农产业所需要的资金大约是____________万元。

A. 其中自有资金________万元，约占________%

B. 亲友入股________万元，约占________%

C. 政府投资________万元，约占________%

D. 民间借贷________万元，约占________%

E. 其他来源________万元，约占________%

4. 该企业生产经营什么时期阶段对资金需求最强烈？

A. 初创期　　B. 成长期

C. 成熟期　　D. 衰退期

5. 实际生产中，该企业的借款主要来源为：

A. 银行贷款　　B. 亲戚朋友

C. 民间金融　　D. 高利贷

6. 该企业借款的主要用途是：

A. 扩大生产　　B. 流动资金需求

C. 技术引进　　D. 其他

7. 您认为本地区国有银行的服务如何？

A. 很好　　B. 较好

C. 一般　　D. 较差

E. 很差

8. 一般情况下，该企业能否及时从本地区的正规银行取得所需贷款？

A. 大多数时间能　　B. 有时能

C. 基本不能　　D. 大多数时间不能

9. 从正规金融机构，该企业是否可获得所需的足额贷款？

A. 大多数时间能　　B. 有时能

C. 基本不能　　D. 大多数时间不能

10. 该企业得到所需贷款，是否需要支付正常利息以外的其他费用？如请客送礼等：

A. 需要　　B. 有时需要

C. 不需要　　D. 视金额而定

11. 您认为不能从正规银行得到贷款的原因是：

A. 风险大　　B. 频率高

C. 数量少，手续复杂，成本高

12. 您认为正规银行存在以下哪些问题？

A. 效率低　　B. 网点少

C. 服务差　　D. 利率高

E. 其他

13. 您所在地区存在民间金融活动吗？

A. 很多　　B. 较多

C. 较少　　D. 没听说过

14. 您对本地区的民间金融活动及民间金融机构了解吗？

A. 非常了解　　B. 基本了解

C. 不太了解　　D. 很不了解

15. 该企业是否有过从民间金融机构借贷的经历？

A. 经常　　B. 偶尔

C. 从不

16. 该企业从民间金融机构贷款的原因是？

A. 容易得到　　B. 利率较低

17. 相对从正规金融，该企业更愿从民间金融处获得资金的原因？

A. 手续复杂　　B 隐含成本（如送礼等）高

C. 效率低，不能及时得到

18. 在该企业参与的私人借贷中，一般的利率状况如何？

A. 无利率

B. 低于银行

C. 比银行略高

D. 比银行高很多（银行利率的四倍以上）

19. 该企业一般的民间借贷金额是：

A. 100 万以内　　B. 100 万—500 万

C. 500 万以上

20. 该企业一般一年进行几次民间借贷？

A 一次　　B. 三次

C. 不太清楚

21. 该企业近两年间的民间借贷量是多少？

22. 该企业所参与的贷款中，一般需要担保人及需要抵押物吗？

A. 要　　B. 不要

C. 不太清楚　　D. 视金额而定

23. 该企业民间借贷资本投入主要是用于企业：

A. 增加流动资金　　B. 固定资产更新

C. 增加职工福利　　D. 其他

24. 该企业通过民间借贷投入生产是否实现了利润的增长？

A. 增长　　B. 下降

C. 不清楚　　　　D. 无变化

25. 该企业由于民间借贷资本投入导致企业利润增长了吗?

A. 增长　　　　B. 没有

C. 下降　　　　D. 不清楚

26. 该企业民间借贷资本投入与企业利润增长有关吗?

A. 有　　　　B. 没有

C. 不清楚

27. 您认为该企业民间借贷与企业利润增长有什么关系?

A. 正相关　　　　B. 负相关

C. 不清楚

28. 您认为该企业民间借贷对企业利润增长的贡献有多大?

A. 30%　　　　B. 50%

C. 70%　　　　D. 90%

29. 该企业实现利润增长后是否继续扩大了再生产?

A. 是　　　　B. 不是

C. 不清楚

30. 该企业实现利润增长后主要用于:

A. 增加流动资金　　　　B. 固定资产更新

C. 增加职工福利　　　　D. 借贷出去

31. 该企业通过民间借贷后企业利润比借贷前增加了多少?

32. 据您所知，本地区中小企业通过民间金融途径融资规模有多大?

A. 规模接近或超过了通过正规金融机构的融资规模

B. 规模不到正规金融机构融资规模的一半

C. 规模不到正规金融机构融资规模的 10%

D. 没有从非正规金融机构融资

33. 您是否会将自己企业的富余资金用于放贷?

A. 会　　　　B. 某些情况下会

C. 不会

34. 您是否会将钱借给有资金困难、关系良好但存在竞争关系的同行?

A. 会　　　　B. 不会

35. 您的企业的富余资金是否参与过民间的互助基金等组织?

A. 经常　　B. 偶尔

C. 从不

36. 认为民间金融机构的可靠性如何？

A. 比较高　　B. 一般

C. 较差

37. 您认为当地民间金融机构的经营规范程度如何？

A. 比较规范　　B. 有待提高

C. 很不规范

38. 您认为民间金融机构的存在对您的企业有什么影响？

A. 带来方便　　B. 带来麻烦

C. 无影响

39. 您认为政府对民间金融机构的发展应持何种态度？

A. 促进其发展　　B. 限制其发展

C. 取缔

附录二：相关政策

关于印发中小企业划型标准规定的通知

工信部联企业〔2011〕300 号

各省、自治区、直辖市人民政府，国务院各部委、各直属机构及有关单位：

为贯彻落实《中华人民共和国中小企业促进法》和《国务院关于进一步促进中小企业发展的若干意见》（国发〔2009〕36 号），工业和信息化部、国家统计局、发展改革委、财政部研究制定了《中小企业划型标准规定》。经国务院同意，现印发给你们，请遵照执行。

工业和信息化部　国家统计局　国家发展和改革委员会　财政部

二〇一一年六月十八日

中小企业划型标准规定

一、根据《中华人民共和国中小企业促进法》和《国务院关于进一步促进中小企业发展的若干意见》（国发〔2009〕36 号），制定本规定。

二、中小企业划分为中型、小型、微型三种类型，具体标准根据企业从业人员、营业收入、资产总额等指标，结合行业特点制定。

三、本规定适用的行业包括：农、林、牧、渔业，工业（包括采矿业，制造业，电力、热力、燃气及水生产和供应业），建筑业，批发业，零售业，交通运输业（不含铁路运输业），仓储业，邮政业，住宿业，餐饮业，信息传输业（包括电信、互联网和相关服务），软件和信息技术服务业，房地产开发经营，物业管理，租赁和商务服务业，其他未列明行业（包括科学研究和技术服务业，水利、环境和公共设施管理业，居民服务、修理和其他服务业，社会工作，文化、体育和娱乐业等）。

四、各行业划型标准为：

（一）农、林、牧、渔业。营业收入 20000 万元以下的为中小微型企业。其中，营业收入 500 万元及以上的为中型企业，营业收入 50 万元及以上的为小型企业，营业收入 50 万元以下的为微型企业。

（二）工业。从业人员 1000 人以下或营业收入 40000 万元以下的为中小微型企业。其中，从业人员 300 人及以上，且营业收入 2000 万元及以上的为中型企业；从业人员 20 人及以上，且营业收入 300 万元及以上的为小型企业；从业人员 20 人以下或营业收入 300 万元以下的为微型企业。

（三）建筑业。营业收入 80000 万元以下或资产总额 80000 万元以下的为中小微型企业。其中，营业收入 6000 万元及以上，且资产总额 5000 万元及以上的为中型企业；营业收入 300 万元及以上，且资产总额 300 万元及以上的为小型企业；营业收入 300 万元以下或资产总额 300 万元以下的为微型企业。

（四）批发业。从业人员 200 人以下或营业收入 40000 万元以下的为中小微型企业。其中，从业人员 20 人及以上，且营业收入 5000 万元及以上的为中型企业；从业人员 5 人及以上，且营业收入 1000 万元及以上的为小型企业；从业人员 5 人以下或营业收入 1000 万元以下的为微型企业。

（五）零售业。从业人员 300 人以下或营业收入 20000 万元以下的为中小微型企业。其中，从业人员 50 人及以上，且营业收入 500 万元及以上的为中型企业；从业人员 10 人及以上，且营业收入 100 万元及以上的为小型企业；从业人员 10 人以下或营业收入 100 万元以下的为微型企业。

（六）交通运输业。从业人员 1000 人以下或营业收入 30000 万元以下的为中小微型企业。其中，从业人员 300 人及以上，且营业收入 3000 万元及以上的为中型企业；从业人员 20 人及以上，且营业收入 200 万元及以上的为小型企业；从业人员 20 人以下或营业收入 200 万元以下的为微型企业。

（七）仓储业。从业人员 200 人以下或营业收入 30000 万元以下的为中小微型企业。其中，从业人员 100 人及以上，且营业收入 1000 万元及以上的为中型企业；从业人员 20 人及以上，且营业收入 100 万元及以上的为小型企业；从业人员 20 人以下或营业收入 100 万元以下的为微型企业。

（八）邮政业。从业人员1000人以下或营业收入30000万元以下的为中小微型企业。其中，从业人员300人及以上，且营业收入2000万元及以上的为中型企业；从业人员20人及以上，且营业收入100万元及以上的为小型企业；从业人员20人以下或营业收入100万元以下的为微型企业。

（九）住宿业。从业人员300人以下或营业收入10000万元以下的为中小微型企业。其中，从业人员100人及以上，且营业收入2000万元及以上的为中型企业；从业人员10人及以上，且营业收入100万元及以上的为小型企业；从业人员10人以下或营业收入100万元以下的为微型企业。

（十）餐饮业。从业人员300人以下或营业收入10000万元以下的为中小微型企业。其中，从业人员100人及以上，且营业收入2000万元及以上的为中型企业；从业人员10人及以上，且营业收入100万元及以上的为小型企业；从业人员10人以下或营业收入100万元以下的为微型企业。

（十一）信息传输业。从业人员2000人以下或营业收入100000万元以下的为中小微型企业。其中，从业人员100人及以上，且营业收入1000万元及以上的为中型企业；从业人员10人及以上，且营业收入100万元及以上的为小型企业；从业人员10人以下或营业收入100万元以下的为微型企业。

（十二）软件和信息技术服务业。从业人员300人以下或营业收入10000万元以下的为中小微型企业。其中，从业人员100人及以上，且营业收入1000万元及以上的为中型企业；从业人员10人及以上，且营业收入50万元及以上的为小型企业；从业人员10人以下或营业收入50万元以下的为微型企业。

（十三）房地产开发经营。营业收入200000万元以下或资产总额10000万元以下的为中小微型企业。其中，营业收入1000万元及以上，且资产总额5000万元及以上的为中型企业；营业收入100万元及以上，且资产总额2000万元及以上的为小型企业；营业收入100万元以下或资产总额2000万元以下的为微型企业。

（十四）物业管理。从业人员1000人以下或营业收入5000万元以下的为中小微型企业。其中，从业人员300人及以上，且营业收入1000万元及以上的为中型企业；从业人员 100 人及以上，且营业收入 500 万元及以上的为小型企业；从业人员 100 人以下或营业收入 500 万元以下的为微型企业。

（十五）租赁和商务服务业。从业人员 300 人以下或资产总额 120000 万元以下的为中小微型企业。其中，从业人员 100 人及以上，且资产总额 8000 万元及以上的为中型企业；从业人员 10 人及以上，且资产总额 100 万元及以上的为小型企业；从业人员 10 人以下或资产总额 100 万元以下的为微型企业。

（十六）其他未列明行业。从业人员 300 人以下的为中小微型企业。其中，从业人员 100 人及以上的为中型企业；从业人员 10 人及以上的为小型企业；从业人员 10 人以下的为微型企业。

五、企业类型的划分以统计部门的统计数据为依据。

六、本规定适用于在中华人民共和国境内依法设立的各类所有制和各种组织形式的企业。个体工商户和本规定以外的行业，参照本规定进行划型。

七、本规定的中型企业标准上限即为大型企业标准的下限，国家统计部门据此制定大中小微型企业的统计分类。国务院有关部门据此进行相关数据分析，不得制定与本规定不一致的企业划型标准。

八、本规定由工业和信息化部、国家统计局会同有关部门根据《国民经济行业分类》修订情况和企业发展变化情况适时修订。

九、本规定由工业和信息化部、国家统计局会同有关部门负责解释。

十、本规定自发布之日起执行，原国家经贸委、原国家计委、财政部和国家统计局 2003 年颁布的《中小企业标准暂行规定》同时废止。

国务院关于鼓励支持和引导个体私营等非公有制经济发展的若干意见

国发〔2005〕3号

各省、自治区、直辖市人民政府，国务院各部委、各直属机构：

公有制为主体、多种所有制经济共同发展是我国社会主义初级阶段的基本经济制度。毫不动摇地巩固和发展公有制经济，毫不动摇地鼓励、支持和引导非公有制经济发展，使两者在社会主义现代化进程中相互促进，共同发展，是必须长期坚持的基本方针，是完善社会主义市场经济体制、建设中国特色社会主义的必然要求。改革开放以来，我国个体、私营等非公有制经济不断发展壮大，已经成为社会主义市场经济的重要组成部分和促进社会生产力发展的重要力量。积极发展个体、私营等非公有制经济，有利于繁荣城乡经济、增加财政收入，有利于扩大社会就业、改善人民生活，有利于优化经济结构、促进经济发展，对全面建设小康社会和加快社会主义现代化进程具有重大的战略意义。

鼓励、支持和引导非公有制经济发展，要以邓小平理论和“三个代表”重要思想为指导，全面落实科学发展观，认真贯彻中央确定的方针政策，进一步解放思想，深化改革，消除影响非公有制经济发展的体制性障碍，确立平等的市场主体地位，实现公平竞争；进一步完善国家法律法规和政策，依法保护非公有制企业和职工的合法权益；进一步加强和改进政府监督管理和服务，为非公有制经济发展创造良好环境；进一步引导非公有制企业依法经营、诚实守信、健全管理，不断提高自身素质，促进非公有制经济持续健康发展。为此，现提出以下意见：

一、放宽非公有制经济市场准入

（一）贯彻平等准入、公平待遇原则。允许非公有资本进入法律法规未禁入的行业和领域。允许外资进入的行业和领域，也允许国内非公有资本进入，并放宽股权比例限制等方面的条件。在投资核准、融资服务、财税政策、土地使用、对外贸易和经济技术合作等方面，对非公有制企业与其他所有制企业一视同仁，实行同等待遇。对需要审批、核准和备案的事项，政府部门必须公开相应的制度、条件和程序。国家有关部门与地方人民政府要尽快完成清理和修订限制非公有制经济市场准入的法规、规章和政策性规定工作。外商投资企业依照有关法律法规的规定执行。

（二）允许非公有资本进入垄断行业和领域。加快垄断行业改革，在电力、电信、铁路、民航、石油等行业和领域，进一步引入市场竞争机制。对其中的自然垄断业务，积极推进投资主体多元化，非公有资本可以参股等方式进入；对其他业务，非公有资本可以独资、合资、合作、项目融资等方式进入。在国家统一规划的前提下，除国家法律法规等另有规定的外，允许具备资质的非公有制企业依法平等取得矿产资源的探矿权、采矿权，鼓励非公有资本进行商业性矿产资源的勘查开发。

（三）允许非公有资本进入公用事业和基础设施领域。加快完善政府特许经营制度，规范招投标行为，支持非公有资本积极参与城镇供水、供气、供热、公共交通、污水垃圾处理等市政公用事业和基础设施的投资、建设与运营。在规范转让行为的前提下，具备条件的公用事业和基础设施项目，可向非公有制企业转让产权或经营权。鼓励非公有制企业参与市政公用企业、事业单位的产权制度和经营方式改革。

（四）允许非公有资本进入社会事业领域。支持、引导和规范非公有资本投资教育、科研、卫生、文化、体育等社会事业的非营利性和营利性领域。在放开市场准入的同时，加强政府和社会监管，维护公众利益。支持非公有制经济参与公有制社会事业单位的改组改制。通过税收等相关政策，鼓励非公有制经济捐资捐赠社会事业。

（五）允许非公有资本进入金融服务业。在加强立法、规范准入、严格监管、有效防范金融风险的前提下，允许非公有资本进入区域性股份制银行和合作性金融机构。符合条件的非公有制企业可以发起设立金融中介服务机构。允许符合条件的非公有制企业参与银行、证券、保险等金融机构的改组改制。

（六）允许非公有资本进入国防科技工业建设领域。坚持军民结合、寓军于民的方针，发挥市场机制的作用，允许非公有制企业按有关规定参与军工科研生产任务的竞争以及军工企业的改组改制。鼓励非公有制企业参与军民两用高技术开发及其产业化。

（七）鼓励非公有制经济参与国有经济结构调整和国有企业重组。大力发展国有资本、集体资本和非公有资本等参股的混合所有制经济。鼓励非公有制企业通过并购和控股、参股等多种形式，参与国有企业和集体企业的改组改制改造。非公有制企业并购国有企业，参与其分离办社会职能和辅业改制，在资产处置、债务处理、职工安置和社会保障等方面，参照执行国有企业改革的相应政策。鼓励非公有制企业并购集体企业，有关部门要抓紧研究制定相应政策。

（八）鼓励、支持非公有制经济参与西部大开发、东北地区等老工业基地振兴和中部地区崛起。西部地区、东北地区等老工业基地和中部地区要采取切实有效的政策措施，大力发展非公有制经济，积极吸引非公有制企业投资建设和参与国有企业重组。东部沿海地区也要继续鼓励、支持非公有制经济发展壮大。

二、加大对非公有制经济的财税金融支持

（九）加大财税支持力度。逐步扩大国家有关促进中小企业发展专项资金规模，省级人民政府及有条件的市、县应在本级财政预算中设立相应的专项资金。加快设立国家中小企业发展基金。研究完善有关税收扶持政策。

（十）加大信贷支持力度。有效发挥贷款利率浮动政策的作用，引导和鼓励各金融机构从非公有制经济特点出发，开展金融产品创新，完善金融服务，切实发挥银行内设中小企业信贷部门的作用，改进信贷考核和奖惩管理方式，提高对非公有制企业的贷款比重。城市商业银行和城市信用社要积极吸引非公有资本入股；农村信用社要积极吸引农民、个体工商户和中小企业入股，增强资本实力。政策性银行要研究改进服务方式，扩大为非公有制企业服务的范围，提供有效的金融产品和服务。鼓励政策性银行依托地方商业银行等中小金融机构和担保机构，开展以非公有制中小企业为主要服务对象的转贷款、担保贷款等业务。

（十一）拓宽直接融资渠道。非公有制企业在资本市场发行上市与国有企业一视同仁。在加快完善中小企业板块和推进制度创新的基础上，分步推进创业板市场，健全证券公司代办股份转让系统的功能，为非公有制企业利用资本市场创造条件。鼓励符合条件的非公有制企业到境外上市。规范和发展产权交易市场，推动各类资本的流动和重组。鼓励非公有制经

济以股权融资、项目融资等方式筹集资金。建立健全创业投资机制，支持中小投资公司的发展。允许符合条件的非公有制企业依照国家有关规定发行企业债券。

（十二）鼓励金融服务创新。改进对非公有制企业的资信评估制度，对符合条件的企业发放信用贷款。对符合有关规定的企业，经批准可开展工业产权和非专利技术等无形资产的质押贷款试点。鼓励金融机构开办融资租赁、公司理财和账户托管等业务。改进保险机构服务方式和手段，开展面向非公有制企业的产品和服务创新。支持非公有制企业依照有关规定吸引国际金融组织投资。

（十三）建立健全信用担保体系。支持非公有制经济设立商业性或互助性信用担保机构。鼓励有条件的地区建立中小企业信用担保基金和区域性信用再担保机构。建立和完善信用担保的行业准入、风险控制和补偿机制，加强对信用担保机构的监管。建立健全担保业自律性组织。

三、完善对非公有制经济的社会服务

（十四）大力发展社会中介服务。各级政府要加大对中介服务机构的支持力度，坚持社会化、专业化、市场化原则，不断完善社会服务体系。支持发展创业辅导、筹资融资、市场开拓、技术支持、认证认可、信息服务、管理咨询、人才培训等各类社会中介服务机构。按照市场化原则，规范和发展各类行业协会、商会等自律性组织。整顿中介服务市场秩序，规范中介服务行为，为非公有制经济营造良好的服务环境。

（十五）积极开展创业服务。进一步落实国家就业和再就业政策，加大对自主创业的政策扶持，鼓励下岗失业人员、退役士兵、大学毕业生和归国留学生等各类人员创办小企业，开发新岗位，以创业促就业。各级政府要支持建立创业服务机构，鼓励为初创小企业提供各类创业服务和政策支持。对初创小企业，可按照行业特点降低公司注册资本限额，允许注册资金分期到位，减免登记注册费用。

（十六）支持开展企业经营者和员工培训。根据非公有制经济的不同需求，开展多种形式的培训。整合社会资源，创新培训方式，形成政府引导、社会支持和企业自主相结合的培训机制。依托大专院校、各类培训机构和企业，重点开展法律法规、产业政策、经营管理、职业技能和技术应用等方面的培训，各级政府应给予适当补贴和资助。企业应定期对职工进行专业技能培训和安全知识培训。

（十七）加强科技创新服务。要加大对非公有制企业科技创新活动的支持，加快建立适合非公有制中小企业特点的信息和共性技术服务平台，推进非公有制企业的信息化建设。大力培育技术市场，促进科技成果转化和技术转让。科技中介服务机构要积极为非公有制企业提供科技咨询、技术推广等专业化服务。引导和支持科研院所、高等院校与非公有制企业开展多种形式的产学研联合。鼓励国有科研机构向非公有制企业开放试验室，充分利用现有科技资源。支持非公有资本创办科技型中小企业和科研开发机构。鼓励有专长的离退休人员为非公有制企业提供技术服务。切实保护单位和个人知识产权。

（十八）支持企业开拓国内外市场。改进政府采购办法，在政府采购中非公有制企业与其他企业享受同等待遇。推动信息网络建设，积极为非公有制企业提供国内外市场信息。鼓励和支持非公有制企业扩大出口和"走出去"，到境外投资兴业，在对外投资、进出口信贷、出口信用保险等方面与其他企业享受同等待遇。鼓励非公有制企业在境外申报知识产权。发挥行业协会、商会等中介组织作用，利用好国家中小企业国际市场开拓资金，支持非公有制企业开拓国际市场。

（十九）推进企业信用制度建设。加快建立适合非公有制中小企业特点的信用征集体系、评级发布制度以及失信惩戒机制，推进建立企业信用档案试点工作，建立和完善非公有制企业信用档案数据库。对资信等级较高的企业，有关登记审核机构应简化年检、备案等手续。要强化企业信用意识，健全企业信用制度，建立企业信用自律机制。

四、维护非公有制企业和职工的合法权益

（二十）完善私有财产保护制度。要严格执行保护合法私有财产的法律法规和行政规章，任何单位和个人不得侵犯非公有制企业的合法财产，不得非法改变非公有制企业财产的权属关系。按照宪法修正案规定，加快清理、修订和完善与保护合法私有财产有关的法律法规和行政规章。

（二十一）维护企业合法权益。非公有制企业依法进行的生产经营活动，任何单位和个人不得干预。依法保护企业主的名誉、人身和财产等各项合法权益。非公有制企业合法权益受到侵害时提出的行政复议等，政府部门必须及时受理，公平对待，限时答复。

（二十二）保障职工合法权益。非公有制企业要尊重和维护职工的各项合法权益，要依照《中华人民共和国劳动法》等法律法规，在平等协商的基础上与职工签订规范的劳动合同，并健全集体合同制度，保证双方权利与义务对等；必须依法按时足额支付职工工资，工资标准不得低于或变相低于当地政府规定的最低工资标准，逐步建立职工工资正常增长机制；必须尊重和保障职工依照国家规定享有的休息休假权利，不得强制或变相强制职工超时工作，加班或延长工时必须依法支付加班工资或给予补休；必须加强劳动保护和职业病防治，按照《中华人民共和国安全生产法》等法律法规要求，切实做好安全生产与作业场所职业危害防治工作，改善劳动条件，加强劳动保护。要保障女职工合法权益和特殊利益，禁止使用童工。

（二十三）推进社会保障制度建设。非公有制企业及其职工要按照国家有关规定，参加养老、失业、医疗、工伤、生育等社会保险，缴纳社会保险费。按照国家规定建立住房公积金制度。有关部门要根据非公有制企业量大面广、用工灵活、员工流动性大等特点，积极探索建立健全职工社会保障制度。

（二十四）建立健全企业工会组织。非公有制企业要保障职工依法参加和组建工会的权利。企业工会组织实行民主管理，依法代表和维护职工合法权益。企业必须为工会正常开展工作创造必要条件，依法拨付工会经费，不得干预工会事务。

五、引导非公有制企业提高自身素质

（二十五）贯彻执行国家法律法规和政策规定。非公有制企业要贯彻执行国家法律法规，依法经营，照章纳税。服从国家的宏观调控，严格执行有关技术法规，自觉遵守环境保护和安全生产等有关规定，主动调整和优化产业、产品结构，加快技术进步，提高产品质量，降低资源消耗，减少环境污染。国家支持非公有制经济投资高新技术产业、现代服务业和现代农业，鼓励发展就业容量大的加工贸易、社区服务、农产品加工等劳动密集型产业。

（二十六）规范企业经营管理行为。非公有制企业从事生产经营活动，必须依法获得安全生产、环保、卫生、质量、土地使用、资源开采等方面的相应资格和许可。企业要强化生产、营销、质量等管理，完善各项规章制度。建立安全、环保、卫生、劳动保护等责任制度，并保证必要的投入。建立健全会计核算制度，如实编制财务报表。企业必须依法报送统计信息。加快研究改进和完善个体工商户、小企业的会计、税收、统计等管理制度。

（二十七）完善企业组织制度。企业要按照法律法规的规定，建立规范的个人独资企业、合伙企业和公司制企业。公司制企业要按照《中华人民共和国公司法》要求，完善法人治理结构。探索建立有利于个体工商户、小企业发展的组织制度。

（二十八）提高企业经营管理者素质。非公有制企业出资人和经营管理人员要自觉学习国家法律法规和方针政策，学习现代科学技术和经营管理知识，增强法制观念、诚信意识和社会公德，努力提高自身素质。引导非公有制企业积极开展扶贫开发、社会救济和“光彩事业”等社会公益性活动，增强社会责任感。各级政府要重视非公有制经济的人才队伍建设，在人事管理、教育培训、职称评定和政府奖励等方面，与公有制企业实行同等政策。建立职业经理人测评与推荐制度，加快企业经营管理人才职业化、市场化进程。

（二十九）鼓励有条件的企业做强做大。国家支持有条件的非公有制企业通过兼并、收购、联合等方式，进一步壮大实力，发展成为主业突出、市场竞争力强的大公司大集团，有条件的可向跨国公司发展。鼓励非公有制企业实施品牌发展战略，争创名牌产品。支持发展非公有制高新技术企业，鼓励其加大科技创新和新产品开发力度，努力提高自主创新能力，形成自主知识产权。国家关于企业技术改造、科技进步、对外贸易以及其他方面的扶持政策，对非公有制企业同样适用。

（三十）推进专业化协作和产业集群发展。引导和支持企业从事专业化生产和特色经营，向“专、精、特、新”方向发展。鼓励中小企业与大企业开展多种形式的经济技术合作，建立稳定的供应、生产、销售、技术开发等协作关系。通过提高专业化协作水平，培育骨干企业和知名品牌，发展专业化市场，创新市场组织形式，推进公共资源共享，促进以中小企业集聚为特征的产业集群健康发展。

六、改进政府对非公有制企业的监管

（三十一）改进监管方式。各级人民政府要根据非公有制企业生产经营特点，完善相关制度，依法履行监督和管理职能。各有关监管部门要改进监管办法，公开监管制度，规范监管行为，提高监管水平。加强监管队伍建设，提高监管人员素质。及时向社会公布有关监管信息，发挥社会监督作用。

（三十二）加强劳动监察和劳动关系协调。各级劳动保障等部门要高度重视非公有制企业劳动关系问题，加强对非公有制企业执行劳动合同、工资报酬、劳动保护和社会保险等法规、政策的监督检查。建立和完善非公有制企业劳动关系协调机制，健全劳动争议处理制度，及时化解劳动争议，促进劳动关系和谐，维护社会稳定。

（三十三）规范国家行政机关和事业单位收费行为。进一步清理现有行政机关和事业单位收费，除国家法律法规和国务院财政、价格主管部门规定的收费项目外，任何部门和单位无权向非公有制企业强制收取任何费用，无权以任何理由强行要求企业提供各种赞助费或接受有偿服务。要严格执行收费公示制度和收支两条线的管理规定，企业有权拒绝和举报无证收费和不合法收费行为。各级人民政府要加强对各类收费的监督检查，严肃查处乱收费、乱罚款及各种摊派行为。

七、加强对发展非公有制经济的指导和政策协调

（三十四）加强对非公有制经济发展的指导。各级人民政府要根据非公有制经济发展的需要，强化服务意识，改进服务方式，创新服务手段。要将非公有制经济发展纳入国民经济和社会发展规划，加强对非公有制经济发展动态的监测和分析，及时向社会公布有关产业政策、发展规划、投资重点和市场需求等方面的信息。建立促进非公有制经济发展的工作协调机制和部门联席会议制度，加强部门之间配合，形成促进非公有制经济健康发展的合力。要充分发挥各级工商联在政府管理非公有制企业方面的助手作用。统计部门要改进和完善现行统计制度，及时准确反映非公有制经济发展状况。

（三十五）营造良好的舆论氛围。大力宣传党和国家鼓励、支持和引导非公有制经济发展的方针政策与法律法规，宣传非公有制经济

在社会主义现代化建设中的重要地位和作用，宣传和表彰非公有制经济中涌现出的先进典型，形成有利于非公有制经济发展的良好社会舆论环境。

（三十六）认真做好贯彻落实工作。各地区、各部门要加强调查研究，抓紧制订和完善促进非公有制经济发展的具体措施及配套办法，认真解决非公有制经济发展中遇到的新问题，确保党和国家的方针政策落到实处，促进非公有制经济健康发展。

国　务　院

二〇〇五年二月十九日

国务院关于鼓励和引导民间投资健康发展的若干意见

国发〔2010〕13号

各省、自治区、直辖市人民政府，国务院各部委、各直属机构：

改革开放以来，我国民间投资不断发展壮大，已经成为促进经济发展、调整产业结构、繁荣城乡市场、扩大社会就业的重要力量。在毫不动摇地巩固和发展公有制经济的同时，毫不动摇地鼓励、支持和引导非公有制经济发展，进一步鼓励和引导民间投资，有利于坚持和完善我国社会主义初级阶段基本经济制度，以现代产权制度为基础发展混合所有制经济，推动各种所有制经济平等竞争、共同发展；有利于完善社会主义市场经济体制，充分发挥市场配置资源的基础性作用，建立公平竞争的市场环境；有利于激发经济增长的内生动力，稳固可持续发展的基础，促进经济长期平稳较快发展；有利于扩大社会就业，增加居民收入，拉动国内消费，促进社会和谐稳定。为此，提出以下意见：

一、进一步拓宽民间投资的领域和范围

（一）深入贯彻落实《国务院关于鼓励支持和引导个体私营等非公有制经济发展的若干意见》（国发〔2005〕3号）等一系列政策措施，鼓励和引导民间资本进入法律法规未明确禁止准入的行业和领域。规范设置投资准入门槛，创造公平竞争、平等准入的市场环境。市场准入标准和优惠扶持政策要公开透明，对各类投资主体同等对待，不得单对民间资本设置附加条件。

（二）明确界定政府投资范围。政府投资主要用于关系国家安全、市场不能有效配置资源的经济和社会领域。对于可以实行市场化运作的基础设施、市政工程和其他公共服务领域，应鼓励和支持民间资本进入。

（三）进一步调整国有经济布局和结构。国有资本要把投资重点放在不断加强和巩固关系国民经济命脉的重要行业和关键领域，在一般竞争性领域，要为民间资本营造更广阔的市场空间。

（四）积极推进医疗、教育等社会事业领域改革。将民办社会事业作

为社会公共事业发展的重要补充，统筹规划，合理布局，加快培育形成政府投入为主、民间投资为辅的公共服务体系。

二、鼓励和引导民间资本进入基础产业和基础设施领域

（五）鼓励民间资本参与交通运输建设。鼓励民间资本以独资、控股、参股等方式投资建设公路、水运、港口码头、民用机场、通用航空设施等项目。抓紧研究制定铁路体制改革方案，引入市场竞争，推进投资主体多元化，鼓励民间资本参与铁路干线、铁路支线、铁路轮渡以及站场设施的建设，允许民间资本参股建设煤运通道、客运专线、城际轨道交通等项目。探索建立铁路产业投资基金，积极支持铁路企业加快股改上市，拓宽民间资本进入铁路建设领域的渠道和途径。

（六）鼓励民间资本参与水利工程建设。建立收费补偿机制，实行政府补贴，通过业主招标、承包租赁等方式，吸引民间资本投资建设农田水利、跨流域调水、水资源综合利用、水土保持等水利项目。

（七）鼓励民间资本参与电力建设。鼓励民间资本参与风能、太阳能、地热能、生物质能等新能源产业建设。支持民间资本以独资、控股或参股形式参与水电站、火电站建设，参股建设核电站。进一步放开电力市场，积极推进电价改革，加快推行竞价上网，推行项目业主招标，完善电力监管制度，为民营发电企业平等参与竞争创造良好环境。

（八）鼓励民间资本参与石油天然气建设。支持民间资本进入油气勘探开发领域，与国有石油企业合作开展油气勘探开发。支持民间资本参股建设原油、天然气、成品油的储运和管道输送设施及网络。

（九）鼓励民间资本参与电信建设。鼓励民间资本以参股方式进入基础电信运营市场。支持民间资本开展增值电信业务。加强对电信领域垄断和不正当竞争行为的监管，促进公平竞争，推动资源共享。

（十）鼓励民间资本参与土地整治和矿产资源勘探开发。积极引导民间资本通过招标投标形式参与土地整理、复垦等工程建设，鼓励和引导民间资本投资矿山地质环境恢复治理，坚持矿业权市场全面向民间资本开放。

三、鼓励和引导民间资本进入市政公用事业和政策性住房建设领域

（十一）鼓励民间资本参与市政公用事业建设。支持民间资本进入城

市供水、供气、供热、污水和垃圾处理、公共交通、城市园林绿化等领域。鼓励民间资本积极参与市政公用企事业单位的改组改制，具备条件的市政公用事业项目可以采取市场化的经营方式，向民间资本转让产权或经营权。

（十二）进一步深化市政公用事业体制改革。积极引入市场竞争机制，大力推行市政公用事业的投资主体、运营主体招标制度，建立健全市政公用事业特许经营制度。改进和完善政府采购制度，建立规范的政府监管和财政补贴机制，加快推进市政公用产品价格和收费制度改革，为鼓励和引导民间资本进入市政公用事业领域创造良好的制度环境。

（十三）鼓励民间资本参与政策性住房建设。支持和引导民间资本投资建设经济适用住房、公共租赁住房等政策性住房，参与棚户区改造，享受相应的政策性住房建设政策。

四、鼓励和引导民间资本进入社会事业领域

（十四）鼓励民间资本参与发展医疗事业。支持民间资本兴办各类医院、社区卫生服务机构、疗养院、门诊部、诊所、卫生所（室）等医疗机构，参与公立医院转制改组。支持民营医疗机构承担公共卫生服务、基本医疗服务和医疗保险定点服务。切实落实非营利性医疗机构的税收政策。鼓励医疗人才资源向民营医疗机构合理流动，确保民营医疗机构在人才引进、职称评定、科研课题等方面与公立医院享受平等待遇。从医疗质量、医疗行为、收费标准等方面对各类医疗机构加强监管，促进民营医疗机构健康发展。

（十五）鼓励民间资本参与发展教育和社会培训事业。支持民间资本兴办高等学校、中小学校、幼儿园、职业教育等各类教育和社会培训机构。修改完善《中华人民共和国民办教育促进法实施条例》，落实对民办学校的人才鼓励政策和公共财政资助政策，加快制定和完善促进民办教育发展的金融、产权和社保等政策，研究建立民办学校的退出机制。

（十六）鼓励民间资本参与发展社会福利事业。通过用地保障、信贷支持和政府采购等多种形式，鼓励民间资本投资建设专业化的服务设施，兴办养（托）老服务和残疾人康复、托养服务等各类社会福利机构。

（十七）鼓励民间资本参与发展文化、旅游和体育产业。鼓励民间资本从事广告、印刷、演艺、娱乐、文化创意、文化会展、影视制作、网络文化、动漫游戏、出版物发行、文化产品数字制作与相关服务等活动，建设博物馆、图书馆、文化馆、电影院等文化设施。鼓励民间资本合理开发旅游资源，建设旅游设施，从事各种旅游休闲活动。鼓励民间资本投资生产体育用品，建设各类体育场馆及健身设施，从事体育健身、竞赛表演等活动。

五、鼓励和引导民间资本进入金融服务领域

（十八）允许民间资本兴办金融机构。在加强有效监管、促进规范经营、防范金融风险的前提下，放宽对金融机构的股比限制。支持民间资本以入股方式参与商业银行的增资扩股，参与农村信用社、城市信用社的改制工作。鼓励民间资本发起或参与设立村镇银行、贷款公司、农村资金互助社等金融机构，放宽村镇银行或社区银行中法人银行最低出资比例的限制。落实中小企业贷款税前全额拨备损失准备金政策，简化中小金融机构呆账核销审核程序。适当放宽小额贷款公司单一投资者持股比例限制，对小额贷款公司的涉农业务实行与村镇银行同等的财政补贴政策。支持民间资本发起设立信用担保公司，完善信用担保公司的风险补偿机制和风险分担机制。鼓励民间资本发起设立金融中介服务机构，参与证券、保险等金融机构的改组改制。

六、鼓励和引导民间资本进入商贸流通领域

（十九）鼓励民间资本进入商品批发零售、现代物流领域。支持民营批发、零售企业发展，鼓励民间资本投资连锁经营、电子商务等新型流通业态。引导民间资本投资第三方物流服务领域，为民营物流企业承接传统制造业、商贸业的物流业务外包创造条件，支持中小型民营商贸流通企业协作发展共同配送。加快物流业管理体制改革，鼓励物流基础设施的资源整合和充分利用，促进物流企业网络化经营，搭建便捷高效的融资平台，创造公平、规范的市场竞争环境，推进物流服务的社会化和资源利用的市场化。

七、鼓励和引导民间资本进入国防科技工业领域

（二十）鼓励民间资本进入国防科技工业投资建设领域。引导和支持民营企业有序参与军工企业的改组改制，鼓励民营企业参与军民两用高技术开发和产业化，允许民营企业按有关规定参与承担军工生产和科研任务。

八、鼓励和引导民间资本重组联合和参与国有企业改革

（二十一）引导和鼓励民营企业利用产权市场组合民间资本，促进产权合理流动，开展跨地区、跨行业兼并重组。鼓励和支持民间资本在国内合理流动，实现产业有序梯度转移，参与西部大开发、东北地区等老工业基地振兴、中部地区崛起以及新农村建设和扶贫开发。支持有条件的民营企业通过联合重组等方式做大做强，发展成为特色突出、市场竞争力强的集团化公司。

（二十二）鼓励和引导民营企业通过参股、控股、资产收购等多种形式，参与国有企业的改制重组。合理降低国有控股企业中的国有资本比例。民营企业在参与国有企业改制重组过程中，要认真执行国家有关资产处置、债务处理和社会保障等方面的政策要求，依法妥善安置职工，保证企业职工的正当权益。

九、推动民营企业加强自主创新和转型升级

（二十三）贯彻落实鼓励企业增加研发投入的税收优惠政策，鼓励民营企业增加研发投入，提高自主创新能力，掌握拥有自主知识产权的核心技术。帮助民营企业建立工程技术研究中心、技术开发中心，增加技术储备，搞好技术人才培训。支持民营企业参与国家重大科技计划项目和技术攻关，不断提高企业技术水平和研发能力。

（二十四）加快实施促进科技成果转化的鼓励政策，积极发展技术市场，完善科技成果登记制度，方便民营企业转让和购买先进技术。加快分析测试、检验检测、创业孵化、科技评估、科技咨询等科技服务机构的建设和机制创新，为民营企业的自主创新提供服务平台。积极推动信息服务外包、知识产权、技术转移和成果转化等高技术服务领域的市场竞争，支持民营企业开展技术服务活动。

（二十五）鼓励民营企业加大新产品开发力度，实现产品更新换代。开发新产品发生的研究开发费用可按规定享受加计扣除优惠政策。鼓励民营企业实施品牌发展战略，争创名牌产品，提高产品质量和服务水平。通过加速固定资产折旧等方式鼓励民营企业进行技术改造，淘汰落后产能，

加快技术升级。

（二十六）鼓励和引导民营企业发展战略性新兴产业。广泛应用信息技术等高新技术改造提升传统产业，大力发展循环经济、绿色经济，投资建设节能减排、节水降耗、生物医药、信息网络、新能源、新材料、环境保护、资源综合利用等具有发展潜力的新兴产业。

十、鼓励和引导民营企业积极参与国际竞争

（二十七）鼓励民营企业“走出去”，积极参与国际竞争。支持民营企业在研发、生产、营销等方面开展国际化经营，开发战略资源，建立国际销售网络。支持民营企业利用自有品牌、自主知识产权和自主营销，开拓国际市场，加快培育跨国企业和国际知名品牌。支持民营企业之间、民营企业与国有企业之间组成联合体，发挥各自优势，共同开展多种形式的境外投资。

（二十八）完善境外投资促进和保障体系。与有关国家建立鼓励和促进民间资本国际流动的政策磋商机制，开展多种形式的对话交流，发展长期稳定、互惠互利的合作关系。通过签订双边民间投资合作协定、利用多边协定体系等，为民营企业“走出去”争取有利的投资、贸易环境和更多优惠政策。健全和完善境外投资鼓励政策，在资金支持、金融保险、外汇管理、质检通关等方面，民营企业与其他企业享受同等待遇。

十一、为民间投资创造良好环境

（二十九）清理和修改不利于民间投资发展的法规政策规定，切实保护民间投资的合法权益，培育和维护平等竞争的投资环境。在制订涉及民间投资的法律、法规和政策时，要听取有关商会和民营企业的意见和建议，充分反映民营企业的合理要求。

（三十）各级人民政府有关部门安排的政府性资金，包括财政预算内投资、专项建设资金、创业投资引导资金，以及国际金融组织贷款和外国政府贷款等，要明确规则、统一标准，对包括民间投资在内的各类投资主体同等对待。支持民营企业的产品和服务进入政府采购目录。

（三十一）各类金融机构要在防范风险的基础上，创新和灵活运用多种金融工具，加大对民间投资的融资支持，加强对民间投资的金融服务。

各级人民政府及有关监管部门要不断完善民间投资的融资担保制度，健全创业投资机制，发展股权投资基金，继续支持民营企业通过股票、债券市场进行融资。

（三十二）全面清理整合涉及民间投资管理的行政审批事项，简化环节、缩短时限，进一步推动管理内容、标准和程序的公开化、规范化，提高行政服务效率。进一步清理和规范涉企收费，切实减轻民营企业负担。

十二、加强对民间投资的服务、指导和规范管理

（三十三）统计部门要加强对民间投资的统计工作，准确反映民间投资的进展和分布情况。投资主管部门、行业管理部门及行业协会要切实做好民间投资的监测和分析工作，及时把握民间投资动态，合理引导民间投资。要加强投资信息平台建设，及时向社会公开发布国家产业政策、发展建设规划、市场准入标准、国内外行业动态等信息，引导民间投资者正确判断形势，减少盲目投资。

（三十四）建立健全民间投资服务体系。充分发挥商会、行业协会等自律性组织的作用，积极培育和发展为民间投资提供法律、政策、咨询、财务、金融、技术、管理和市场信息等服务的中介组织。

（三十五）在放宽市场准入的同时，切实加强监管。各级人民政府有关部门要依照有关法律法规要求，切实督促民间投资主体履行投资建设手续，严格遵守国家产业政策和环保、用地、节能以及质量、安全等规定。要建立完善企业信用体系，指导民营企业建立规范的产权、财务、用工等制度，依法经营。民间投资主体要不断提高自身素质和能力，树立诚信意识和责任意识，积极创造条件满足市场准入要求，并主动承担相应的社会责任。

（三十六）营造有利于民间投资健康发展的良好舆论氛围。大力宣传党中央、国务院关于鼓励、支持和引导非公有制经济发展的方针、政策和措施。客观、公正宣传报道民间投资在促进经济发展、调整产业结构、繁荣城乡市场和扩大社会就业等方面的积极作用。积极宣传依法经营、诚实守信、认真履行社会责任、积极参与社会公益事业的民营企业家的先进事迹。

各地区、各部门要把鼓励和引导民间投资健康发展工作摆在更加重要的位置，进一步解放思想，转变观念，深化改革，创新求实，根据本意见要求，抓紧研究制定具体实施办法，尽快将有关政策措施落到实处，努力营造有利于民间投资健康发展的政策环境和舆论氛围，切实促进民间投资持续健康发展，促进投资合理增长、结构优化、效益提高和经济社会又好又快发展。

国务院

二〇一〇年五月七日

国务院办公厅关于鼓励和引导民间投资健康发展重点工作分工的通知

国办函〔2010〕120号

各省、自治区、直辖市人民政府，国务院有关部门：

为贯彻落实《国务院关于鼓励和引导民间投资健康发展的若干意见》（国发〔2010〕13号，以下简称《意见》）提出的各项政策措施，需要进一步明确部门和地方的主要工作任务，研究提出具体实施办法。经国务院同意，现将有关事项通知如下：

一、工作分工

（一）鼓励和引导民间资本进入基础产业和基础设施领域。

1. 鼓励民间资本以独资、控股、参股等方式投资建设公路、水运、港口码头、民用机场、通用航空设施等项目。（交通运输部、民航局、发展改革委、财政部负责。列在首位的为牵头部门或单位，有关部门和单位按职责分工负责，下同）

2. 抓紧研究制定铁路体制改革方案。（先由铁道部提出改革方案，发展改革委会同中央编办、铁道部、交通运输部、财政部提出意见报国务院）

3. 引入市场竞争，推进投资主体多元化，鼓励民间资本参与铁路干线、铁路支线、铁路轮渡以及站场设施的建设，允许民间资本参股建设煤运通道、客运专线、城际轨道交通等项目。（铁道部、发展改革委负责）

4. 探索建立铁路产业投资基金。（发展改革委、铁道部负责）

5. 积极支持铁路企业加快股改上市，拓宽民间资本进入铁路建设领域的渠道和途径。（铁道部、证监会、发展改革委负责）

6. 鼓励民间资本参与水利工程建设。建立收费补偿机制，实行政府补贴，通过业主招标、承包租赁等方式，吸引民间资本投资建设农田水利、跨流域调水、水资源综合利用、水土保持等水利项目。（水利部、发展改革委、财政部负责）

7. 鼓励民间资本参与电力建设。鼓励民间资本参与风能、太阳能、地热能、生物质能等新能源产业建设。支持民间资本以独资、控股或参股形式参与水电站、火电站建设，参股建设核电站。进一步放开电力市场，积极推进电价改革，加快推行竞价上网，推行项目业主招标，完善电力监管制度。（能源局、发展改革委、财政部、水利部、国土资源部、电监会、国资委负责）

8. 鼓励民间资本参与石油天然气建设。支持民间资本进入油气勘探开发领域，与国有石油企业合作开展油气勘探开发。支持民间资本参股建设原油、天然气、成品油的储运和管道输送设施及网络。（能源局、发展改革委、国土资源部、国资委负责）

9. 鼓励民间资本参与电信建设。鼓励民间资本以参股方式进入基础电信运营市场。支持民间资本开展增值电信业务。加强对电信领域垄断和不正当竞争行为的监管。（工业和信息化部、发展改革委、国资委、商务部负责）

10. 鼓励民间资本参与土地整治和矿产资源勘探开发。积极引导民间资本通过招标投标形式参与土地整理、复垦等工程建设，鼓励和引导民间资本投资矿山地质环境恢复治理，坚持矿业权市场全面向民间资本开放。（国土资源部、发展改革委负责）

（二）鼓励和引导民间资本进入市政公用事业和政策性住房建设领域。

11. 鼓励民间资本参与市政公用事业建设。支持民间资本进入城市供水、供气、供热、污水和垃圾处理、公共交通、城市园林绿化等领域。鼓励民间资本积极参与市政公用企事业单位的改组改制，具备条件的市政公用事业项目可以采取市场化的经营方式，向民间资本转让产权或经营权。（住房城乡建设部、发展改革委负责）

12. 进一步深化市政公用事业体制改革。积极引入市场竞争机制，大力推行市政公用事业的投资主体、运营主体招标制度，建立健全市政公用事业特许经营制度。改进和完善政府采购制度，建立规范的政府监管和财政补贴机制，加快推进市政公用产品价格和收费制度改革。（住房城乡建设部、发展改革委、财政部负责）

13. 鼓励民间资本参与政策性住房建设。支持和引导民间资本投资建设经济适用住房、公共租赁住房等政策性住房，参与棚户区改造，享受相应的政策性住房建设政策。（住房城乡建设部、发展改革委负责）

（三）鼓励和引导民间资本进入社会事业领域。

14. 鼓励民间资本参与发展医疗事业。支持民间资本兴办各类医院、社区卫生服务机构、疗养院、门诊部、诊所、卫生所（室）等医疗机构，参与公立医院转制改组。支持民营医疗机构承担公共卫生服务、基本医疗服务和医疗保险定点服务。切实落实非营利性医疗机构的税收政策。鼓励医疗人才资源向民营医疗机构合理流动，确保民营医疗机构在人才引进、职称评定、科研课题等方面与公立医院享受平等待遇。从医疗质量、医疗行为、收费标准等方面对各类医疗机构加强监管。（发展改革委、卫生部、民政部、财政部、人力资源社会保障部、科技部、税务总局、保监会负责）

15. 鼓励民间资本参与发展教育和社会培训事业。支持民间资本兴办高等学校、中小学校、幼儿园、职业教育等各类教育和社会培训机构。修改完善《中华人民共和国民办教育促进法实施条例》，落实对民办学校的人才鼓励政策和公共财政资助政策，加快制定和完善促进民办教育发展的金融、产权和社保等政策，研究建立民办学校的退出机制。（教育部、发展改革委、财政部、人力资源社会保障部、民政部、银监会、法制办负责）

16. 鼓励民间资本参与发展社会福利事业。通过用地保障、信贷支持和政府采购等多种形式，鼓励民间资本投资建设专业化的服务设施，兴办养（托）老服务和残疾人康复、托养服务等各类社会福利机构。（民政部、发展改革委、中国残联、财政部、国土资源部、银监会负责）

17. 鼓励民间资本从事广告、印刷、演艺、娱乐、文化创意、文化会展、影视制作、网络文化、动漫游戏、出版物发行、文化产品数字制作与相关服务等活动，建设博物馆、图书馆、文化馆、电影院等文化设施。（文化部、广电总局、新闻出版总署、发展改革委、财政部负责）

18. 鼓励民间资本合理开发旅游资源，建设旅游设施，从事各种旅游休闲活动。（旅游局、发展改革委负责）

19. 鼓励民间资本投资生产体育用品，建设各类体育场馆及健身设施，从事体育健身、竞赛表演等活动。（体育总局、发展改革委、财政部负责）

（四）鼓励和引导民间资本进入金融服务领域。

20. 允许民间资本兴办金融机构。在加强有效监管、促进规范经营、防范金融风险的前提下，放宽对金融机构的股比限制。支持民间资本以入股方式参与商业银行的增资扩股，参与农村信用社、城市信用社的改制工作。鼓励民间资本发起或参与设立村镇银行、贷款公司、农村资金互助社等金融机构，放宽村镇银行或社区银行中法人银行最低出资比例的限制。落实中小企业贷款税前全额拨备损失准备金政策，简化中小金融机构呆账核销审核程序。适当放宽小额贷款公司单一投资者持股比例限制，对小额贷款公司的涉农业务实行与村镇银行同等的财政补贴政策。支持民间资本发起设立信用担保公司，完善信用担保公司的风险补偿机制和风险分担机制。鼓励民间资本发起设立金融中介服务机构，参与证券、保险等金融机构的改组改制。（银监会、人民银行、发展改革委、财政部、税务总局、工业和信息化部、证监会、保监会负责）

（五）鼓励和引导民间资本进入商贸流通领域。

21. 鼓励民间资本进入商品批发零售、现代物流领域。支持民营批发、零售企业发展，鼓励民间资本投资连锁经营、电子商务等新型流通业态。引导民间资本投资第三方物流服务领域，为民营物流企业承接传统制造业、商贸业的物流业务外包创造条件，支持中小型民营商贸流通企业协作发展共同配送。加快物流业管理体制改革，鼓励物流基础设施的资源整合和充分利用，促进物流企业网络化经营，搭建便捷高效的融资平台。（商务部、发展改革委、银监会负责）

（六）鼓励和引导民间资本进入国防科技工业领域。

22. 鼓励民间资本进入国防科技工业投资建设领域。引导和支持民营企业有序参与军工企业的改组改制，鼓励民营企业参与军民两用高技术开发和产业化，允许民营企业按有关规定参与承担军工生产和科研任务。（国防科工局、工业和信息化部、财政部、国资委、总装备部负责）

（七）鼓励和引导民间资本重组联合和参与国有企业改革。

23. 引导和鼓励民营企业利用产权市场组合民间资本，促进产权合理流动，开展跨地区、跨行业兼并重组。鼓励和支持民间资本在国内合理流动，实现产业有序梯度转移，参与西部大开发、东北地区等老工业基地振兴、中部地区崛起以及新农村建设和扶贫开发。支持有条件的民营企业通过联合重组等方式做大做强，发展成为特色突出、市场竞争力强的集团化公司。（各省、自治区、直辖市人民政府负责）

24. 鼓励和引导民营企业通过参股、控股、资产收购等多种形式，参与国有企业的改制重组。合理降低国有控股企业中的国有资本比例。民营企业在参与国有企业改制重组过程中，要认真执行国家有关资产处置、债务处理和社会保障等方面的政策要求，依法妥善安置职工，保证企业职工的正当权益。（国资委、人力资源社会保障部、银监会负责）

（八）推动民营企业加强自主创新和转型升级。

25. 落实鼓励企业增加研发投入的税收优惠政策，鼓励民营企业增加研发投入，提高自主创新能力，掌握拥有自主知识产权的核心技术。（财政部、发展改革委、科技部、税务总局、知识产权局负责）

26. 帮助民营企业建立工程技术研究中心、技术开发中心，增加技术储备，搞好技术人才培训。（发展改革委、科技部负责）

27. 支持民营企业参与国家重大科技计划项目和技术攻关。（科技部负责）

28. 加快实施促进科技成果转化的鼓励政策，积极发展技术市场，完善科技成果登记制度，方便民营企业转让和购买先进技术。加快分析测试、检验检测、创业孵化、科技评估、科技咨询等科技服务机构的建设和机制创新，为民营企业的自主创新提供服务平台。积极推动信息服务外包、知识产权、技术转移和成果转化等高技术服务领域的市场竞争，支持民营企业开展技术服务活动。（科技部、工业和信息化部、商务部、知识产权局负责）

29. 鼓励民营企业加大新产品开发力度，实现产品更新换代。开发新产品发生的研究开发费用可按规定享受加计扣除优惠政策。鼓励民营企业实施品牌发展战略，争创名牌产品。通过加速固定资产折旧等方式鼓励民营企业进行技术改造，淘汰落后产能，加快技术升级。（科技部、工业和信息化部、财政部、工商总局、质检总局负责）

30. 鼓励和引导民营企业发展战略性新兴产业。广泛应用信息技术等高新技术改造提升传统产业，大力发展循环经济、绿色经济，投资建设节能减排、节水降耗、生物医药、信息网络、新能源、新材料、环境保护、资源综合利用等具有发展潜力的新兴产业。（发展改革委、财政部、工业和信息化部、科技部、环境保护部、水利部、卫生部、商务部、能源局负责）

（九）鼓励和引导民营企业积极参与国际竞争。

31. 鼓励民营企业“走出去”，积极参与国际竞争。支持民营企业在研发、生产、营销等方面开展国际化经营，开发战略资源，建立国际销售网络。支持民营企业利用自有品牌、自主知识产权和自主营销，开拓国际市场，加快培育跨国企业和国际知名品牌。支持民营企业之间、民营企业与国有企业之间组成联合体，发挥各自优势，共同开展多种形式的境外投资。（发展改革委、商务部、工业和信息化部、外交部、工商总局负责）

32. 完善境外投资促进和保障体系。与有关国家建立鼓励和促进民间资本国际流动的政策磋商机制，开展多种形式的对话交流，发展长期稳定、互惠互利的合作关系。通过签订双边民间投资合作协定、利用多边协定体系等，为民营企业“走出去”争取有利的投资、贸易环境和更多优惠政策。健全和完善境外投资鼓励政策，在资金支持、金融保险、外汇管理、质检通关等方面，民营企业与其他企业享受同等待遇。（发展改革委、商务部、外交部、财政部、人民银行、海关总署、质检总局、外汇局、银监会、保监会负责）

（十）为民间投资创造良好环境。

33. 清理和修改不利于民间投资发展的法规政策规定，切实保护民间投资的合法权益，培育和维护平等竞争的投资环境。在制订涉及民间投资的法律、法规和政策时，要听取有关商会和民营企业的意见和建议，充分反映民营企业的合理要求。（法制办负责）

34. 各级人民政府有关部门安排的政府性资金，包括财政预算内投资、专项建设资金、创业投资引导资金，以及国际金融组织贷款和外国政府贷款等，要明确规则、统一标准，对包括民间投资在内的各类投资主体同等对待。（发展改革委、财政部、交通运输部、铁道部、水利部、工业和信息化部、科技部、民航局、国防科工局和各省、自治区、直辖市人民政府负责）

35. 各类金融机构要在防范风险的基础上，创新和灵活运用多种金融工具，加大对民间投资的融资支持，加强对民间投资的金融服务。各级人民政府及有关监管部门要不断完善民间投资的融资担保制度，健全创业投资机制，发展股权投资基金，继续支持民营企业通过股票、债券市场进行融资。（银监会、人民银行、证监会、发展改革委和各省、自治区、直辖市人民政府负责）

36. 全面清理整合涉及民间投资管理的行政审批事项，简化环节、缩短时限，进一步推动管理内容、标准和程序的公开化、规范化。（监察部

负责）

37. 进一步清理和规范涉企收费，切实减轻民营企业负担。（发展改革委、财政部、工业和信息化部负责）

（十一）加强对民间投资的服务、指导和规范管理。

38. 统计部门要加强对民间投资的统计工作，准确反映民间投资的进展和分布情况。（统计局负责）

39. 投资主管部门、行业管理部门及行业协会要切实做好民间投资的监测和分析工作，及时把握民间投资动态，合理引导民间投资。要加强投资信息平台建设，及时向社会公开发布国家产业政策、发展建设规划、市场准入标准、国内外行业动态等信息，引导民间投资者正确判断形势，减少盲目投资。（发展改革委、统计局、工业和信息化部、交通运输部、铁道部、水利部、农业部、商务部、文化部、卫生部、住房城乡建设部、能源局负责）

40. 建立健全民间投资服务体系。充分发挥商会、行业协会等自律性组织的作用，积极培育和发展为民间投资提供法律、政策、咨询、财务、金融、技术、管理和市场信息等服务的中介组织。（发展改革委等有关部门和各省、自治区、直辖市人民政府负责）

二、工作要求

（一）明确责任，加强领导。各地区、各有关部门要认真贯彻落实《意见》精神，按照上述任务分工，对涉及本地区、本部门的工作进一步分解细化，制定具体措施，认真抓好落实。

（二）密切配合，团结协作。对贯彻落实中涉及多个部门的工作，部门间要密切协作，牵头部门要加强协调，其他相关部门应当积极支持和配合。各地区在贯彻落实工作中要做好与有关部门的衔接沟通工作。

（三）督促检查，跟踪落实。发展改革委要认真做好统筹协调工作，及时跟踪各项工作的具体落实，并按年度将工作完成情况汇总报国务院。国务院办公厅将对政策措施的落实情况适时开展督促检查。

国务院办公厅

二〇一〇年七月二十二日

国家发展改革委、财政部关于安排政府性资金对民间投资主体同等对待的通知

发改投资〔2012〕1580号

国务院有关部门、直属单位，各省、自治区、直辖市及计划单列市发展改革委、财政厅，新疆生产建设兵团发展改革委、财务局：

《国务院关于鼓励和引导民间投资健康发展的若干意见》（国发〔2010〕13号）规定，各级人民政府有关部门安排的政府性资金，包括财政预算内投资、专项建设资金、创业投资引导资金，以及国际金融组织贷款和外国政府贷款等，要明确规则、统一标准，对包括民间投资主体在内的各类投资主体同等对待。为了做好贯彻落实工作，现将有关要求通知如下：

一、充分认识鼓励和引导民间投资健康发展的重要意义

改革开放以来，我国民间投资迅速发展壮大，目前已经占到全社会固定资产投资的60%以上，在促进市场繁荣、提供就业岗位、推进结构调整、增强经济活力等方面都发挥着重要作用，成为推动国民经济平稳较快发展的积极力量。

各地方、各部门要从坚持和完善社会主义初级阶段基本经济制度的高度出发，充分认识鼓励和引导民间投资健康发展的重要意义，对符合政府性资金支持方向的民间投资主体同等对待，鼓励和引导民间资本参与公共服务、基础设施和扶贫开发等领域的投资。

二、明确安排政府性资金支持民间投资发展的主要方式

各地方、各部门在安排财政预算内投资和专项建设资金时，根据法律法规和有关政策规定，对于符合条件的民间投资项目，主要采取投资补助、贷款贴息等方式予以支持，资金的财务管理按照国家有关规定执行。

各地方、各部门在安排创业投资引导基金时，对于在中国境内设立、依照国家有关规定备案、包括民间投资在内的各类创业投资企业，均可以采用参股、融资担保和跟进投资等方式进行扶持。要坚持市场化运作，通

过与社会资本共同发起设立创业投资企业等方式，积极引导民间投资。

国务院有关部门按照国家相关规定安排国际金融组织和外国政府贷款。符合贷款条件的民间投资项目，可按规定程序申请使用国际金融组织和外国政府贷款，由财政部门和转贷银行进行转贷。

三、安排政府性资金要对民间投资主体同等对待

各地方、各部门在安排政府性资金时，要根据法律法规和有关政策规定，明确规则、统一标准，对民间投资主体同等对待，不得单独对民间投资主体设置附加条件。

与政府性资金管理和使用有关的规章制度、标准定额、发展规划、产业政策等，要按照《中华人民共和国政府信息公开条例》要求予以公开，便于民间投资主体准确获取相关信息。

各地方、各部门要依照政府性资金管理的相关规定，对各类投资主体提出的政府性资金申请进行认真审核。审核内容、审核标准、审核程序、审核规则等方面的具体要求应一视同仁。对于符合有关规定、通过审核的民间投资项目，在安排政府性资金时不得歧视。

四、加强政府性资金的监督管理

各地方、各部门要加强监督管理，督促各类投资主体认真执行政府性资金管理的各项规定，确保政府性资金使用的规范、安全、有效。各级发展改革、财政等部门依据职能分工，对使用政府性资金的项目进行监督检查。使用政府性资金要依法接受审计、监察等部门的监督。

各地方、各部门要认真贯彻落实《国务院关于鼓励和引导民间投资健康发展的若干意见》（国发〔2010〕13号）和本通知要求，抓紧制订和修改完善本地区、本部门负责安排的政府性资金具体管理办法，明确规则、统一标准、同等对待、公开透明，为民间投资健康发展创造良好环境。

国家发展改革委　财政部

二〇一二年六月一日

参考文献

[1] Adams, I. H. P. Brunner, and Raymond F. Interactions of Informal and Formal Agents in South Asian Rural Credit Markets [J]. Review of Development Econmics, 2003 (7).

[2] Allen F. and A. M. Santomero. The Theory of Financial Intermediation [J]. Journal of Banking and Finance, 1997 (21).

[3] Allen, Franklin and Meijun. Law, Finance and Economic Growth in China [J]. Journal of Financial Economics, 2005 (1).

[4] Anderson S., Baland J M. The economics of ROSCAS and intra - household resource allocation [J]. Quarterly Journal of Economics, 2002 (117).

[5] Angist, J. D., G. W. Imbens and D. B. Rubin. Identification and Causal Effects Using Instrumental Variables [J]. Journal of the American Statistical Association, 1996 (91).

[6] Arestis, P. and Demetriades, P. O. Luintel K B. Financial Development and Economic Growth: The Role of Stock Markets [J]. Journal of Money, Credit and Banking, 2001 (1).

[7] Arestis, Philip and Demetriades P. Finance and Growth: Institutions Considerations and Causality [D]. Swansea U, 1996 (4).

[8] Aschauer David A. Does Public Capital Crowd Out Private Capital? [J]. Journal of Monetary Economics, 1989 (24).

[9] Aschauer David A. The Investment Output Ratio in Growth Regression [J]. Applied Economic Letter, 1994 (5).

[10] Asl. Demirguc - Kunt and Ross Levine. Stock Market Development and Financial Intermediaries: Stylized Facts [J]. The World Bank Policy Re-

search Working Paper, 1995 (5).

[11] Bairam Erkin, Ward Bert. The Externality Effect of Government Expenditure on Investment in OECD Countries [J]. Applied Economics, 1993 (25).

[12] Banerjee, AV, Beasley, TW. The neighbors skeeper: The Design of a Credit cooperative with Theory and Test [J]. Quarterly of Economics, 1994, 109: 225-242.

[13] Basley, and Levenson. The Role of Informal Finance In Household Capital Accumulation: Evidence from Taiwan [J]. The Economic Journal, 1996 (1).

[14] Beck T., Demiguc kunt A. and Kevin R. A New Database on Financial Development and Structure [R]. World Bank Policy Reseach Working Paper, 1996 (2146).

[15] Beck T., Kevin R. and Loyaza N. Finance and the Sources of Growth [J]. Journal of Financial Economics, 2000 (58).

[16] Benhabib J., Spiegel M. M. The role of financial development in growth and investment [J]. Journal of Economic Growth, 2000 (15).

[17] Berger, A. N and Udell G. F. Small business credit availability and relationship leading lending: the importance of banking organization structure [J]. Economical Journal, 2002 (112).

[18] Berger, A. N., Mester, L. J. Inside the Black Box: What Explains Differences in the Efficiency of Financial Institutions [J]. Journal of Banking and Finance, 1997 (21).

[19] Besley T., levenson, A. R. The role of informal finance in household capital accumulation: evidence from Taiwan [J]. The Economic Journal, 1996 (434).

[20] Besley Timothy, Stepthen Coate, and Glenn Loury. The Economics of Rotating Savings and Credit Associations [J]. American Economic Review, 1993 (83).

[21] Bester, Helmut. Screening vs. Rationing in credit markets with imperfect information [J]. the American Economic Review, 1985 (75).

[22] Bhattacharya, Utpal and B. Ravikumar. Capital Markets and the E-

volution of Family Businesses [J]. Journal of Business, 2001 (74).

[23] Bose P. Formal - informal sector interaction in rural credit markets [J]. Journal of Development Economics, 1998 (56).

[24] Callier P. Informal finance: the rotating saving and credit association [J]. Kyklos, 1990 (43).

[25] Carter, M. R. Equilibrium Credit Rationing of Small Farm Agriculture [J]. Journal of Development Studies, 1988 (28).

[26] Dekle, Hamada. On the development of Rotating Credit Association in Japan [J]. Economic Development and Culture Change, 2000 (49).

[27] Detragiache, Enrica and Demirguc - Kunt, Asli. Monitoring Banking Sector Fragility: A Multivariate Logic Approach with An Application to The 1996 - 1997 Banking Crises [R]. Policy Research Working Paper Series 2085, The World Bank, 1999.

[28] Diamond, Douglas and Philip Dybvig. Bank Runs, Deposit Insurance, and Liquidity [J]. Journal of Political Economy, 1983 (91).

[29] Du Zhixiong. Credit Demand of Rural Enterprise and Loan Supply in China [J]. The Chinese Economy, 2004 (5).

[30] E. Aryeetey. Informal Finance for Private Sector Development in Sub - Saharan Africa [J]. Journal of Microfinance, 2005, 7: 1 - 26.

[31] Easterly William, Rebelo Sergio. Fiscal Policy and Economic Growth an Empirical Investigation [J]. Journal of Monetary Economics, 1993 (32).

[32] Evans P and Karras G. Are Government Activities Productive? —— Evidence from a Panel of US States [J]. The Review of Economics and Statistics, 1994 (1).

[33] F Allen, J. Qian. Law, finance and economic growth in China [J]. Journal of Financial Economics, 2002 (77).

[34] Floro, M. S. , D. Ray. Vertical Links Between Formal and Informal Financial Institutions [J]. Review of Development Economics, 1997 (1).

[35] Fries S. , Taci A. Cost Efficiency of Banks in Transition: Evidence from 289 Banks in 15 Post - communist Countries [J]. Journal of Banking and Finance, 2005 (29).

[36] Galor Oded, Josph Zeira. Income distribution and macroeconomics

[J]. Review of Economic Studies, 1993 (60).

[37] Ghate P. Informal Finance: Some Findings from Asia [M]. Asian Development Bank & Oxford University Press, 1992.

[38] Grossman, Sanford J. and Stiglitz J. E. On the Impossibility of Informationally Efficiency Markets [J]. American Economic Review, 1980 (70).

[39] Guiso L., P. Sapienza and L. Zingales. The Role of Social Capital in Financial Development [J]. American Economic Review, 2004 (94).

[40] Gupta, M. R., and S. Chaudhuri. "Formal Credit, Corruption and the Informal Credit Market in Agriculture: A theoretical Analysis" [J]. Economica, 1997 (64).

[41] Hasan I., Marton K. Development and Efficiency of the Banking Sector in a Transitional Economy: Hungarian Experience [J]. Journal of Banking and Finance, 2003 (27).

[42] Hoff K. and J. E. Stiglitz. Introduction: Imperfect Information and Rural Credit Markets: Puzzles and Policy Perspectives [J]. World Bank Economic Review, 1990 (4).

[43] Honohan, Patrick. How Interest Rates Changed Under Financial Liberalization a Cross - country Review [J]. Policy Research Working Paper Series 2313, The World Bank, 2000.

[44] Hospes O. People That Count: The Forgotten Faces of Rotating Savings and Credit Associations in Indonesia [J]. Savings and Development, 1992 (4).

[45] Howorth C. Small firms demand for finance: a research note [J]. International Small Business Journal, 2001 (19).

[46] J. Williamson. Regional inequality and the process of national development [J]. Economic Development and Culture Change, 1965 (4).

[47] Jain S. Symbiosis vs. crowding - out: interaction of formal and informal credit markets in developing countries [J]. Journal of Development Economic, 1992 (2).

[48] Jensen E. The farm credit system as a government - sponsored enterprise [J]. Review of Agricultural Economics, 2000 (22).

[49] Jingu, Takshi. Moving Forward In Reforming China's Capital Market

[J]. Nomura Research Institute Papers, 2002 (1).

[50] Kai Yuen Tsui. China's Regional Inequality, 1952 - 1985 [J]. Journal of Comparative Economics, 1991 (15).

[51] Kamhon Kan. Informal capital sources and household investment: evidence from Taiwan [J]. Journal of Development Economics, 2000 (62).

[52] Khan M. S., C. M. Reinhart. Private Investment and Economic Growth in Developing Countries [J]. World Development, 1990 (1).

[53] King R. and Levin R. Finance, Entrepreneurship, and Growth: Theory and Evidence [J]. Journal of Monetary Economics, 1993 (3).

[54] King R., Levine R. Finance and growth Schumpeter might be right [J]. Quarterly Journal of Economics, 1993 (108).

[55] King, Robert G. and Ross Levine. Finance and Growth: Schumpeter Might Be Right [J]. Quarterly Journal of Economics, 1993 (8).

[56] Kochar A. An Empirical Investigation of Rationing Constraints in Rural Credit Markets in India [J]. Journal of Development Economics, 1997 (53).

[57] Levine R. Financial development and economic growth views and agenda [J]. Journal of Economic Literature, 1997 (35).

[58] Lins D. A. Determinants of Net Changes in Farm Real Estate Debt [J]. Agricultural Economic Research, 1972 (24).

[59] Loyzan N., Beck T., Levine R. Financial intermediation and growth causality and cause [J]. Journal of Monetary Economics, 2000 (46).

[60] M. Schreiner. Informal finance and the design of microfinance [J]. Development in Practice, 2000 (11).

[61] Milde H., Riley J. G. Signaling in Credit Markets [J]. Quarterly Journal of Economics, 1988 (2).

[62] Mohieldin, M. S. and P. W. Wright. Formal and Informal Credit Markets in Egypt [J]. Economic Development and Culture Change, 2000 (48).

[63] Morduch, Jonathan. The Microfinance Promise [J]. Journal of Economic Literature, 1999 (37).

[64] Myers, R. H., Nagarajan. Rural Financial Markets in Asia: Poli-

cies, Paradigms, and Performance [M]. Oxford University Press, 2000.

[65] Nader N., Miguel D. R. Public and Private Investment and Economic Growth in Mexico [J]. Contemporary Economic Policy, 1997 (1).

[66] Neusser K. and Kugler M. Manufacturing Growth and Financial Development: Evidence from OECD Countries [J]. The Review of Economics and Statistics, 1998 (15).

[67] Oded G., Zeira J. Income distribution and macroeconomics [J]. Review of Economic Studies, 1993 (60).

[68] Pagano. Financial Markets and Growth: An Overview [J]. European Economic Review, 1993 (7).

[69] Parkan C. Measuring the Efficiency of Service Operations: An Application to Bank Branches [J]. Engineering Costs and Production Economics, 1987 (12).

[70] Paxton J. Depth of Outreach and its Relation to the Sustainability of Microfinance Institutions [J]. Saving and Development, 2002 (26).

[71] Porter, M. E. Cluster and New Economics of Competition [J]. Harvard Business Review, 1998 (11).

[72] Raja, R. and L. Zingales. Finance Dependence and Growth [J]. American Economic Review, 1998 (88).

[73] Rajan R. and Zingales L. Financial Dependence and Growth [M]. University of Chicago Mimeo, 1996.

[74] Ray Debra J. Development economics [M]. New Jersey: Princeton University Press, 1998.

[75] Rebel A., Cole, Lawrence G. Goldberg and Lawrence J. White. Cookie Cutter vs. Charater: The Micro Structure of Small Business Lending by Large and Small Banks [J]. Journal of Financial and Quantitative Analysis, 2004.

[76] Reid G. C. Trajectories of small business financial structure [J]. Small Business Economics, 2003 (4).

[77] Ross Levine and Sara Zervos. Stock Markets, Banks, and Economic Growth [J]. American Economic Review, 1998 (3).

[78] Schaffnit C., D. Rosen and J. C. Paradi. Best Practice Analysis of

Bank Branches: An Application of DEA in a Large Canadian Bank [R]. European Journal of Operational Research, 1997.

[79] Schreiner M. Informal finance and the design of microfinance [J]. Development in Practice, 2001 (11).

[80] Vefie L. The Penguin Directionary of Physics [M]. Beijing: Foreign Language Press, 1996.

[81] Xiaoqing Yan. Judgment on Financial Sustainability of Rural Small – sized Financial Institutions Development [J]. Proceedings of the International Symposium——Management Sciences and Engineering, 2011 (11).

[82] Xiaoqing Yan. Marine Industry, Marine Economy and Economic Growth: A Case Study of Zhejiang Province [J]. Proceedings of The 2011 International Symposium on Technology Innovation of, Industrial Transformation and Structure, 2011 (8).

[83] Zhiwu Chen. Capital markets and legal development: The China case [J]. China Economic Review, 2003 (4).

[84] 丁永琦. 关系型贷款视角下的中小企业融资问题研究 [J]. 企业经济, 2013 (2).

[85] 丁国杰. 深化中小企业融资创新 [J]. 中国金融, 2012 (4).

[86] 于明. 商业银行防范中小企业信贷风险的方法研究 [J]. 浙江金融, 2013 (5).

[87] 于蔚、汪淼军、金祥荣. 政治关联和融资约束: 信息效应与资源效应 [J]. 经济研究, 2012 (9).

[88] 万广华、史清华、汤树梅. 转型经济中农户储蓄行为: 中国农村的实证研究 [J]. 经济研究, 2003 (5).

[89] 万存知. 小企业融资环境调查 [J]. 中国金融, 2010 (24).

[90] 万绍玫. 我国中小企业信贷风险及防范探析 [J]. 企业经济, 2010 (11).

[91] 马光荣、杨恩艳. 社会网络、非正规金融与创业 [J]. 经济研究, 2011 (3).

[92] 马红. 中国风险投资制度的创新模型与实践 [D]. 西南财经大学, 2002.

[93] 马国建、张冬华. 中小企业信用再担保制度研究 [J]. 浙江金

融，2011（6）.

［94］马章良.“路衢模式”——解决中小企业融资难问题新途径［J］.企业经济，2010（8）.

［95］王元.河北农村金融供给问题研究及实证分析［D］.河北经贸大学，2009.

［96］王丹.浙江民间资本国际化发展的模式和策略［J］.企业经济，2011（6）.

［97］王凤京.地下金融合法化为民营银行的制度建设分析［J］.金融与经济，2006（1）.

［98］王在全.中小企业融资中的银企关系［J］.中国金融，2012（11）.

［99］王传东、王家传.信贷配给视角下的农村中小企业融资担保［J］.农业经济问题，2006（6）.

［100］王冰.当前形势下民间投资“跟进”及金融支持问题研究［J］.浙江金融，2010（10）.

［101］王志敏、史俊华.基于传统理论的中小企业最佳资本结构决策研究［J］.企业经济，2010（1）.

［102］王芳.我国农村金融需求与农村金融制度：一个理论框架［J］.金融研究，2005（4）.

［103］王丽珠.我国中小企业信用担保体系的国际借鉴——以日本为例［J］.国际金融研究，2009（7）.

［104］王国权.民间借贷治理的法律问题研究［D］.华侨大学，2013.

［105］王明琳、金波.区域经济转型视角下民间金融与民营企业研究——民间金融、民营企业与区域经济转型升级（2013）研讨会综述［J］.经济研究，2013（5）.

［106］王佳.我国中小企业信用担保体系创新研究［D］.兰州理工大学，2008.

［107］王宗祥.民间资本进入微型金融领域探讨［J］.中国金融，2012（10）.

［108］王建秀、李常洪、张改枝.基于不同风险类别的中小企业融资博弈模型分析［J］.中国软科学，2012（3）.

［109］王珍.企业融资结构决策方法研究［J］.信阳师范学院学报

（哲学社会科学版），2003（2）.

［110］王宣喻、储小平.信息披露机制对私营企业融资决策的影响［J］.经济研究，2002（10）.

［111］王艳梅.金融危机背景下中小企业融资困境及对策［J］.企业经济，2010（6）.

［112］王晓杰.依托互助担保协会化解集群内中小企业融资难题［J］.统计与决策，2008（7）.

［113］王爱俭.大力发展微型金融［J］.中国金融，2013（4）.

［114］王惠萍、龙冬、唐嵩.我国民间金融透析与制度构想［J］.软科学，2010（8）.

［115］王满四、邵国良.基于金融体系自身缺陷的中小民营企业融资障碍分析［J］.民营经济与中小企业管理，2007（4）.

［116］王福强、王冠群.美国中小企业融资模式及启示［J］.中国金融，2011（18）.

［117］王曙光.民间金融的演变与走势［J］.银行家，2009（2）.

［118］中国人民银行广州分行课题组.从民间借贷到民营金融：产业组织与交易规则［J］.金融研究，2002（10）.

［119］中国人民银行温州市中心支行课题组、周松山.民营经济先发地区自主投资融资模式的比较研究［J］.浙江金融，2012（3）.

［120］方平.小微企业金融支持研究——以江西省为例［J］.企业经济，2013（9）.

［121］尹建中.民营制造企业资本结构与融资效率的实证分析［J］.乡镇企业、民营经济，2006（10）.

［122］孔令波、燕小青.民营经济发展与浙江金融生态优化［J］.科技与管理，2013（6）.

［123］孔令学.促进中小企业间接融资的国际经验及其借鉴［J］.金融教学与研究，2002（3）.

［124］巴曙松、刘孝红、牛播坤.转型时期中国金融体系中的地方治理与银行改革的互动研究［J］.金融研究，2005（5）.

［125］邓超、胡威、唐莹.国内外小企业信用评分研究动态［J］.国际金融研究，2010（10）.

［126］左小蕾.让民间资本成为稳增长的主力［J］.中国金融，2012

(12).

[127] 左臣明、马九杰. 正规金融与非正规金融关系研究综述——增加农村金融供给的一个制度视角 [J]. 农村经济导刊, 2006 (4).

[128] 石建萍、何起东、张巧华、王悦章、屠裕程、王勤. 区域性民间资本交易中心构建研究——基于政府监管背景下的民间融资规范性制度探索 [J]. 浙江金融, 2013 (1).

[129] 卢立香. 中国农村非正规金融运行绩效分析 [D]. 山东大学, 2005.

[130] 卢亚娟、孟德锋. 民间资本进入农村金融服务业的目标权衡——基于小额贷款公司的实证研究 [J]. 金融研究, 2012 (3).

[131] 叶天华、郭舒萍. 温州金改背景下的民间资本与中小企业融资——基于征信视角的研究 [J]. 浙江金融, 2013 (8).

[132] 叶林德. 中小企业的信贷融资探析——以台州为例 [J]. 企业经济, 2013 (6).

[133] 叶敬忠、朱炎洁、杨洪萍. 社会学视角的农户金融需求与农村金融供给 [J]. 中国农村经济, 2004 (8).

[134] 田秀娟、许施智、王宾. 县域中小企业融资渠道研究 [J]. 农业经济问题, 2007 (5).

[135] 田厚平、刘长贤. 企业资产规模、信贷市场结构与中小企业融资 [J]. 管理科学学报, 2010 (5).

[136] 史建平、杨如冰. 放松银根还是放松管制——大背景下看中小企业融资问题 [J]. 中国金融, 2011 (18).

[137] 史晋川、叶敏. 制度扭曲环境中的制度安排: 温州案例 [J]. 经济理论与经济管理, 2001 (1)

[138] 史晋川、汪炜、钱滔. 民营经济与制度创新: 台州现象研究 [M]. 浙江大学出版社, 2004.

[139] 史晋川等. 中小金融机构与中小企业发展研究——以浙江温州、台州地区为例 [M]. 浙江大学出版社, 2003.

[140] 史清华、陈凯. 欠发达地区农民借贷行为的实证分析——山西745户农民家庭的借贷行为的调查 [J]. 农业经济问题, 2002 (10).

[141] 冉艳辉. 从创业扶持措施看重庆市微型企业发展的法制环境 [J]. 重庆工商大学学报 (社会科学版), 2013 (2).

［142］包爱平. 温州民间投资发展思路构建［J］. 企业经济，2010（7）.

［143］冯兴元、何广文、杜志雄. 中国乡镇企业融资与内生民间金融组织制度创新研究［M］. 山西经济出版社，2006.

［144］冯兴元、何梦笔、何广文. 试论中国农村金融的多元化——一种局部知识范式视角［J］. 中国农村观察，2004（5）.

［145］冯婉蓉. 浙江省中小企业信用担保问题研究［D］. 浙江大学，2010.

［146］冯强. 民营中小企业的融资困境及化解思路［D］. 华中科技大学，2005.

［147］冯霞、李刚. 民间金融的制度经济学分析［J］. 理论探索，2006（6）.

［148］毕毅、庄毓敏. 基于供应链金融的中小企业融资［J］. 中国金融，2010（14）.

［149］吕智娟. 中小企业融资难原因分析及化解策略［J］. 企业经济，2010（2）.

［150］朱永扬. 我国融资性担保行业的发展与监管［J］. 中国金融，2011（17）.

［151］朱守银、张照新、张海阳、汪承先. 中国农村金融市场供给和需求——以传统农区为例［J］. 管理世界，2003（3）.

［152］朱孟楠、叶芳. 中小企业创新型债券融资方式［J］. 中国金融，2013（4）.

［153］朱维巍. 浙江中小企业融资瓶颈的金融服务视角解读［J］. 浙江金融，2012（4）.

［154］任旭华. 金融制度短缺与民间金融发展的现实性［J］. 经济参考研究，2003（39）.

［155］任祥玉. 民营银行市场退出法律问题研究［J］. 湖北警官学院学报，2014（3）.

［156］任森春. 非正规金融的研究与思考［J］. 金融理论与实践，2004（9）.

［157］任曙明、原毅军. 中小企业与金融仲介在债务融资中的博弈分析——中小企业融资难的另一新解释［J］. 民营经济与中小企业管理，

2007（4）.

［158］全国工商联课题组、陈永杰. 把解决企业融资问题的政策着力点放在小型企业上——中小企业融资问题调查报告［J］. 经济理论与经济管理，2010（4）.

［159］刘民权、徐忠、俞建拖. 信贷市场中的非正规金融［J］. 世界经济，2003（7）.

［160］刘民权. 中国农村非正规金融市场研究［M］. 中国人民大学出版社，2006年版.

［161］刘西川等. 贫困地区农户的正规需求：直接识别与经验分析［J］. 金融研究，2009（4）.

［162］刘尧飞. 信息传递、企业规模与贷款绩效——对中小企业关系型融资的实证分析［J］. 浙江金融，2013（12）.

［163］刘杰. 农村正规金融与非正规金融“垂直连接”的理论分析［D］. 湖南师范大学，2008.

［164］刘保. 推动民间资本参与新型农村金融组织建设［J］. 中国金融，2011（17）.

［165］刘姝伶. 农村金融服务体系创新与风险控制研究［D］. 西南大学，2010.

［166］刘艳琨. 中小企业信用担保风险控制与管理［J］. 中国统计，2013（07）.

［167］刘海应、蒲舟军、王含笑. 基于登记制度的民间借贷阳光化路径探析［J］. 浙江金融，2012（3）.

［168］刘福毅、邹东海. 从金融抑制到政策导向型金融深化：农民增收的金融支持研究［J］. 金融研究，2004（12）.

［169］刘澄、刘祥东、陈刚. 基于可信性理论的中小企业信贷风险评估［J］. 技术经济与管理研究，2012（10）.

［170］闫莉华. 非公有制经济发展的机遇与挑战——评析“非公经济36条”［J］. 山西省政法管理干部学院学报，2005（4）.

［171］闫福. 中小企业为何能在融资制约中发展［J］. 中国经贸导刊，2004（2）.

［172］江春、许立成. 内生金融发展：理论与中国的经验证据［J］. 财经科学，2006（5）.

[173] 江美芳. 农村的金融发展与经济增长 [D]. 苏州大学, 2011.

[174] 江朝旭、丁昌锋. 民间金融理论分析: 范畴、比较与制度变迁 [J]. 金融研究, 2004 (8).

[175] 江曙霞、秦国楼. 信贷配给理论与民间金融中的利率 [J]. 农村金融研究, 2000 (7).

[176] 汤雁. 民资进入银行业不宜过快 [J]. 中国金融, 2013 (5).

[177] 安易. 中小企业融资问题研究 [D]. 山东农业大学, 2008.

[178] 安春梅. 西方发达国家中小企业融资模式及其启示 [J]. 西北大学学报 (哲学社会科学版), 2009 (3).

[179] 许圣道、韩学广、许浩然. 金融缺口、金融创新: 中小企业融资难的理论解释及对策分析 [J]. 金融理论与实践, 2011 (4).

[180] 许莉, 郭定文. 我国政府支出对私人投资影响的实证分析 [J]. 经济问题探索, 2009 (4).

[181] 孙回回. 基于声誉模型分析的中小企业融资问题研究 [J]. 企业经济, 2010 (9).

[182] 孙阳. 民间金融微观基础的经济学分析——基于轮转基金的文献综述 [J]. 经济评论, 2009 (2).

[183] 孙莉. 中国民间金融的发展及金融体系的变迁 [J]. 上海经济研究, 2000 (5).

[184] 孙琨、文家成. 风险分担机制设计下的中小企业融资担保 [J]. 浙江金融, 2010 (7).

[185] 约翰·格利、爱德华·S. 肖. 金融理论中的货币中文版 [M]. 上海人民出版社, 1997.

[186] 严太华、王欣. 基于混合博弈下投资行为与中小企业融资难的问题研究 [J]. 中国管理科学, 2008 (4).

[187] 严谷军、闻岳春. 经济转轨中的民营金融与经济发展: 基于台州的实证分析 [J]. 金融研究, 2005 (7).

[188] 杜秋莹. 民营经济内生性融资机制的构建 [J]. 商业研究, 2006 (4).

[189] 杜晓山、孙若梅. 中国小额信贷的实践和政策思考 [J]. 财贸经济, 2000 (7).

[190] 杜晓山. 中国农村小额信贷的实践尝试 [J]. 中国农村经济,

2004 (8).

[191] 杜晓山. 农村金融体系框架、农村信用社改革和小额信贷 [J]. 中国农村经济，2002 (8).

[192] 杜朝运. 制度变迁背景下的农村非正规金融研究 [J]. 农业经济问题，2001 (3).

[193] 李立新. 中小企业融资问题研究 [D]. 北京交通大学，2009.

[194] 李永森. 中小企业私募债的风险防控 [J]. 中国金融，2012 (18).

[195] 李扬等. 中小企业融资与银行 [M]. 上海财经大学出版社，2001.

[196] 李刚. 发展民间金融的制度经济学分析 [J]. 商业时代，2006 (3).

[197] 李华民、刘芬华、唐松、赵丹妮. 金融危机下的珠江三角洲区域经济发展困局与破解"一个信用集群视角下的江门市中小企业融资对策"例析 [J]. 中国软科学，2010 (2).

[198] 李志国. 转型期我国民间投资机制研究 [D]. 西南财经大学，2004.

[199] 李志茹. 完善中小企业信用担保体系策略探讨 [J]. 企业经济，2010 (10).

[200] 李志辉、李萌. 中小企业融资的开发性金融支持 (DFS) 模式分析 [J]. 南开经济研究，2007 (1).

[201] 李志赟. 银行结构与中小企业融资 [J]. 经济研究，2002 (6).

[202] 李芸. 中小企业融资状况谈——以江苏省盐城市为例 [J]. 中国统计，2010 (1).

[203] 李国义. 深化民间投资体制改革 [J]. 中国金融，2013 (2).

[204] 李建民. 台湾地区的民间金融 [J]. 银行家，2005 (5).

[205] 李建军. 中国地下金融规模与宏观经济影响研究 [M]. 中国金融出版社，2005.

[206] 李胜军、张兰. 经济转轨中非正式金融的产生与发展展望 [J]. 金融教学与研究，2004 (5).

[207] 李洁. 我国中小企业资本结构特征与优化探析 [J]. 企业经济，2011 (2).

[208] 李雯.以关系型借贷的视角研究中小企业融资问题 [D].云南财经大学，2011.

[209] 李富有.民间资本供求与民营企业融资：对陕西的实证分析 [J].当代经济科学，2005 (1).

[210] 李富有.民营经济内生性融资的东西部地区差异 [J].乡镇企业、民营经济，2006 (3).

[211] 李德志、贾明东.中小企业融资担保模式构想——以成都市为例 [J].企业经济，2012 (6).

[212] 杨子健.建立中小企业融资的新型组织体系 [J].中国金融，2010 (23).

[213] 杨农、匡桦.隐性约束、有限理性与非正规金融的扩张边界 [J].国际金融研究，2013 (6).

[214] 杨畅.民间借贷规范发展的路径选择探讨 [J].浙江金融，2011 (5).

[215] 杨建光.统筹城乡发展金融推动力研究 [D].四川大学，2009.

[216] 杨春柏.农村民间金融支持小微企业发展策略 [J].企业经济，2013 (9).

[217] 杨思群.中小企业融资：理论与政策 [J].财贸经济，2000 (3).

[218] 杨积堂.论民间借贷中高利贷的危害与法律规制 [J].新视野，2012 (2).

[219] 杨涛.释放民间资本的活力 [J].中国金融，2012 (1).

[220] 杨蜜.民营中小微型企业转型发展面临的障碍及对策 [J].企业经济，2012 (10).

[221] 肖龙沧.创新是金融支持中小企业的着力点 [J].中国金融，2012 (2).

[222] 肖海勇.我国中小企业融资问题研究 [D].浙江工业大学，2008.

[223] 肖慧超.建立中小企业信贷培育监测制度 [J].中国金融，2010 (12).

[224] 吴伟萍，张衍骏，吴杰等.基于需求价格弹性的民间高利借贷现象分析——以浙江台州为例 [J].生产力研究，2010 (6).

[225] 吴庆念. 中小企业内源融资的渠道和模式研究 [J]. 企业经济, 2012 (1).

[226] 吴胜. 民间金融的存在与发展：一个供给的视角 [J]. 上海金融学院学报, 2008 (3).

[227] 吴勇敏，王斌. 构建多元融资服务体系缓解中小企业融资难题 [J]. 浙江金融, 2010 (1).

[228] 吴家曦、李华燊. 浙江省中小企业转型升级调查报告 [J]. 管理世界, 2009 (8).

[229] 何广文. 中国农村金融转型与金融机构多元化 [J]. 中国农村观察, 2004 (2).

[230] 何广文. 中国农村金融供求特征及均衡供求的路径选择 [J]. 中国农村经济, 2001 (10).

[231] 何田. "地下经济"与管制效率：民间信用合法性问题实证研究 [J]. 金融研究, 2002 (11).

[232] 何德旭. 我国中小企业融资制度探索的新视角——鲍静海教授新著《我国中小企业金融制度创新研究》评介 [J]. 财贸经济, 2010 (4).

[233] 余明桂、潘红波. 政治关系、制度环境与民营企业银行贷款 [J]. 管理世界, 2008 (8).

[234] 邹高峰、张维、熊熊. 基于信用共同体的中小企业融资创新 [J]. 中国软科学, 2013 (1).

[235] 应展宇. 中国中小企业融资现状与政策分析 [J]. 财贸经济, 2004 (10).

[236] 汪三贵. 中国小额信贷可持续发展的障碍和前景 [J]. 农业经济问题, 2000 (12).

[237] 汪春、许立成. 内生金融发展：理论与中国的经验证据 [J]. 财经科学, 2006 (5).

[238] 沈小贤、燕小青. 推动民间投资促转型升级的八种方式 [J]. 政策瞭望, 2012 (8).

[239] 沈沛龙、周浩. 基于支持向量机理论的中小企业信用风险预测研究 [J]. 国际金融研究, 2010 (8).

[240] 宋光辉、许林、师渊. 创业板与中小企业板上市公司财务状况

比较研究——基于中小企业融资的视角［J］. 软科学，2011（5）.

［241］宋晗、金雪军、王利刚. 农村非正规金融体系中的掮客融资链——掮客形态、运作模式与演进趋势［J］. 农业经济问题，2007（3）.

［242］张乐. 发展中国家的非正规金融组织：有效性与信息机制［D］. 山东大学，2005.

［243］张乐柱. 农村民间金融的合作化问题研究［J］. 农业经济问题，2006（04）.

［244］张宁. 试论中国的非正式金融状况以及对主流观点的重大纠正［J］. 管理世界，2003（3）.

［245］张记伟. 构建我国农村民间金融体系之探析［D］. 南京师范大学，2006.

［246］张庆亮. 体制转轨中的中国民间金融研究［M］. 经济科学出版社，2003.

［247］张军. 浅析农村中小企业融资体系的重构问题［J］. 浙江金融，2013（5）.

［248］张军. 增长、资本形成与技术选择：解释中国经济增长下降的长期因素［J］. 经济学（季刊），2002（1）.

［249］张希慧. 民间金融与我国经济增长的实证分析［J］. 财经理论与实践，2009（1）.

［250］张希慧. 我国民间金融发展规范边界研究［J］. 金融与保险，2009（1）.

［251］张松. 民间金融与我国金融制度变迁［J］. 江苏社会科学，2003（6）.

［252］张杰. 转轨经济中的金融中介其演进——一个新的解释框架［J］. 管理世界，2001（5）.

［253］张杰. 中国金融改革的检讨与进一步改革的途径［J］. 经济研究，1995（5）.

［254］张杰. 民营经济的金融困境与融资次序［J］. 经济研究，2000（4）.

［255］张杰. 农户、国家与中国农贷制度：一个长期视角［J］. 金融研究，2005（2）.

［256］张杰. 解读中国农贷制度［J］. 金融研究，2004（2）.

[257] 张卓元. 鼓励民间资本进入实行政府有效管制——《中国城市公用事业民营化绩效评价与管制政策研究》评介 [J]. 经济研究，2013 (10).

[258] 张建华、卓凯. 非正规金融、制度变迁与经济增长：一个文献综述 [J]. 改革，2004 (3).

[259] 张洪军. 建立防范民间借贷风险的长效机制 [J]. 中国金融，2012 (6).

[260] 张晓玫、潘玲. 我国银行业市场结构与中小企业关系型贷款 [J]. 金融研究，2013 (6).

[261] 张健华. 中小企业融资国际比较及经验 [J]. 中国金融，2011 (18).

[262] 张捷、王霄. 中小企业金融成长周期与融资结构变化 [J]. 世界经济，2002 (9).

[263] 张捷. 中小企业的关系型借贷与银行组织结构 [J]. 经济研究，2002 (6).

[264] 张雪春、徐忠、秦朵. 民间借贷利率与民间资本的出路：温州案例 [J]. 金融研究，2013 (3).

[265] 张维迎、柯荣住. 信任及其解释：来自中国的跨省调查分析 [J]. 经济研究，2002 (10).

[266] 张瑞. 村镇银行公司治理法律问题研究 [D]. 首都经济贸易大学，2013.

[267] 陆丹，徐永锋. 中小企业金融缺口的成因分析 [J]. 社科纵横，2006 (4).

[268] 陈旭鸣. 民间合会与民营中小企业融资——以福建省晋江市为个案分析 [J]. 乡镇企业，2006 (2).

[269] 陈李宏. 民营企业融资的自身障碍及解决途径 [J]. 民营经济与中小企业管理，2007 (4).

[270] 陈勇军. 民资进入金融业急需配套政策 [J]. 中国金融，2012 (18).

[271] 陈晓红. 中小企业集群内源性投融资模式的探讨 [J]. 浙江金融，2013 (1).

[272] 陈健. 中小企业资金来源、需求与供给现状分析——以宁波为

例 [J]. 浙江金融，2007（6）.

[273] 陈敏菊、曹桂芝. 企业主逃债事件背景下的中小企业融资缺口分析 [J]. 经济理论与经济管理，2011（12）.

[274] 陈涵. 中小企业信托融资模式问题研究——以广东省为例 [J]. 经济理论与经济管理，2011（8）.

[275] 邵小玮，徐锋. 后危机时代中小企业融资路径选择——以浙江省为例 [J]. 中国乡镇企业会计，2010（4）.

[276] 范学俊. 金融体系与经济增长：来自中国的实证检验 [J]. 金融研究，2006（3）.

[277] 林汉川、魏中奇. 中小企业的界定与评价 [J]. 中国工业经济，2000（7）.

[278] 林毅夫、孙希芳. 信息、非正规金融与中小企业融资 [J]. 经济研究，2005（07）.

[279] 林毅夫、孙希芳. 信息非正规金融和中小企业融资. 北京大学中国经济研究中心内部讨论稿，NO. C2003025，2003.

[280] 林毅夫、李永军. 中小金融机构发展与中小企业融资 [J]. 经济研究，2001（1）.

[281] 尚福林. 允许尝试民间资本发起设立民营银行 [J]. 财经界，2013（9）.

[282] 尚福林. 新时期小微企业金融服务工作 [J]. 中国金融，2012（16）.

[283] 罗丹阳、王小敏. 中国诱致性制度变迁路径分析：以民间金融为例 [J]. 南方金融，2005（4）.

[284] 罗丹阳、殷兴山. 民营中小企业非正规融资研究 [J]. 金融研究，2006（4）.

[285] 罗杰、黄君慈. 非正式社会结构下民间信用演进与生命周期 [J]. 财经研究，2005（9）.

[286] 罗奈尔得·麦金农. 经济发展中的货币与金融中文版 [M]. 上海三联书店，1988.

[287] 罗亮森、刘海东、李东泽. 中小企业融资现状分析——基于济宁市中小企业融资情况的调查 [J]. 中国金融，2011（24）.

[288] 罗洪伟. 控制我国商业进入壁垒的有效途径 [J]. 黑龙江科技

信息，2007（2）.

[289] 季学凤.从创业板看中小企业融资难问题破解路径［J］.企业经济，2011（11）.

[290] 岳彩申.民间借贷规制的重点及立法建议［J］.中国法学，2011（5）.

[291] 金永红、钱雯婷.中国中小板企业上市前融资偏好实证研究［J］.经济与管理研究，2011（5）.

[292] 金永红、钱雯婷.我国中小板企业融资方式选择对企业盈利能力影响研究［J］.软科学，2010（3）.

[293] 周云.论我国中小企业信用担保法律制度的完善［J］.企业经济，2011（7）.

[294] 周中胜、王愫.企业家能力、信用评级与中小企业信贷融资可获性——基于江浙地区中小企业问卷调查的经验研究［J］.财贸经济，2010（6）.

[295] 周业安.中国制度变迁的演进论解释［J］.经济研究，2000（5）.

[296] 周兆生.中小企业融资的制度分析［J］.财经问题研究，2003（5）.

[297] 周学东.民间资本发起设立民营银行的思考［J］.中国金融，2013（19）.

[298] 周素彦.民间借贷：理论、现实与制度重构［J］.山西财经大学学报，2005（10）.

[299] 周振、谢家智、高庆鹏.内生金融发展的二元经济增长模型［J］.金融理论与实践，2008（1）.

[300] 周黎明、史晋川、王争.融资成本、融资替代与中国典当业的盈利波动——经验证据及理论解释［J］.金融研究，2012（3）.

[301] 郑笔锋、费宪进.浙江个私企业融资结构调查［J］.浙江金融，2003（2）.

[302] 郑锋.我国民间资本规范利用与金融创新研究［J］.西部金融，2012（12）.

[303] 郑曙光.民营中小企业融资新政：金融创新的制度基础与法制化路径［J］.中国软科学，2012（6）.

[304] 屈文洲、谢雅璐、叶玉妹. 信息不对称、融资约束与投资——现金流敏感性——基于市场微观结构理论的实证研究 [J]. 经济研究，2011 (6).

[305] 孟艳. 我国企业内外源融资结构的差异与影响 [J]. 金融教学与研究，2004 (6).

[306] 赵文辉. 我国中小企业融资问题研究 [D]. 对外经济贸易大学，2009.

[307] 赵永亮、张记伟. 信息优势和关系契约优势是农村民间金融发展的内在动力 [J]. 海南金融，2009 (4).

[308] 赵岳、谭之博. 电子商务、银行信贷与中小企业融资——一个基于信息经济学的理论模型 [J]. 经济研究，2012 (7).

[309] 赵聪. 我国中小企业融资困境分析及对策研究 [D]. 南昌大学，2012.

[310] 胡士华、卢满生. 信息、借贷交易成本与借贷匹配——来自农村中小企业的经验证据 [J]. 金融研究，2011 (10).

[311] 胡必亮、郑红亮. 中国的乡镇企业与乡村发展 [M]. 山西经济出版社，1996.

[312] 胡伟民. 融资担保内外部风险及监督机制 [J]. 中国金融，2013 (8).

[313] 胡旭阳. 民营企业家的政治身份与民营企业的融资便利——以浙江省民营百强企业为例 [J]. 管理世界，2006 (5).

[314] 胡军、王霄、钟永平. 家族式中小企业融资及其文化基础——一项基于亲缘选择的演化分析 [J]. 民营经济与中小企业管理，2007 (4).

[315] 胡金焱、李永平. 正规金融与非正规金融：比较成本优势与制度互补 [J]. 东岳论丛，2006 (2).

[316] 胡金焱、张乐. 非正规金融与小额信贷：一个理论述评 [J]. 金融研究，2004 (7).

[317] 胡德官. 我国民间金融问题研究述评 [J]. 中国农村观察，2005 (5).

[318] 科斯、诺斯、威廉姆森. 制度、契约与组织 [M]. 经济科学出版社，2005.

[319] 侯明、曹轶群. 中小企业信用担保体系的构建——基于浙江担保链风险的再思考 [J]. 浙江金融，2013 (9).

[320] 俞立平、燕小青、熊德平. 金融规模、金融调控与经济增长——基于中国改革开放以来的实证研究 [J]. 山西财经大学学报 2012 (8).

[321] 俞伯阳、沈庆劼. 金融自由化条件下我国非正规金融问题研究——兼论二元金融之间关系及其经济影响 [J]. 财经问题研究，2012 (4).

[322] 俞建雄，林振东. 我国农村金融需求的有效性和层次性分析 [J]. 闽西职业技术学院学报，2006 (8).

[323] 俞建雄. 现阶段农村金融需求分析 [J]. 鸡西大学学报，2005 (1).

[324] 俞罡. 民间借贷向银行体系传递的四类风险 [J]. 中国金融，2012 (14).

[325] 施海娜、徐浩萍、陈超. 中小企业股权融资中投资银行市场竞争力构建与作用 [J]. 金融研究，2011 (2).

[326] 施愉. 防范浙江地区民间借贷风险管理的对策 [J]. 商，2013 (10Z).

[327] 姜长云. 乡镇企业资金来源于融资结构的动态变化：分析与思考 [J]. 经济研究，2000 (2).

[328] 姜旭朝、丁昌锋. 民间金融理论分析：范畴、比较与制度变迁 [J]. 金融研究，2004 (8).

[329] 姜旭朝. 中国民间金融研究 [M]. 山东人民出版社，1996.

[330] 姜旭朝. 关于民间金融几个理论问题 [M]. 复旦大学出版社，2003.

[331] 姚耀军、陈德付. 中国农村非正规金融的兴起：理论及其实证研究 [J]. 中国农村经济，2005 (8).

[332] 姚耀军. 中国农村金融发展与经济增长关系的实证分析 [J]. 经济科学，2004 (5).

[333] 姚耀军. 中国农村金融发展状况分析 [J]. 财经研究，2006 (4).

[334] 姚耀军. 中国农村金融研究的进展 [J]. 浙江社会科学，2005

(4).

[335] 秦兴高.关于中小企业融资难问题的思考 [J].湖南财经高等专科学校学报，2005 (4).

[336] 秦爱萍.小微企业融资解困有道 [J].中国金融，2013 (7).

[337] 袁秉."新36条"，新在哪里？[J].观察与思考，2010 (9).

[338] 聂尔德.基于演化博弈视角的中小企业融资分析 [J].财经问题研究，2011 (6).

[339] 贾康.政策性金融改革与浙江民间资本对接 [J].浙江金融，2011 (2).

[340] 夏松.我国农村非正式金融研究 [D].西南财经大学，2007.

[341] 夏斌、汪兴隆.中小企业金融服务专营机构的综合化经营 [J].中国金融，2011 (18).

[342] 党晓霞.国有公共医疗服务机构激励机制研究 [D].西北工业大学，2004.

[343] 徐胜.中小企业融资因素与对策分析 [D].辽宁师范大学，2012.

[344] 徐诺金.论我国的金融生态问题 [J].金融研究，2005 (2).

[345] 徐菱芳、陈国宏.基于信号传递博弈的产业集群中小企业融资分析 [J].中国管理科学，2012 (4).

[346] 爱德华·S.肖.经济发展中的金融深化 [M].上海三联书店，1988.

[347] 高小琼.制度背景、经济运行于民间借贷 [J].金融研究，2004 (12).

[348] 高兰根、王晓中.中国金融制度演进的逻辑与困境——兼论民营经济融资困境的制度根源 [J].金融研究，2006 (6).

[349] 高帆.我国农村中的需求型金融抑制及其解除 [J].中国农村经济，2002 (12).

[350] 郭小波、王婉婷、周欣.我国中小企业信贷风险识别因子的有效性分析——基于北京地区中小企业的信贷数据 [J].国际金融研究，2011 (4).

[351] 郭为.民间金融、金融市场分割与经济增长 [J].现代经济探讨，2004 (5).

[352] 郭守亭.民间资本对区域经济发展的作用分析——基于对“温州模式”与“苏州模式”的比较 [J].农业经济问题，2008 (8).

[353] 郭沛.中国农村非正规金融规模估算 [J].中国农村观察，2004 (2).

[354] 郭娜.政府？市场？谁更有效——中小企业融资难解决机制有效性研究 [J].金融研究，2013 (3).

[355] 郭琪、彭江波.“以存定贷”与中小企业信贷约束——山东省例证 [J].金融研究，2012 (12).

[356] 郭舒萍、温闻.应收账款质押与中小企业融资业务的探索——以浙江为例 [J].浙江金融，2012 (3).

[357] 郭斌、刘曼路.民间金融与中小企业发展：对温州的实证分析 [J].经济研究，2002 (10).

[358] 诸葛隽.民间金融创新：温州的实践 [J].上海经济研究，2009 (4).

[359] 谈儒勇.金融发展理论与中国金融发展 [M].中国经济出版社，2000.

[360] 陶诚.走出中小企业融资的认识误区 [J].中国金融，2010 (24).

[361] 黄玉英.基于资金成本分析的中小企业外部金融制度研究 [J].经济社会体制比较，2008 (6).

[362] 黄立新、叶冬艳.中小企业融资解困方式创新研究——基于基金资产配置的视角 [J].中国软科学，2012 (8).

[363] 黄亭亭、杨伟.衰退时期的财政政策效应：政府投资转向与民间投资成长 [J].金融研究，2010 (3).

[364] 黄森.浙江省民间借贷研究 [D].山东大学，2013.

[365] 曹国华、闫彩云.不同担保模式对中小企业融资条件的影响 [J].技术经济与管理研究，2012 (2).

[366] 崔社兴.临沂市中小企业融资环境评价分析 [D].中国海洋大学，2011.

[367] 章熙春、马卫华、蒋兴华等.基于灰色关联度评价方法的高校科技创新能力评价实证研究 [J].科技管理研究，2010 (14).

[368] 阎竣.私营中小企业融资行为、资金需求及其政策建议 [J].

经济理论与经济管理，2010（4）.

［369］梁冰.我国中小企业发展及融资状况调查报告［J］.金融研究，2005（05）.

［370］梁峰.试论制约我国中小企业发展的融资瓶颈［J］.南开经济研究，2000（2）.

［371］彭冰.非法集资活动的刑法规制［J］.清华法学，2009（3）.

［372］彭兴韵.金融发展的路径依赖于金融自由化［M］.上海三联书店、上海人民出版社，2002.

［373］彭建刚、王睿.交易成本与地方中小金融机构发展的内在关联性［J］.财经理论与实践，2005（6）.

［374］彭建刚、李关政.我国进入发展与二元经济结构内在关系实证分析［J］.金融研究，2006（4）.

［375］韩廷春.金融发展与经济增长——理论、实证与政策［M］.清华大学出版社，2002.

［376］韩俊.中国农村金融调查［M］.上海远东出版社，2007.

［377］辜胜阻、刘江日.温州改革为建立竞争有序的金融生态破冰［J］.中国金融，2012（9）.

［378］焦瑾璞.小额信贷和农村金融［M］.中国金融出版社，2006.

［379］储小平、李桦.中小企业集群理论研究述评［J］.学术研究，2002（5）.

［380］道格拉斯·诺斯.经济史中的结构与变迁［M］.上海三联书店，1991.

［381］温涛、冉光和、熊德平.中国金融发展与农民收入增长［J］.经济研究，2005（9）.

［382］谢世清、李四光.中小企业联保贷款的信誉博弈分析［J］.经济研究，2011（1）.

［383］谢平、徐忠、沈明高.农村信用社改革绩效评价［J］.金融研究，2006（1）.

［384］谢平、徐忠.公共财政、金融支农与农村金融改革——基于贵州省及其样本县的调查分析［J］.经济研究，2006（4）.

［385］谢平.中国农村信用合作社体制改革的争论［J］.金融研究，2001（1）.

[386] 谢平. 中国金融制度的选择 [M]. 中国金融出版社，1996.

[387] 谢驹. 我国中小企业融资策略研究 [D]. 武汉理工大学，2010.

[388] 鼓建刚、李至政. 我国金融发展与二元经济结构内在关系实证分析 [J]. 金融研究，2006 (4).

[389] 蒲祖河. 基于温州正规金融与民间金融结构现状的博弈分析 [J]. 经济社会体制比较，2007 (3).

[390] 楼远. 非制度信任与非制度金融：对民间金融的一个分析 [J]. 财经丛论，2003 (11).

[391] 雷汉云. 企业、银行和政府三方还贷博弈研究 [J]. 技术经济与管理研究，2011 (6).

[392] 雷蒙德·戈德史密斯.《金融结构与金融发展》周朔等译 [M]. 上海三联书店，1990.

[393] 虞凤贤. 小额贷款公司法律问题研究 [D]. 云南财经大学，2013.

[394] 蔡四平、顾海峰. 农村中小企业金融市场的信贷配给问题及治理研究 [J]. 财贸经济，2011 (4).

[395] 蔡晓慧、余静文. 产业集群突破中小企业融资约束的实证分析 [J]. 企业经济，2013 (7).

[396] 裴天士. 从民间金融组织到正规金融机构——谈台湾中小企业融资之问题 [J]. 东岳论丛，2005 (5).

[397] 谭之博、赵岳. 企业规模与融资来源的实证研究——基于小企业银行融资抑制的视角 [J]. 金融研究，2012 (3).

[398] 熊泽森. 中小企业信贷融资约束及其对策研究——从信息不对称视角考察 [J]. 浙江金融，2011 (1).

[399] 熊继洲. 民营银行——台湾的实践与内地的探索 [M]. 复旦大学出版社，2003.

[400] 熊熊、谭健美、张维、张永杰、杨奕. 中小企业贷款中反担保和比例担保机制分析 [J]. 软科学，2011 (6).

[401] 潘士远、罗德明. 民间金融与经济发展 [J]. 金融研究，2006 (4).

[402] 燕小青，范廷国. 县际竞争、县际竞合与区域经济协调发展 [J]. 科技与管理，2013 (4).

［403］燕小青、张红伟. 交易费用、有效合约治理与小微企业融资选择［J］. 四川大学学报（哲学社会科学版），2014（3）.

［404］燕小青、张红伟. 农户信贷需求、民间金融与农户增收——基于浙江地区经验实证［J］. 天府新论，2013（4）.

［405］燕小青、范廷国. 宏观经济政策对中小企业融资的影响［J］. 企业家，2013（12）.

［406］燕小青、赵丙奇. 温州乱象与民间融资渠道［J］. 银行家，2011（11）.

［407］燕小青. 民间资本、产业资本转化与实体经济发展［J］. 齐鲁学刊，2013（5）.

［408］燕小青. 民间资本、产业资本转化与实体经济发展［J］. 国民经济管理，2014（5）.

［409］燕小青. 2011 年度调查与决策咨询发挥浙江民间资本优势推动浙江经济社会发展的体制政策研究［J］. 浙江人民出版社，2010（3）.

［410］燕小青. 民间金融发展的理论与实证——基于宁波中小企业与农户的视角［M］. 中国社会科学出版社，2012.

后　记

本书是我这些年来对中小企业融资及民间资本研究的成果，并在主持国家社会科学基金项目（10BJY105）的基础上完成的，是对我国民间资本作用于中小企业融资领域探究的总结。

这本书从 2000 年 5 月至 2014 年 8 月，几易其稿，从研究方案的设计、研究框架的确立、调查问卷的设计及材料的收集与整理，从民间资本支持中小企业的短期应对性措施的研究到转向中国民间金融的发展方向、中国金融体系改革的思考；从寻求民间资本在中小企业融资难困境中发挥作用的现实途径的分析，到相应制度安排探索的长期基础性研究；从对民间资本活动非常活跃的浙江省的调研，对中小企业的信贷规模、融资结构和方式等获得许多有价值的信息和典型案例，到具有中国特色的民间资本发展制度摩擦与寻找出路的现实困境突破研究，试图初步构建可引导我国民间资本作用于中小企业的理论基础和框架体系。

在本书的完成、审阅过程中，得到了许多专家同仁的关心与指导，他们是：南京大学裴平教授，中国社会科学院农村发展研究所冯兴元教授，中国社会科学院工业经济研究所黄速建教授，浙江工商大学张旭昆教授，及宁波大学的同事等。同时也得到魏友、廖红燕、牛桂千、许艺川、陈莹等研究生在搜集、运用资料方面的支持，中国财政经济出版社周桂元编审对本书的编辑出版付出了辛勤劳动，在此一并致谢！本书写作中参阅大量文献，对文献作者诚表谢意。

由于作者水平有限，书中难免有不足及错误之处，恳请学界、业界前辈、同仁及广大读者批评指正！

燕小青

2015 年 3 月 15 日

于宁波大学